教|育|知|库|

我的小学语文教学

易冬平

著

光明日报出版社

图书在版编目（CIP）数据

我的小学语文教学 / 易冬平著 . -- 北京：光明日
报出版社，2022.7

ISBN 978 - 7 - 5194 - 6743 - 2

Ⅰ.①我… Ⅱ.①易… Ⅲ.①小学语文课—教学研究
Ⅳ.①G623.202

中国版本图书馆 CIP 数据核字（2022）第 153344 号

我的小学语文教学

WODE XIAOXUE YUWEN JIAOXUE

著　者：易冬平		
责任编辑：刘兴华	责任校对：李　兵	
封面设计：中联华文	责任印制：曹　净	

出版发行：光明日报出版社

地　　址：北京市西城区永安路 106 号，100050

电　　话：010-63169890（咨询），010-63131930（邮购）

传　　真：010-63131930

网　　址：http：// book. gmw. cn

E - mail：gmrbcbs@ gmw. cn

法律顾问：北京市兰台律师事务所龚柳方律师

印　　刷：三河市华东印刷有限公司

装　　订：三河市华东印刷有限公司

本书如有破损、缺页、装订错误，请与本社联系调换，电话：010-63131930

开　　本：170mm×240mm

字　　数：270 千字　　　　　　　　　　印　张：15

版　　次：2023 年 1 月第 1 版　　　　　印　次：2023 年 1 月第 1 次印刷

书　　号：ISBN 978 - 7 - 5194 - 6743 - 2

定　　价：68.00 元

目 录
CONTENTS

教学论述——策略范本教学 ······························· 1

01. "大概念"视角下的小学语文单元整体教学设计与实施 ·········· 3

02. 把握编者意图　凸显单元主题 ························· 14

03. "双减"背景下的单元语文要素落实 ····················· 18

04. 革命文化题材课文教学应对 ·························· 30

05. 想象画面·体现情味·厚植精神 ······················· 40

06. 品味·吟诵·想象·创造 ···························· 46

07. 关注文本个性　突出文体教学 ························· 52

08. 打造充满游戏精神的课堂 ··························· 63

09. 依托语文教材　实施审美教育 ························· 70

10. 小学语文课堂有效教学之我见 ························· 76

11. 谈"自主阅读"教学模式的建构 ······················· 82

12. 统编小学语文教材朗读教学 ·························· 86

13. 阅读教学以"读"为要 ····························· 96

14. 低年级词语教学 ······························· 99

15. "梦想剧场"里的课本剧 ··························· 108

16. 巧设悬念·突出重点·激发感情 ······················ 112

17. 浅谈语文综合实践活动课学生创新意识的培养 ·············· 114

教学论述——表达范本教学 ·························· **117**

18. 表达范本教学的注意点 ··························· 119

19. 观察习作三部曲 ······························ 123

20. 浅谈低年级写话教学 ………………………………… 126

教学论述——引子范本教学 …………………………… **131**

21. 引子范本教学课程的实践与研究 …………………… 133

22. 阅读：精神成长的必需品 …………………………… 142

23. 变阅读为"悦读" …………………………………… 144

教学论述——识字写字教学 …………………………… **149**

24. 小学语文字理识字教学研究 ………………………… 151

25. 字理识字要有目标意识 ……………………………… 166

26. 适宜＝适度+适量 …………………………………… 170

27. 小学书法课程与语文课程融合教育实践研究 ……… 175

28. 培养良好的写字习惯 ………………………………… 180

29. 低年级写字教学 ……………………………………… 185

30. "磨刀不误砍柴工" …………………………………… 188

31. 小学硬笔写字教学评价 ……………………………… 190

教学实践 ………………………………………………… **195**

32. 《雪地里的小画家》教学设计 ……………………… 197

33. 《小壁虎借尾巴》教学设计 ………………………… 202

34. 《小蝌蚪找妈妈》教学设计 ………………………… 208

35. 《小蚂蚁过河》教学设计 …………………………… 214

36. 提高效率 "一箭四雕" ……………………………… 220

37. 让字理识字的"酵母"在学生心中扎根 …………… 223

38. 《关注主笔 写好撇捺》教学设计 ………………… 225

39. 《汉字宝宝的家》教学设计 ………………………… 227

后记：学生倪旎文章《我的人生因你而精彩》 ………… **229**

教学论述——策略范本教学

"大概念"视角下的小学语文单元整体教学设计与实施

——以三年级下册第一单元《可爱的生灵》为例

义务教育统编小学语文教材（以下简称统编教材）按照"整体设计，自然渗透"的编写思路，以"人文要素+语文要素""双线组元"的编排方式，精心组织编排，既凸显教材"立德树人"的育人价值，又凸显单元教学的学科核心素养培育价值。课文改变以往"单打独斗"的格局，根据儿童学习经验和语文知识的逻辑体系，把性质相同或有内在联系的选文组合在一起，与单元内其他板块内容彼此紧密联系、互相咬合，组成一个个完整闭合的相对独立的单元系统。同时，将表现语文学科核心素养的各个基本因素"分成若干个知识或能力训练的'点'，由浅入深，由易到难，分布并体现在各个单元的课文导引或习题设计之中"[1]，单元系统之间彼此又存在一定的关联，几个单元系统组成一册教材。每册教材又与其他册次教材相互融通，共同组成小学整套 12 册语文教材，以单元为单位推进语文知识的学习、语文能力的攀升，并对学生进行"以文化人"的培育和良好语文学习习惯的培养，最终实现语文核心素养的提升。

一、单元整体教学设计是实际教学误区的正确应对

（一）实际教学误区

实际的语文教学，常常存在浅表性、碎片化学习的倾向，老师们往往习惯于过去单篇课文的孤立教学，把课文"掰开揉碎"，向学生提出一些零碎的检索性问题，没有多少思维含量，学生读一遍书就能从中找到答案。比如三年级下册第一单元《燕子》《荷花》，很多老师教学时还是按照固有的思维，注重"讲"，注重结果（考试填空学生能填），没有思考这几篇文章的共同点和不同点，忽视了应引领学生"试着一边读一边想象画面，体会优美生动的语句"的过程，然后从"读"到"内化"再到"写"，尝试"把观察到的事物写清楚"。

教学时把单元语文要素抛到九霄云外，弃之不用。《昆虫备忘录》是一篇自读课文，教学时有的老师任由学生自己读懂多少算多少。有的老师不顾略读课文的功能和定位，依然像精读课文那样，追求表面上的"讲深讲透"，整节课领着学生在文字表层打转，教学目标不明确，教学任务零散，学生在课文学习中浅尝辄止，课文因此失去了应有的价值。总的来说，老师们还是习惯于课文的单篇教学，没有单元的全局观念，没有单元整体的站位，单元内的知识教学零散、琐碎，对学生的能力发展很有限，更别提语文核心素养的培育了。

（二）单元整体教学设计理解

统编教材"双线组元"的呈现方式，传递的是系统、整体的理念，意味着教师在进行教学设计时要有统整的视野，把单元里的所有教学内容作为一个整体（或者对单元固有结构进行内容重组、资源补充与教学整合）来解读，领会编者的编写意图，根据学生的认知水平和学习需要，从而精准地定位教学目标，设计主要问题和表现性任务，进行合适的教学评价，推进单元学习，体现单元作为整体教材的价值。近年来有许多老师研究小学语文单元整体教学，总体来说研究主要有四个特点：1. 设定统一的教学目标；2. 整合单元内教学资源；3. 设计具体的学习活动；4. 实施具体的学习过程。有的老师把单元分成教科书教学、课外阅读教学和语文实践活动教学几部分。有的把整个单元按照"单篇教学—群文练习—整本书阅读"的模式，对单元教学内容进行分析、重组、整合、补充，实现"学习—练习—运用"的学习过程。单元整体教学设计相较单篇教学设计，更关注单元与单元之间的纵向知识走势、单元内各个板块之间的横向知识关联。因此，教师要把单元置于整套教材的位置来考虑，注重知识之间的网格化联结，设置大情境，强调主要问题设计的层次性、序列性、完整性以及综合性，并把知识的学习放置在大任务中推进。

（三）单元整体教学设计价值

系统论最重要的思维之一是系统思维。系统思维认为，系统是由两个或两个以上的元素相结合的有机整体，系统的整体价值不等于其局部的简单相加，"整体大于部分之和"是其最重要的标志。单元是一个整体，单元的教学价值不是每个板块教学资源价值的简单相加，而是单元内所有知识横向关联、纵向贯通后对学生学习产生的整体综合效应，它的价值远远大于单项价值之和。单元整体教学"更深层的价值还在于，可将孤立的文本解读、缺少关联甚至可能冲突的主旨理解协调起来，与该单元的学习主题建立起有机联系，并使得单元学习活动富有整体性。"[2]

单元整体教学设计最重要的一个方法就是找到单元内所有课文的共同点，

"以便从一个角度进入单元文本的整体，并使这些看上去差异颇大的理解角度和结论建立起一定的内在联系，从而使得整个单元学习具有整体性。否则，每一篇课文都任凭教师按照各自的理解确定教学内容，在很大程度上便失去了单元学习的意义"[3]。这里的"一个角度"可以理解为"大概念"（有的地方称为"大观念"）思维，从学科大概念角度统领整个单元各个篇目、各个板块的教学。学科大概念因其"是在事实基础上产生的深层次的、可迁移的观念""具有概括性、抽象性、永恒性和普遍性的特征"[4]，使教师能从各个角度更深入地解读文本，理解编者的编写意图。更重要的是它居于学科的中心位置，有助于设计连续聚焦一致的课程，能有效地统整起学科零碎化的知识和技能，联结起学生学习的"前经验"，把目标指向学生思维的深度，引领学生建构起知识的结构、层级与序列，并且利于学生的迁移学习。相较于单元整体，单篇教学往往显得"捉襟见肘"，底气不足，无法支撑起大情境、大任务和主要问题的架构，难以实现知识的迁移学习与运用，有碍于学科核心素养的落实。

二、"大概念"视角下单元整体教学设计的课程阐述

本文以三年级下册第一单元的教学为例进行阐述。

（一）课标基准

《义务教育语文课程标准（2011 年版）》（以下简称《语文课程标准》）中关于第二学段阅读教学的要求有："用普通话正确、流利、有感情地朗读课文"，"能联系上下文，理解词句的意思，体会课文中关键词句表达情意的作用"，"能初步把握文章的主要内容，体会文章表达的思想感情"，能"初步感受作品中生动的形象和优美的语言"，"诵读优秀诗文，注意在诵读过程中体验情感，展开想象，领悟诗文大意"，"积累课文中的优美词语、精彩句段，以及在课外阅读和生活中获得的语言材料。背诵优秀诗文 50 篇（段）"。习作上的要求有："观察周围世界，能不拘形式地写下自己的见闻、感受和想象，注意把自己觉得新奇有趣或印象最深、最受感动的内容写清楚"，"尝试在习作中运用自己平时积累的语言材料，特别是有新鲜感的词句"。

（二）学情分析

学生学习过本单元第一个语文阅读要素"试着一边读一边想象画面"的"类相关"内容，二年级下册和三年级上册都进行过读书展开想象的练习，都为本单元"一边读一边想象画面"的训练奠定了基础。本单元的第二个语文阅读要素是"体会优美生动的语句"，学生也有类似的学习"前经验"：三年级上册

学过"关注有新鲜感的词语和句子""感受课文生动的语言"，本单元的学习，是这些语文要素学习的延续和推进。

至于习作要素"试着把观察到的事物写清楚"，三年级上册多次学习到，还集中安排了专门的习作单元"留心观察"的训练。对于本单元语文要素的学习，学生有一定的基础。

（三）课程资源分析

阅读三年级下册第一单元的《教师教学用书》，我们知道本单元的教学需要注意一些问题：

第一，对于哪些是优美生动的语句，教材没有明确指出。课后题"找出课文中优美生动的语句，读一读，再抄写下来""画出课文中你觉得优美生动的语句，和同学交流"，都强调了学生的作用，说明优美生动的语句往往带有很强烈的读者主观感受。每个人对"优美生动的语句"有自己不同的理解，教学时应该尊重学生自己的独特感受和阅读体验，所谓"一千个读者有一千个哈姆雷特"说的就是这个意思。教学时，应该让学生就自己觉得"优美生动的语句"展开交流，思维互相碰撞，结合语文园地中的"交流平台"，梳理、总结、提升对"优美生动的语句"的认识。

第二，本单元的习作是写一种植物，可以在组织学习《荷花》后提前布置观察记录活动，帮助学生做好自己的植物记录卡，以便在尝试习作时很好地应用。

另外，教师一定要读郑振铎《海燕》的剩余部分，以帮助学生了解作者在旅途中回忆故乡燕子时字里行间流露出的对燕子的赞美之情。有可能的话，还要读读《荷花》作者叶圣陶和《昆虫备忘录》作者汪曾祺的其他作品。

（四）教材分析

1. 教师要从教材单元横向"双线组元"、纵向"螺旋上升"的编排体例和大概念视角审视教材。

横向上，本单元的人文主题是："飞鸟在空中翱翔，虫儿在花间嬉戏。大自然中，处处有可爱的生灵。"人文主题为单元学习提供了具体情境。本单元的语文要素是："试着一边读一边想象画面。体会优美生动的语句。试着把观察到的事物写清楚。"围绕这"双线"，除了在单元导语页直接点明这两个要素，四篇课文都展现了大自然中生灵的可爱和美丽。《古诗三首》描绘的是古代诗人眼中春、夏秀丽的景色；《燕子》是郑振铎《海燕》中的节选部分，描绘了燕子的外形及飞行、休憩的姿态，展现了燕子的活泼可爱；叶圣陶在《荷花》一文中，用细腻的笔触描写了清晨荷花的形状、姿态美，把一池荷花看成"一大幅活的画";汪曾祺的《昆虫备忘录》运用诙谐幽默的语言写了有趣的小昆虫,把昆虫写得情趣盎然。四篇课文的共同特点是运用了优美生动的语言描绘大自然中可爱的生灵。围绕语文要素中的阅读要素,每课课后还有思考题。"口语交际"和语文要素也有内在关联,推荐"春游去哪儿"一定要对推荐的那个地方的春天美景展开想象,那里有些什么,才能说清楚"这个地方有什么好玩的,可以开展哪些活动"。习作《我的植物朋友》是对"试着把观察到的事物写清楚"的具体实践。语文园地中的"交流平台",就"优美生动的语句"这个话题,展示了三个学习小伙伴"阅读时遇到优美生动的语句",是怎样"细细体会"的。意在教给学生"体会优美生动的语句"的方法:一边读一边想象画面。"词句段运用"一项是在具体语言环境中能辨析近义词,并选择运用,训练用词表达的准确性;一项是模仿句式写小动物的外形特点,也与单元语言要素有紧密联系。"日积月累"是唐朝白居易的词《忆江南》,同样描绘春景,同样需要"一边读一边想象画面""体会优美生动的语句",才能理解诗歌大意,感受作者蕴藏在字里行间的感情。

纵向上,与本单元语文要素有关的"类知识"有:二年级下册学习过"读句子,想画面",三年级上册有过"一边读一边想象课文描写的画面"或"想象诗中描绘的景色"的练习,都为本单元"一边读一边想象画面"的训练奠定了基础。三年级上册第一单元的语文要素就是"阅读时,关注有新鲜感的词语和句子",第七单元是"感受课文生动的语言,积累喜欢的语句",而本单元是"体会优美生动的语句"。从"关注"到"感受",再到"体会",要求在不断上升。"关注"是有意识地注意;"感受"指主体感观对客观的事或物、场景等产生的感觉;"体会"指对外界事物深入地了解、体验、领会,比"感受"程度更深,指向认识事物的本质。另外,"优美生动的语句"指美好、美妙的具有活力,能使人感动的语句。有了这样的理解,教师就不会在教学中凭感觉引导学生把"优美生动的语句"窄化理解成运用了比喻、拟人等修辞手法的句子。特别要注意的是第一个阅读要素"试着一边读一边想象画面"是第二个阅读要素"体会优美生动的语句"的前提或必备条件,也就是说,这两个语文阅读要素是存在紧密联系的。备课时要仔细琢磨单元语文要素中的每一个词,才有后续各项目标设定和课堂实施的精准定位。

2. 精准确定单元内每篇课文的定位和作用。

进行教学设计时,要站在大单元的高度,用大单元的视角审视教材,精准确定单元内每篇课文的定位和作用。以本单元为例,《古诗三首》语言凝练简洁,画面感极强,教学时要充分发挥想象的作用,让学生"试着一边读一边想象画面",理解诗句的意思,并用自己的话说说三首古诗描绘的美的景象。《燕子》写大自然中美的小动物,因其处在特殊的位置,应把它确定为"教读"的范本,在老师的引导下让学生"试着一边读一边想象画面""体会优美生动的语句"。《荷花》写大自然中的植物,要把它确定在"扶读"的位置,引导学生在老师的帮助下,运用"一边读一边想象画面"的方法,"体会优美生动的语句"。《昆虫备忘录》是自读课文,就应该置于"放读"的位置,放手让学生自己根据课文提示,运用从"教读"课中学到的学习方法,"一边读一边想象画面""体会优美生动的语句",当然这种"放读"不是放任自流地,而是在老师引领下,运用策略实践语文要素目标的过程。此外,为了巩固、加深学生对单元语文要素学习成果的认知,教师除了把课文当作学生学习实践语文要素的范本,发挥它的"例子"功能外,还应该发挥范本的"引子"功能,立足课程标准,从沟通学科逻辑和学生心理逻辑的角度,选择适合学生阅读的课外阅读文本进入课内阅读,组成阅读的文本群,或者推荐适合阅读的整本书,让学生在"课文学习—群文练习—整本书运用"的过程中,实现课外阅读课程化,实现学习效果的最大化。下表展示的是本单元课外阅读课程化"1+X"联读目标。

三年级下册第一单元"1+X"联读目标

单元语文要素	课文	教学方式	联读文章"X"	单元整本书阅读
1. 试着一边读一边想象画面。2. 体会优美生动的语句。3. 试着把观察到的事物写清楚。	《古诗三首》	教读	《咏柳》《村居》	《草叶上的歌》(选自义务教育课程标准实验教科书三年级下册同步阅读教材)
	《燕子》	教读	《太阳鸟》《小黄鹂》(选自义务教育教科书三年级下册同步阅读教材《林中世界》)	
	《荷花》	扶读	《春》(朱自清,节选)《西湖》(苏教版三年级上册课文)	
	《昆虫备忘录》	放读	《耙地虫》(选自《林中世界》)	

3. 教师要站在单元统整的角度，关注课文之间的横向关联。

本单元四篇课文的共同点是语言生动优美，画面感极强。也正是因为这些共同点，编者才把它们安排在同一单元，希望通过学习，学生能达到语文要素目标。《古诗三首》字字凝练、画面鲜明，体现了古典诗词内蕴丰富的特点；《燕子》和《荷花》，一篇写动物，一篇写植物，体现了大情境"大自然中处处有可爱的生灵"的人文内涵，散文式的语言充满诗意；《昆虫备忘录》的语言体现北方方言口语化、通俗化特点，平易近人，生动地写出了几种昆虫的活动特点。教学时，也应让学生站在单元统整的角度，对所学课文一个宏观上的把握。

三、"大概念"视角下的单元整体教学设计与实施

（一）提炼"大概念"，设置教学目标

《普通高中课程方案（2017 年版）》指出，新的学科课程"重视以学科大概念为核心，使课程内容结构化，以主题为引领，使课程内容情境化，促进学科核心素养的落实"。普通高中课程方案对小学语文同样有指导意义。这里的"大概念"，在小学语文课程中，笔者认为可以理解成以单元中的语文要素为核心的句子，"主题"是指人文要素。"大概念"是基于单元整体内容抽象出来的概念，能将许多知识技能有意义地关联起来，使知识技能避免琐碎化，反映学科本质，指向学科核心内容，"具有概括性、永恒性、普遍性、抽象性"的特征，"有助于设计连续聚焦一致的课程，有助于发生学习迁移"[5]。虽然单元语文要素规定了单元内语文学习的目标，但教师仍要结合单元人文要素这个具体的教学情境，站在大单元的角度提炼学科大概念。笔者概括提炼的本单元的大概念是"美的事物与表达"，它能统领起语文学科核心素养的四个方面。下图展示了本单元学科大概念与学习目标、内容的关系：

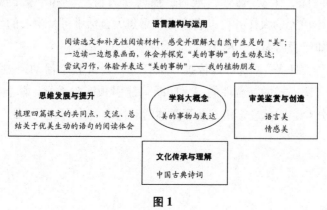

图1

单元大概念体现了四篇课文的教学共性。单元活动的教学设计应该紧紧围绕学科大概念，从"语言建构与运用、思维发展与提升、审美鉴赏与创造、文化传承与理解"四个方面，把整个单元看成一个整体，从宏观上把握单元教学的目标：1. 阅读选文和补充性阅读材料，感受并理解大自然中生灵的"美"；2. 一边读一边想象画面，体会并探究"美的事物"的生动表达；3. 尝试习作，体验并表达"美的事物"——我的植物朋友。可以看出，这三个大的教学目标具备前后连贯、一致的特点，"感受并理解—体会并探究—体验并表达"，从"读"到"内化"再到"写"，始终围绕"可爱的生灵"这个主题，环环相扣，逐步深入。目标一是铺垫，目标二指向关键能力的教与学，目标三是深化，三个目标循序渐进。三个目标既从宏观上把握教材单元和课程标准之间的联系，同时又使学习目标保持整体性和一致性。

同时，可以根据单元大概念设置大问题，以"如何把美的事物表达出来"为突破口，设计小的课时教学目标，以实现单元总体目标。实际教学时，也应该让学生对课时的学习目标了然于胸，做到每课学习都围绕课时教学目标进行。

（二）确定"大任务"，设计教学活动

习得"大概念"需要依托具体的情境、任务和活动，需要学生通过自主、合作、探究等多种学习方式，通过实践过程建构自己的知识与理解，不能把教学变成知识的"灌输"或"告诉"的过程。特别要强调学生的自主性，当然，教师的帮助，必不可少。"大任务"是由"大情境"和"大问题"结合而成的。首先，确定"大情境"。可以根据教材单元的"人文主题"来确定具体的学习情境，本单元的学习情境可以确定为"探索大自然中可爱的生灵"。其次，确定"大问题"。可以依据教学目标来确定。根据本单元的语文要素，可以把"大问题"确定为"一边读一边想象画面为什么能够帮助我们体会并探究作者对大自然可爱生灵的优美生动表达"。最后，根据"大情境"和"大问题"来表述"大任务"，本单元的大任务可以表述为"聚焦大自然中可爱生灵的情境，理解、感受、尝试如何表达大自然的美"。

确定了"大任务"，就可以依据"大任务"设计教学活动，主要借助"问题"来呈现。靶心式的综合性的"大问题"能引领课堂教学，防止问题的琐碎和知识的碎片化，实际教学由一系列具体活动构成。

《可爱的生灵》单元活动设计

大任务：聚焦大自然中可爱生灵的情境，理解、感受、尝试如何表达大自然的美		
《古诗三首》	问题1：你能朗读描写大自然风光的古诗吗？	指向"感受并理解——体会并探究" 1. 识写本单元生字和词语。 2. 背诵古诗和指定的课文段落。默写《绝句》，感受中国古典诗词的美。 3. 能试着一边读一边想象画面，感受并理解课文的意思，体会并探究优美生动的语句并摘抄，积累"剪刀似的尾巴"等词语。 4. 能仿照课文中的片段，写一种自己喜欢的植物。 5. 阅读补充性材料，加深对古诗词和优美生动语句的感受、理解、体会。
《燕子》	问题2：你能体会到作者在描写动物中运用的优美生动的语句吗？	
《荷花》	问题3：你能体会到作者在描写植物中运用的优美生动的语句吗？	
《昆虫备忘录》	问题4：你能收集昆虫的秘密和最感兴趣的内容吗？	
习作《我的植物朋友》	问题5：你能借助记录卡介绍自己的植物朋友吗？	指向"体验并表达" 1. 观察一种自己喜欢的植物，做简单的记录卡。 2. 能借助记录卡，写清楚植物的样子、颜色、气味等，并写出自己的感受。
《语文园地一》	问题6：你能总结体会优美生动语句的方法并与同学交流吗？	1. 能交流、总结关于阅读优美生动的语句的体会。 2. 能用偏旁归类法识记"识字加油站"中的生字和词语。 3. 能辨析近义词，在具体语境中选择运用。 4. 能仿照例句，写一种小动物的外形特点。 5. 朗读背诵《忆江南》，大致理解词的意思，感受古诗词的美。

(三) 依据"大进阶",进行教学评价

学生对"大概念"的学习过程是否落地,对知识的掌握和技能的综合训练是否有了较大的发展,要给学习评估总结,"大进阶"以促进和改良学习进程,这时就需要进行针对性的评价。这种评价具有导向功能,能矫正教与学过程中的方向性问题,使教学朝着更准确的方向进行,实现"教、学、评"融合,用"评"促进"教"与"学",使教学效益更高。大概念下的单元整体教学提倡对学生的学习过程开展表现性评价,即对学生阅读语言文字的想法、感受、理解或尝试习作等的表现进行评价。

《可爱的生灵》单元整体教学评价量规设计(节选)

大概念 学习要求	表现性任务	评价规则		
		优秀	良好	合格
用优美生动的语言表达大自然中美的事物	1. 同学们,我们理解、感受、体会到作者运用优美生动的语句表达大自然中美的事物了吗?	学生能一边读一边想象画面,理解课文意思,正确、流利、有感情地朗读课文,并能用自己的方式如语言、动作、表情、图画等方式表达自己对优美生动语句的感受、体会。	学生能一边读一边想象画面,理解课文意思,正确、流利、有感情地朗读课文,并能用语言说出一些自己对优美生动语句的感受、体会。	学生能一边读一边想象画面,大致理解课文意思,正确地朗读课文,对优美生动语句有所感受、体会,但描述得不太清楚。
	2. 同学们,大自然这么美,你能仔细观察,为自己喜欢的植物朋友做记录卡,并借助记录卡写一写吗?记得写上植物的样子、颜色、气味等,还要写上自己的感受哦。	学生能对自己喜欢的一种植物展开细致的观察,并做记录卡。能运用平时积累的语言写出植物的样子、颜色、气味、感受等。表达时条理清晰、语言生动优美,富有吸引力。	学生能对自己喜欢的一种植物展开观察,并做记录卡。能运用平时积累的语言写出植物的样子、颜色、气味等,但写不出感受。表达条理清晰,一两处语言比较优美生动。	能对自己喜欢的一种植物展开观察,记录卡不太完整。描述植物的样子、颜色、气味等不全面,写不出感受。语言缺乏条理性、生动感。

学习"大进阶"是对学习"大任务"是否落实的检测和反馈，"大进阶"的评价量规往往与"大任务"的每一步实施形影相随，对整个教学进程起到跟踪、纠偏和促进作用。

综上所述，大概念因其居于学科课程的中心，处于非常特殊的位置，就语文课程来说，能联结起语文学科课程目标和核心学习内容，统领各种语文学习的情境、学习活动，使学生的语言学习更加深入，直接指向语文学科核心素养。作为教师的我们，要有"大概念"意识，提高教学专业素养和单元整合设计的能力，解读教材，尽量发挥统编教材单元的整体教学效益。

参考文献

[1] 温儒敏. "部编版"语文教材的编写理念、特色和使用建议 [J]. 课程·教材·教法，2016 (11)：3-11.

[2] [3] 郑桂华. "自然"概念、主客关系与人生境界——"自然与情怀"单元教学的支点、路径与选择 [J]. 语文建设，2019 (19)：4-8.

[4] [5] 钟启泉，崔允漷. 核心素养与教学改革 [M]. 上海：华东师范大学出版社，2018：86-93.

把握编者意图 凸显单元主题[①]

——人教版四年级上册《为中华之崛起而读书》教学谈

一、两种教法，两种思维

在国内知名的小学语文教学网站"老百晓"上搜索《为中华之崛起而读书》一课的教学设计与实录，你会惊讶地发现：它们无一例外地聚焦于一个词——"中华不振"。细细品读，我们大致可以理出这样一条清晰的教学思路：聚焦"中华不振"—感受"中华不振"—品读"中华不振"—思考"中华不振"—宣泄心中愤恨。教学过程中，教师大多紧抓"中华不振"，通过找、读、议、品、思、写等活动，让学生充分理解、感悟"中华不振"的深刻内涵。但细细思量，我们会发现这些设计与实录几乎将教科书编者的意图置之不理，把单元主题抛之脑后，将课文与单元主题割裂开来，孤立地教学，使教学目标的制定、教学内容的选择甚至教学方法的运用都或多或少地背离了编写意图。

《语文课程标准》明确指出："阅读教学是学生、教师、教科书编者、文本之间对话的过程。"与《语文课程标准（实验稿）》相比，对话的主体增加了"教科书编者"。教科书编者首次走向阅读教学的对话席，成为阅读教学多重对话主体的重要组成部分。与教科书编者对话的对象既可以是教师，也可以是学生。在多重对话主体中，教师处在特殊的位置，因而教师与教科书编者的对话将影响整个教学设计和课堂实施的各个环节，有着举足轻重的作用。

基于以上认识，在《福建教育》杂志社主办的"智慧·互动·成长"第五届全国青年教师风采展示活动中，在集美大学教师教育学院施茂枝教授的帮助下，我执教了《为中华之崛起而读书》，力求把教师与教科书编者对话的内涵通过课堂呈现出来。这堂课的设计重在体现教科书编者的编写意图，第一课时的教学过程大致如下：话聊"成长"，由单元主题入课；初读课文，感知"立志"故事；层层

---

① 本文发表于《福建教育》2013 年第 1、5 期。

剥笋，悟"志向"之不凡；重读"志向"，悟"立志"与"成长"。

这种思路与网络上的众多设计、实录的最大区别在于：主动与教科书编者对话，努力把握编者的编写意图，凸显单元主题，紧密勾连"立志"与"成长"，让学生通过学习"成长的故事"，体会"立志"与"成长"的关系，从而更好地达成本组课文的单元学习目标。

与教科书编者对话，就要解读课文和解读教材。解读课文与解读文本不同。文本成为课文，经历了被筛选、修改的过程，同时被编者赋予特殊意图：学生学习课文后，要达成单元学习目标。课文，是经处理过的文本。解读文本，教师只作为普通读者站在自己的角度、根据自己的生活阅历与体验阐述对文本的理解、感悟。而解读课文，除了教师自身对文本的这层理解、感悟，还要求教师解读出编者为什么选这篇文章作为课文，其编写意图是什么，这个年龄段学生的认知特点和心理特点是什么，等等。教材中每个单元由导学系统、课文系统和语文园地组成，几个单元组成一册教材，十二册教材形成一个完整的小学语文教材系统。课文是教材的一部分，解读教材的概念比解读课文更宽泛，它除了要解读课文，还要顾及导学系统和语文园地。把以上三方面综合起来解读，才是对教材的完整把握。

二、以单元主题为导向，组织实施教学

现行教科书以主题组元。每个单元（组）根据共同的主题，由编者选择几篇文章，编辑在一起组成课文系统，再加上精心编写的、充满亲和力的导学系统、语文园地，形成一个单元。单元内所有元素，都有其内在的规定性，即单元主题。它犹如一根线，把诸多与主题有关的"珠子"串在一起，是教材单元的"魂"。

1. 关注单元主题，制定教学目标

单元主题的设置，体现了编者从宏观上对教材的整体把握。每个学段的学生有怎样的认知特点和心理特点，适合设置怎样的单元主题；整套教材要设置怎样的单元主题，才能循环往复，形成合力，编者往往需要反复思考。单元主题具有"风向标"的作用，直接影响教学设计中教学目标的制定。教师如果不明白编者意图，一厢情愿地按照自己对文本的解读设计教学，就容易失去方向。

《为中华之崛起而读书》是人教版四年级上册第七组第一篇课文，描写少年周恩来在沈阳读书时，亲眼看见"中华不振"，从而立下"为中华之崛起而读书"的志向。这篇课文所在单元的主题是"成长的故事"，单元中相关的课文还有精读课文《那片绿绿的爬山虎》、略读课文《乌塔》和《尺有所短 寸有所

长》。单元导语中写道："……让我们来认真阅读本组课文，并联系生活实际进行综合性学习，在成长的故事中体验成长的快乐，思考成长中的问题，留下成长的足迹。"导学系统的每个部分和语文园地都围绕"成长"的主题设置，处处体现"成长"的意味。所以，我们制定的教学目标也紧扣"立志""成长"二词：运用联系生活实际、引述资料和对比等方法，引导学生体会少年周恩来"为中华之崛起而读书"志向的不凡，了解"立志"与"成长"的关系。

2. 关注单元主题，确定教学内容

课文与课文之间因单元主题互相牵引，形成一个小系统，成为课文系统。课文系统与单元主题一脉相承，二者互为表里。单元主题隐身其后，让课文系统说话表意；课文系统亮相前台，承载单元主题内在的意蕴。课文系统中，每篇课文所处的位置不同，其地位和教学任务也不同。教师要用系统的观念来看待这些课文，关注单元主题，确定主要教学内容。具体到一篇课文，能凸显单元主题内容、实现编者意图、承载教学任务、达成教学目标的内容，定是教学过程中的主要内容，反之则为次要内容。《为中华之崛起而读书》讲述的是"立志"与"成长"的故事，体现"立志"与"成长"的关系；《那片绿绿的爬山虎》讲述的是小时候的"成长"经历对一个人的精神哺育；《乌塔》和《尺有所短 寸有所长》是略读课文，前者说明不同人对"成长"的不同理解，后者则通过书信方式讨论成长过程中遇到的问题。这些课文的共同点是凸显单元主题，不同之处在于各有侧重。

以《为中华之崛起而读书》为例，既然单元主题是"成长的故事"，这篇课文的侧重点又在"立志"与"成长"的关系，那么，能体现"立志"与"成长"关系的内容理应成为课堂教学的主要内容。而体现"立志"与"成长"关系的内容为课文的后半部分，所以这部分就是课文的点题部分，也是重点。我们的教学设计将后半部分课文设置为教学的主要内容，正是为了凸显单元主题，切合编者的编写意图。若单纯把教学的着力点放在"中华不振"上，只会徒增学生对旧中国积贫积弱社会状况的认知，徒增学生的民族自卑感，教学就会偏离成长的主题。

3. 关注单元主题，优化教学策略

关注单元主题，必将影响教学策略与方法的选择。为此，我们努力优化教学策略，具体表现为：

(1) 展现单元主题。

在课前互动环节，出示名人小时候的照片，让学生"猜名人"，暗示人是不断成长变化的。"话聊'成长'"，由单元主题入课，与课前互动无痕对接，起到激发学生学习兴趣的作用，同时让学生明了本组课文的学习方向。

（2）对比方法的运用。

为了凸显单元主题，我们在引导学生感悟周恩来小时候志向不凡的环节，让学生揣摩魏校长"一振"与"一震"的表现，将周恩来的志向与同龄孩子志向进行对比，感悟周恩来志向的"远大"；把周恩来的志向和他同学的志向进行对比，感悟其志向的"伟大"。

（3）引述阅读资料。

《为中华之崛起而读书》课后安排了"阅读链接"，介绍了1917年周恩来赴日本留学前与同学的临别赠言和东渡日本前夕写下的抒发救国抱负的诗篇。在设计"重读'志向'，悟'立志'与'成长'"教学环节时，我们将这些资料链接到教学中。至此，学生深刻理解周恩来的志向不仅远大，而且坚定不移。三个层次层层递进，不断深入。为了让学生深入感悟周恩来志向的坚定不移，我们还引述了周恩来十五岁考进天津市南开中学时与同学讨论为何读书的课外阅读资料，让学生展开讨论并写下感悟。这不仅加深了学生对周恩来志向坚定不移的认识，而且是一次绝佳的练习运用语言文字的机会。

总之，关注单元主题，直接关系到教学目标的制定、教学内容的取舍和教学策略的运用，是领悟编者意图的窗口。教师要完成与编者的对话，就必须关注单元主题。

"双减"背景下的单元语文要素落实
——以三上《富饶的西沙群岛》为例

　　"双减"背景下，要在有限的课堂时间内，提高课堂教学质量，我们就要研究如何实现课堂教学的转型，研究如何让范本发挥最大效益，让单元语文要素软着陆。

　　范本，《现代汉语词典》解释为：可做模范的样本。福建省宁德市教育局小学教研室语文教育专家许发金老师说："范本，在语文课程教学中指儿童学习祖国语言文字运用的典范性文本及其指涉的练习系统。"

　　拿到任何一篇范本，我们都要考虑两个问题："教什么"和"教到什么程度"，即内容维度和能力维度。过去我们拿到一篇文章，老师们对"教什么"很模糊，现在的统编教材，单元语文要素和练习系统就是其模范性，编者很明确地告诉我们要"教什么"。这样，我们就得研究范本涉及的单元语文要素和练习系统，读懂编者为什么这样编写练习，编写这样的练习需要培养什么能力。把练习系统做透，就是让单元语文要素软着陆。

　　下面以三年级上册第六单元写景散文《富饶的西沙群岛》为例，谈谈我理解的范本教学。

　　范本要有模范性，模，是模仿；范，是示范。模范性指范本要有模仿示范的功能，是学生学习运用语言文字的凭借。每一篇范本的模范性都不尽相同，即使在同一单元中，承载着落实同样语文要素的任务，但因其位置的不同，模范性也各有不同。

　　本组教材除《古诗三首》外，《富饶的西沙群岛》因处在单元特殊的位置，其模范性就显得尤其重要。教学时应体现这种重要性，才能体现教材"教读+自读+课外阅读"三位一体的编写思路。因此，这篇文章应作为"教读"的最重要的一篇范本来处理。

　　根据课标中的学段要求、学生的年龄特点以及这篇课文在本册教材、整套教材的这个位置，结合教材的编排体系上的特点，我觉得这篇课文最重要的范本价值，也就是它的模范性，体现在两方面：其一，运用它来训练学生"借助关键语句理解一段话的意思"的能力；其二，运用它来训练学生"习作的时候，试着围绕一个意思写"。树立范本理念，改变思维方式，"用范本教"，把范本作为一个凭借、一个中介，让学生通过这个中介的学习，学到某种语文知识，训练某种语文技能，或者学习某种方法、策略，养成某种习惯。而不是像过去那样"教范本"。教一篇，知一篇，你给他的永远只有一条"鱼"，学生永远不会有自己的"捕鱼"本领。

需要指出的是，在人教版课标教材中，这篇课文与《古诗两首》（《望天门山》《饮湖上初晴后雨》）、《美丽的小兴安岭》、《香港，璀璨的明珠》三篇课文编排在同一个单元，课文还有一个段落是写海滩上的贝壳和海龟的，被删去了。最重要的是这篇课文在人教版中是训练"借助关键语句来理解一篇文章的主要内容"的，课文最后出现了一个泡泡"我发现这篇课文是围绕一句话来写的"，现在的统编教材是用这篇范本训练学生"借助关键语句理解一段话的意思"，不得不说编者改得多么巧妙。因为第二学段的孩子要加强的就是段的训练，这是课标要求。理解整篇文章，须得从理解一段话开始，这是学习语文的规律。

一、"教什么"

"教什么"，即内容维度，要回答这个问题，先从横向上整体解读一下整个单元。

"加强单元整合，落实课程目标"是统编教材的编写理念之一。基于单元整合的编写理念，围绕"语文要素"，各单元编排有单元导语页、课文及课后练习、口语交际、习作、语文园地等几个板块内容（习作单元编排有所不同，单元里编排有单元导语页、含课后思考题的两篇精读课文、交流平台、初试身手、含旁批和课后思考题的两篇习作例文、习作），每个板块的教学都围绕单元语文要素展开。

三年级上册第六单元在导语页"宽泛的人文主题""祖国，我爱你。我爱你每一寸土地，我爱你壮美的山河"中，简明扼要地点出本单元的语文要素有二："借助关键语句理解一段话的意思""习作的时候，试着围绕一个意思写"。围绕着这两个语文要素，单元里安排了《古诗三首》、精读课文《富饶的西沙群岛》《海滨小城》《美丽的小兴安岭》，学习实践语文要素。语文园地中的"交流平台"，就"关键语句"呈现学生的学习成果，帮助学生梳理、总结，进一步将学生对于"关键语句"的模糊认识变成清晰的语文知识，并在今后的语文实践中运用;"词句段运用"安排了两项练习,一项为选择一两个ABB式的词语展开想象写句子,如"慢腾腾""颤巍巍";一项为用指定的句子开头尝试说一段话。这两个练习虽一个围绕"词语",一个围绕"句子",但都为实现表达要素"习作的时候,试着围绕一个意思写"而设置。习作《这儿真美》要求学生"写之前仔细观察,看看这个地方有些什么,是什么样子的""写的时候,试着运用从课文中学到的方法,围绕一个意思写""写好后自己读一读,改正错别字。然后读给同学听,和同学分享你发现的美景"。整个单元以借助"关键语句"帮助"理解"和围绕"关键语句"尝试表达,从读到写,"关键语句"这个语文要素中的核心词,把"学习理解"和"学习表达"紧紧联系在一起,把"阅读要素"和"表达要素"拧成一股绳,努力使学生在语文要素实践中提升语文素养。

《富饶的西沙群岛》是篇写景散文,我们从纵向来看整个小学阶段语文教材写景文章的编排情况。

三年级写景单元课文课后作业指向写景内容、写景语言,如三年级上册《富饶的西沙群岛》课后第一题"说说从哪些地方可以看出西沙群岛风景优美、物产丰富";三年级下册的《海底世界》课后第二题"读一读,注意加点的部分,体会这样写的好处:①海底的动物常常在窃窃私语;②还有些贝类自己不动,却能趴在轮船底下作免费的长途旅行"。四年级写景单元课文课后作业侧重写景顺序,如四年级上册《观潮》课后第二题"说说课文是按照什么顺序描写钱塘江大潮的,你的脑海中浮现出怎样的画面,选择印象最深的和同学交流";四年级下册习作单元一篇精读课文、两篇习作例文都强调按照游览的顺序写景,如《记金华的双龙洞》课后第一题"默读课文,理清作者游双龙洞的顺序,再把下面的路线图补充完整:路上→( )→( )→( )→( )→出洞"。五年级写景单元课文课后作业侧重写景方法,即动态描写和静态描写,如五年级上册《四季之美》课后第二题"读下面的句子,联系上下文,体会其中的动态描写:①即使是蒙蒙细雨的夜晚,也有一只两只萤火虫,闪着朦胧的微光在飞行,这情景着实迷人。②夕阳斜照西山时,动人的是点点归鸦急急匆匆地朝窠里飞去。③成群结队的大雁,在高空中比翼而飞,更是叫人感动";五年级下册《威尼斯的小艇》课后第二题"体会作家笔下威尼斯的动、静之美,再有感情地朗读课文"。六年级写景单元课文课后作业侧重写景抒情,如六年级上册《草原》课后第二题"读下面的句子,回答括号里的问题。再从课文中找出其他类似的句子,读一读,抄写下来:那些小丘的线条是那么柔美,就像只用绿色渲染,不用墨线勾勒的中国画那样,到处翠色欲流,轻轻流入云际。这种境界,既使人惊叹，又叫人舒服，既愿久立四望，又想坐下低吟一首奇丽的小诗。（哪句是直接写草原景色的？哪句写了作者的感受？在写景中融入感受有什么好处？）"这种编排，体现了写景单元能力训练的梯度发展。如下表：

年级 \ 能力	写景内容	写景语言	写景顺序	写景方法	写景抒情
三年级	√	√			
四年级	√	√	√		
五年级	√	√	√	√	
六年级	√	√	√	√	√

根据单元语文要素和课后作业以及习作内容的安排，我认为《富饶的西沙群岛》这篇课文要教的是写景内容、写景语言，稍稍渗透写景顺序意识。

二、"教到什么程度"

明确了要"教什么"，就要思考在能力维度上，要"教到什么程度"。根据小学语文教育专家的研究，阅读能力分五个层次，依次为检索、理解、运用、评鉴、质疑。这样，"教什么"和"教到什么程度"，老师在心中就会描画出一幅"教学地图"。

（一）"教学地图"部分内容设想

"写景内容"教学设计有：

1. 写景对象，如"鸟的天堂"写的是什么。

2. 写景画面，如你的脑海中浮现出怎样的画面，选择印象最深的画面和同学交流。

3. 篇章要点，如说说从哪些地方可以看出西沙群岛风景优美、物产丰富。

4. 段落要点，如借助关键语句理解一段话的意思。

5. 抒发的情感，如"蒙汉情深何忍别，天涯碧草话斜阳"，你从课文哪些地方体会到了"蒙汉情深"？

"写景顺序"教学设计有：

1. 篇章顺序，如四年级下册《记金华的双龙洞》课后题：默读课文，理清作者游双龙洞的顺序，再把下面的路线图补充完整：路上→（　）→（　）→（　）→（　）→出洞。

2. 语段顺序，如三年级下册《荷花》课后题：第二自然段写出了荷花不同的样子，仿照着写一种你喜欢的植物。

"写景语言"教学设计有：

1. 描写性语言的品悟，如三年级上册《富饶的西沙群岛》中写鱼的句子。

2. 修饰性词语或关键词语的品悟，如三年级下册《燕子》课后题：读一读，记一记，再说几个这样的词语（"剪刀似的尾巴""伶俐可爱的小燕子"）。

3. 体会词句的表达效果，如三年级上册《美丽的小兴安岭》课后题：读下面的句子，体会加点的词语好在哪里（"早晨，雾从山谷里升起来，整个森林浸在乳白色的浓雾里。"）；五年级下册《威尼斯的小艇》课后题：读下面这段话，说说小艇有哪些特点，再体会加点部分的表达效果（"威尼斯的小艇有二三十米长，又窄又深，有点儿像独木舟；船头和船艄向上翘起，像挂在天边的新月；行动轻快灵活，仿佛田沟里的水蛇。"）。

（二）本课教学设想

那么，训练学生"借助关键语句理解一段话的意思""习作的时候，试着围绕一个意思写"，到底要怎么教呢？习惯的教法是老师引导学生理清文章的脉络，接着走进课文的每一个段落，一句一句地理解，针对课文的句子，师生一问一答，问题琐碎、零散，在这过程中老师还会让孩子们看很多图片或视频，然后读一读，说一说或当堂小练笔写一写。教学到此结束。

我的教法是力求抓住范本的"例子"功能，尽量提出富有思维含量的高阶问题，让学生通过"浸入式"阅读解决问题，落实课后思考题，从而落实语文要素。

第一步：梳理课文脉络

根据《富饶的西沙群岛》课后第一题的提示，结合课程标准第二学段"学段目标与内容"中"阅读"部分的要求"能初步把握文章的主要内容，体会文章表达的思想感情"，因此，这一步把"写景内容"教学设计定位为"了解篇章要点"，把"写景顺序"教学设计定位为"了解篇章顺序"。教学时，先理解题目中的"富饶"。考虑到孩子们初上三年级，为了减缓难度，可提出问题：读了第一自然段和第六自然段，你觉得哪些词语是最重要的？引导学生发现关键词"风景优美、物产丰富"；阅读第二至五自然段，圈画出风景和物产，思考：课文从哪些方面介绍西沙群岛风景优美、物产丰富？填写后形成下表（见表1），这样，学生就能大体上了解课文是从美丽的海水、海底丰富多样的生物、海岛众多的海鸟三个方面来描写西沙群岛的，从而理清课文的脉络结构。

表1

自然段		关键词
一		风景（优美）、物产（丰富）
二	海面	海水
三	海底	珊瑚、海参、大龙虾
四		鱼
五	海岛	鸟
六		更加美丽、更加富饶

这里的设计，阅读能力指标指向理解力，指向了解篇章要点及篇章的写景顺序。填写关键词是为了减缓难度，体现层级水平——"了解"。文本利用程度为篇章范本，学生能总体上了解课文的篇章结构。

第二步，感悟语言文字

这篇范本最重要的功能体现在利用范本引导学生"借助关键语句理解一段话的意思"，这是引导学生要理解段落要点。可以这样教：

第一板块：认识"关键句"概念

1. 细读第五自然段，思考：每句话写什么？根据学生回答，师板书：

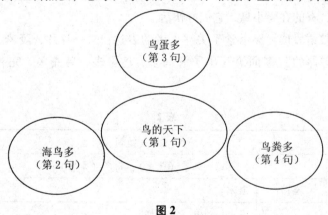

图2

2. 课文一定要联系着读。读的时候，你发现这几个句子之间的联系了吗？

（第2、3、4句都说明第1句：海鸟多、鸟蛋多、鸟粪多都是说这儿是鸟的天下；因为这儿是鸟的天下，所以海鸟多、鸟蛋多、鸟粪多。）

根据学生回答，小结，引出：第2、3、4句都围绕着第1句写，第1句就像一个"月亮",其他几句就像"星星","星星"围绕着"月亮","月亮"处在最重要的位置。像这种在一段话里头,能够集中体现一段话意思的句子,我们叫它"关键语句"。

引出语文园地"交流平台"板块句子,读一读:有的时候,一段话的开头就表达了这段话的主要意思,后面的内容都是围绕开头这句话来写的。

这一步阅读能力指标指向理解力,即理解每句话的意思,明确"关键语句"概念。文本利用程度为局部范本。

第二板块:体会"关键语句"作用

这一步关注的是"写景语言"。

1. 删改对比读,理解体会"鸟的天下"。

①西沙群岛也是鸟的天下。岛上有一片片茂密的树林,树林里栖息着各种海鸟。遍地都是鸟蛋。树下堆积着一层厚厚的鸟粪,这是非常宝贵的肥料。

②西沙群岛也是鸟的天下。岛上有树林,树林里栖息着海鸟。地上是鸟蛋。树下堆积着鸟粪,这是非常宝贵的肥料。

先理解"鸟的天下"(引申理解:树林是"树的天下"、图书馆是"书的天下"、操场是"同学的天下")

如果让你来写,你会怎样写?

③西沙群岛也是鸟的天下。鸟儿多,鸟蛋多,鸟粪也很多。

④西沙群岛也是鸟的天下。岛上有树林,树林里有很多海鸟,有的在嬉戏,有的在唱歌,有的在孵小鸟,它们好快活。

通过比较语段读,提示学生关注作者的表达:"一片片、茂密、各种、遍地、一层、厚厚的"等词语写出了海鸟多、鸟蛋多、鸟粪多。完善表格形成表2。

表2

自然段	关键词	
一	风景(优美)、物产(丰富)	
二	海面	海水
三	海底	珊瑚、海参、大龙虾
四		鱼
五	海岛	鸟(数量:海鸟多、鸟蛋多、鸟粪多)
六	更加美丽、更加富饶	

2. 自由读，比赛读，读出"海鸟多、鸟蛋多、鸟粪多"，比赛谁读得有感情。

3. 师生分组轮读，体会"关键语句"的关键作用，并说说这段话的主要意思。出示"交流平台"句子，读一读：找到这样的句子，可以帮助我们更好地理解一段话的意思。

这一步阅读能力指标指向理解力和运用力，体会关键语句的作用，体会作者如何围绕"关键语句"运用语言文字来表达。文本利用程度为局部范本。

第三板块：了解"关键语句"位置

1. 自由朗读第四自然段，思考每句话写什么？你发现这段话中的关键句了吗？（鱼成群结队地在珊瑚丛中穿来穿去，好看极了。）

2. 出示课文第四、五自然段，引导学生发现这两段话的"关键语句"都在语段开头。"关键语句"是不是都在一段话的开头呢？

出示"交流平台"句子，读一读：这样的句子也有可能在一段话的末尾或中间。

3. 作者是怎样写"鱼成群结队地在珊瑚丛中穿来穿去，好看极了"的？深入地读课文，边读边想象，用心地感受，细心地体会。这一环节关注的也是"写景语言"。

a. 删改对比读句子，体会鱼的多和美：

①鱼成群结队地在珊瑚丛中穿来穿去，好看极了。有的全身布满彩色的条纹；有的头上长着一簇红缨；有的周身像插着好些扇子，游动的时候飘飘摇摇；有的眼睛圆溜溜的，身上长满了刺，鼓起气来像皮球一样圆。各种各样的鱼多得数不清。正像人们说的那样，西沙群岛的海里一半是水，一半是鱼。

②鱼在珊瑚丛中游来游去，好看极了。鱼很多很美。

引导学生关注课文语言，了解课文原句①是描写性语言，而下面一句②是概括性语言，我们写景的时候尽量用描写性语言写景物。

b. 那么，作者是怎样写鱼的呢？引导学生发现句子表达的秘密。

①有的全身布满彩色的条纹；

有的头上长着一簇红缨；

②有的周身像插着好些扇子，游动的时候飘飘摇摇；

有的眼睛圆溜溜的，身上长满了刺，鼓起气来像皮球一样圆。

师：发现了什么？　（前面两分句写鱼的颜色，后面两分句写鱼的样子、动作）

读一读，感受两组句子的不同，说说哪一组句子好，为什么。引导学生体会作者表达角度的不同，使语言显得富有变化、不呆板；回应"各种各样的鱼多得数不清"，"鱼成群结队地在珊瑚丛中穿来穿去，好看极了"，回应第一自然段"风景优美，物产丰富"，回应课题"富饶"二字；使表达更加具体形象，让人脑中浮现出生动的画面。

c. 小结：写海底生物可以写数量、颜色、样子、动作。完善表2形成表3。

表3

自然段		关键词
一		风景（优美）、物产（丰富）
二	海面	海水
三	海底	珊瑚、海参、大龙虾
四		鱼（数量、颜色、样子、动作）
五	海岛	鸟（数量：海鸟多、鸟蛋多、鸟粪多）
六		更加美丽、更加富饶

d. 练习有感情地朗读第四自然段，读出鱼儿的多和美。

这一步阅读能力指标指向理解力和运用力，了解关键语句的位置和写景课文描写语言的运用，学习作者如何运用描写性语言进行表达。文本利用程度为局部范本。

第四板块：补写"关键语句"尝试

1. 自由读第三自然段，边读边想象，理解每句话的意思，思考：你找到关键语句了吗？如果让你来补充关键语句，你会写什么？（海底的生物太多太美啦！海底的生物可有趣啦！海底有好多有趣的生物……）你会把关键语句放在哪个位置呢？

2. 学生体会作者怎样写。教师引导学生关注作者抓住数量、样子、动作等方面写出了海底生物的多和有趣。教师小结，完善表3形成表4。

表 4

自然段	关键词	
一	风景（优美）、物产（丰富）	
二	海面	海水
三	海底	珊瑚（数量、样子）、海参和大龙虾（数量、动作）
四		鱼（数量、颜色、样子、动作）
五	海岛	鸟（数量：海鸟多、鸟蛋多、鸟粪多）
六	更加美丽、更加富饶	

3. 练习有感情地朗读，读出珊瑚的多和美，海参和大龙虾的多、可爱、有趣。

这一步阅读能力指标指向理解力和运用力，尝试补写"关键语句"和体会作者怎样写。文本利用程度为局部范本。

第五板块：内化"关键语句"运用

1. 找出第二自然段的关键语句，说说段落的意思。完善表 4 形成表 5。

表 5

自然段	关键词	
一	风景（优美）、物产（丰富）	
二	海面	海水（美：颜色、原因）
三	海底	珊瑚（数量、样子）、海参和大龙虾（数量、动作）
四		鱼（数量、颜色、样子、动作）
五	海岛	鸟（数量：海鸟多、鸟蛋多、鸟粪多）
六	更加美丽、更加富饶	

2. 有感情地读出海水的美丽。

3. 回到文本整体：朗读课文，说说从哪些地方可以看出西沙群岛风景优美、物产丰富？（注意面向全体，引导每个学生都练习说。）

此处设计，阅读能力指标指向理解力和运用力。第一步文本利用程度为局部范本，理解体会第二自然段的意思；第二步为篇章范本，立足文本的整体架构，引导学生全局性地初步把握文章的主要内容。

以上五个板块，是针对单元语文要素进行的分步训练。单元语文要素提示的是单元教学目标，是希望学生通过学习达成的能力。能力是完成一项目标或者任务所体现出来的综合素质，不可能通过一次学习就能达成，而是要经历多次实践、循序渐进的学习过程。目标性的知识是不可教的，要把目标性知识切分成很多精准性的知识，通过精准性知识的学习，才能不断接近单元目标。这也是单元语文要素会以相类似的面目，在相同册次不同单元或不同册次不同单元中不断出现的原因。也说明统编教科书在编排过程中十分注重语文要素的延续性，体现教材编排纵向上的整体推进、螺旋上升的特点。

第三步，尝试评鉴文本

根据"教学评一体化"理念，教师还应该引导学生对文本做出适当、相应的评价，促进学生对文本进行"浸入式"的深度学习。教学本课，可以这样设计：

1. 针对"写景内容"的文本评鉴：

思考：有人认为既然课文题目是《富饶的西沙群岛》，读了就知道写的是"岛屿"，那么只要写第五自然段就可以了，第二自然段的海水和第三、四自然段的海洋生物都可以不写，你觉得呢？

引导学生理解不能删，写岛屿，肯定要写海水美丽，才能体现"风景优美"；肯定要写海底生物多，才能体现"物产丰富"。这样才能体现西沙群岛"风景优美，物产丰富，是个可爱的地方"。

此处阅读能力指标指向理解力、评鉴力。在理解文本的基础上，引导学生对文本整体布局进行评鉴，培养初步的评鉴能力。文本利用程度为篇章范本。

2. 针对"写景语言"的教学评鉴：

出示句子：

①海底的岩石上生长着各种各样的珊瑚，有的像绽开的花朵，有的像分枝的鹿角。

②大龙虾全身披甲，划过来，划过去，样子挺威武。

③正像人们说的那样，西沙群岛的海里一半是水，一半是鱼。

④树下堆积着一层厚厚的鸟粪，这是非常宝贵的肥料。

思考：作者在写这些景物的时候，采用了什么样的不同写法？

引导学生体会第一句采用的是比喻的修辞手法，第二句采用的是拟人的修辞手法，第三句采用的是夸张的修辞手法，第四句采用的是写实的描写性语言。虽然手法不同，但都写出了这些景物的数量多、样子美。

此处设计的阅读能力指标指向理解力、评鉴力。在理解文本的基础上，引导学生鉴赏文本中的部分"写景语言"，培养初步的评鉴能力。文本利用程度为组合范本。

第四步，培养质疑意识

"阅读能力"维度的最高指标是质疑能力。在学生对文本进行深度阅读之后，可以引导学生对文本进行质疑。如课文的内容是写西沙群岛"风景优美，物产丰富"，为什么课文题目不是"美丽富饶的西沙群岛"，而是"富饶的西沙群岛"呢？深入理解作者行文笔墨更偏重于"物产丰富"，表达作者对西沙群岛的拳拳深情，引出单元人文要素，让学生读一读，发挥教材"培根铸魂"的作用。

第五步，运用语言表达

阅读、理解、感悟了课文语言，要引导学生将课文语言内化成自己的语言，在语文实践中尝试运用。根据课后第二题"选择你喜欢的部分，向别人介绍西沙群岛"，可以联系生活，设置运用"写景语言"的情境：如果你是一个导游，你会怎样向游客介绍西沙群岛呢？转化课后"小练笔"的要求，让学生选择一幅图，为这幅图写几句优美的广告（提示学生可以用上关键语句；可以从景物的数量、颜色、样子、动作等角度写；可以用上"有的……有的……有的……有的……"的句式），让大家爱上你介绍的这一处海洋景观。这样设计，让学生不仅尝试运用从课文中学到的表达方法和语言进行表达，还感受到学习语言和生活的紧密联系，体会到学习语言是可以服务生活的。这两个环节，前一环节是口头的，后一环节是书面的，是检测学生是否能够内化课文语言，是学生从"作者的范本"和"编者的范本"转化为"自己的范本"的过程。

第六步：布置发展作业

阅读苏教版课文《庐山的云雾》《"东方之珠"》《美丽的南沙群岛》，借助关键语句理解一段话的意思。

这一步的教学设计，注重发挥范本"引子"的教学功能，从一篇引出多篇，以"借助关键语句理解一段话的意思"这个阅读要素为线，组成文本群，让学生阅读，扩大阅读视野，使课外阅读课程化，体现教材"1+X"的编写理念。

革命文化题材课文教学应对

《语文课程标准》在"教材编写建议"部分指出:"教材要注意继承和弘扬中华民族优秀文化和革命传统,有助于增强学生的民族自尊心和爱国主义感情。"[1]教材是国家意志在教育领域的具体体现,在核心素养培育和社会主义核心价值观教育被高度重视的今天,义务教育阶段统编教材就如何继承革命传统教育,在选文上下了很大工夫,收录了许多革命文化题材课文。阅读《高中语文课程标准(2017年版)》可以了解到,统编教材革命文化题材课文是指教材中反映近现代以来中国人民追求民族独立、国家富强、人民幸福的作品,体现"革命志士以及广大群众为民族解放事业英勇奋斗、百折不挠的革命精神和革命人格"[2]的作品,以及描写"在中国特色社会主义建设过程中涌现的英雄事迹"[3]的作品。这些作品记录了新民主主义革命以来,中国共产党领导中国人民反对封建专制、反对帝国主义侵略、追求民主和自由的历史,蕴含着理想主义、爱国主义、民主主义、科学求实、艰苦奋斗等精神内核,是中国特色社会主义先进文化的重要来源,是立德树人的重要载体。[4]

统编教材总主编温儒敏教授介绍,义务教育阶段教材中的这类选文内容丰富,"涉及了毛泽东等老一辈革命领袖,雷锋、黄继光等革命英雄人物,以及钱学森、邓稼先等著名科学家。同时,还有鲁迅、茅盾、闻一多、艾青等著名文学家的选篇"。统编教材体系中,革命文化题材课文相较于其他题材课文,蕴含着强烈的思想教育因子,承载着"红色基因"革命传统教育和语文要素学习的双重任务,有其特殊的地位和作用,是其他课文无法替代的。本文就统编教材革命文化题材课文的分布呈现、编排特点、教学应对谈谈个人浅见。

一、革命文化题材课文分布呈现

统编教材根据学生的认知特点,循序渐进地安排了不少革命文化题材教育内容,除了精读课文和自读课文之外,还有不少文章或节选出现在"阅读链接"和"我爱阅读"等栏目中。此外,编者还在思考题的编排、语文园地中的各个栏目设置上下功夫，挖掘革命传统教育因子，强化红色基因教育，通过精心设计的朗读训练、背诵积累、探究学习等活动方式，有机渗透革命传统思想教育，内容丰富，形式多样，体现"整体规划，有机渗透"的编排特点。现就统编教材革命传统教育内容中的革命文化题材精读课文和自读课文（不包含"阅读链接"和语文园地中的文章或节选）的分布呈现列表如下：

表1 统编小学语文教科书革命文化题材精读课文、自读课文分布呈现

册次	课文	呈现方式
一上	《升国旗》	散编
一下	《吃水不忘挖井人》	散编
二上	《八角楼上》	主题单元：伟人
	《朱德的扁担》	
	《难忘的泼水节》	
	《刘胡兰》	
二下	《邓小平爷爷植树》	散编
	《雷锋叔叔，你在哪里》	散编
三上	《不懂就要问》	散编
	《手术台就是阵地》	散编
三下	《我不能失信》	散编
四上	《为中华之崛起而读书》	主题单元：国之脊梁
	《梅兰芳蓄须》	
	《延安，我把你追寻》	
四下	《千年梦圆在今朝》	散编
	《小英雄雨来》	散编
	《黄继光》	散编
五上	《冀中的地道战》	散编
	《少年中国说》	主题单元：多难兴邦
	《圆明园的毁灭》	
	《小岛》	
五下	《军神》	主题单元：家国情怀
	《青山处处埋忠骨》	
	《清贫》	

续表

册次	课文	呈现方式
六上	《七律·长征》	主题单元：难忘的岁月
	《狼牙山五壮士》	
	《开国大典》	
	《灯光》	
	《桥》	散编
	《少年闰土》	主题单元：走近鲁迅
	《好的故事》	
	《我的伯父鲁迅先生》	
	《有的人》	
六下	《十六年前的回忆》	主题单元：志向与心愿
	《为人民服务》	
	《金色的鱼钩》	

二、革命文化题材课文编排特点

（一）比重大，逐年递增

统编教材总主编温儒敏教授介绍，教材高度重视对青少年学生进行革命传统教育，革命题材课文从数量上看，小学40篇，初中29篇，整个义务教育阶段共编入革命文化题材课文69篇。就小学而言，除"阅读链接""我爱阅读"等栏目中出现的一小部分，一篇出现在低段的识字课文（一年级上册《升国旗》）中外，其余均出现在精读课文和自读课文中，占比约11%。在统编版教材课文总数量较之前人教版课标相对减少的情况下，11%这个比例已然很大，可见教材编者选文时对革命文化题材课文的重视。另外，随着年级的升高，革命文化题材的精读课文和自读课文篇目比重逐渐加大，一年级到三年级编排了11篇，仅四年级就有6篇，五、六年级共编排了19篇。

（二）"经典"与"现代"并存

统编教材革命文化题材课文有两种选文途径：一是保留红色经典的篇目，如《吃水不忘挖井人》《朱德的扁担》《难忘的泼水节》《小英雄雨来》《狼牙山五壮士》《十六年前的回忆》《金色的鱼钩》等，这些都是新中国成立以来语文教材中革命文化题材课文的保留篇目。二是编者还根据时代发展的需要，增加编选了反映新时期社会主义建设进程中的革命思想、革命传统教育的文章，如《升国旗》《雷锋叔叔，你在哪里》《千年梦圆在今朝》《小岛》等，意在教育学生：艰苦的战争年代需要英勇无畏的革命精神、革命人格，在和平年代和科技高速发展的现代社会照样不能忘记革命精神和革命人格的培育，在平凡的生活中、普通的岗位上同样可以为祖国、为人民作出贡献。"经典"与"现代"并存，体现了编者对革命文化题材课文传承与创新的恰当处理。

（三）"集中"与"分散"穿插

从上表中可以看出，革命文化题材课文的编排有两种方式，一种是根据单元语文要素的需要，随机分散编排在各个单元中，跟单元内其他课文和栏目一起，实现单元语文要素学习的整体推进和落实。另一种是把几篇同样表现革命传统教育的课文集中编排在一起，赋予它们同样的单元语文要素和人文主题，形成革命文化主题单元。第一学段二年级上册编排了"伟人"主题单元，共有4篇写革命领袖的文章；第二学段四年级上册编排了"国之脊梁"主题单元，编排了3篇文章；到了第三学段，五年级上册和五年级下册编排了"多难兴邦"和"家国情怀"两个主题单元，分别有篇文章，六年级上册的"难忘的岁月""走近鲁迅"和六年级下册的"志向与心愿"共编排了11篇。可见，随着年级的升高，编者越来越重视对学生进行这方面的教育，这是根据革命文化题材课文的特点、学生的认知水平而设计的，同时体现国家意志的顶层设计。

三、革命文化题材课文教学应对

革命文化题材课文因为承载的思想教育因素强，教师在教学时很容易上成思想品德课，或者上成纯粹的语言文字训练课。因此，要注意把握以下四点。

（一）"聚焦"：防止思想教育的缺失

革命文化题材课文思想教育的缺失体现在教师只关注语文要素内容，对学生进行语言文字理解和运用的训练，根本不顾文本的"文以载道"内涵，摒弃"以文化人"的教学目标，把革命文化题材课文上成纯粹的语言文字训练课。

五年级下册《军神》一课，写的是 1916 年 3 月刘伯承在指挥攻打丰都县城时因右眼负伤请重庆德国医生医治，坚持不用麻醉剂忍着剧痛做手术的事，医生做完手术赞扬刘伯承为"军神"。在这课的教学中，有教师仅仅抓住本单元"通过课文中动作、神态、语言的描写，体会人物的内心""尝试运用动作、神态、语言描写，表现人物的内心"这两个语文要素，让学生通过读课文，画出描写刘伯承和沃克医生动作、神态、语言的句子，体会刘伯承的坚强无比和沃克医生的内心变化，以及沃克医生称刘伯承为"军神"的原因。对刘伯承是何人及他的戎马一生只字不提。这样，这篇课文的教学与别的写人物文章的教学就没有区别，失去了思想性教育意义，也就谈不上"文道统一"了。

其实，这篇文章除了以上内容，还应该让学生了解背景或查阅资料，在体会人物坚强品格的基础上，体会刘伯承在动手术时坚持不用麻醉药，忍住剧痛就是因为自己"今后需要一个非常清醒的大脑"，引导学生思考，"非常清醒的大脑"和刘伯承后来的戎马生涯有什么关系？这样深度了解人物的内心，才能体会是什么促使他有常人难有的勇气和力量，才能体会刘伯承的大爱情怀，体会人物"大丈夫当仗剑拯民于水火，岂顾自己一身之富贵"的伟大胸怀，体会革命志士心中的抱负和立志为新中国的解放事业立下汗马功劳的坚定信念。这样的教学，才能体现编者编入"家国情怀"革命文化题材课文主题单元的意义。

紧扣单元语文要素学习，注重导语页的人文要素，更重要的是要关注这些革命文化题材课文有其特殊的思想教育价值，是对学生进行立德树人教育的典范性文本。正如统编语文教科书执行主编陈先云老师说的："要注重发挥统编语文教科书'培根铸魂，启智增慧'的育人功能，课文是落实立德树人根本任务的最好的载体和凭借，让学生在课文描绘的具体情境中，激发学生爱国情感和民族自豪感……以达到'润物细无声'的效果，语文教学要从严从实从细地把好价值取向观。"今天的语文改革有两个着力点，一是"立德树人"，二是"发展学生的语文核心素养"。教材是国家意志的体现，"立德树人"永远站立在学科教育最前沿的位置。教学时，应把握好这个总方向。

（二）"适切"：防止思想教育的架空

革命文化题材课文思想教育的架空首先体现在教师过于重视文本强烈的思想感情，不顾学生的经验背景、认知水平、学习需求，过分拔高思想教育的重要性，把革命文化题材课文的教化目标放大，从而抹去语文课的特质，忽视语言建构与运用、思维发展与提升，更别提审美鉴赏与创造、文化理解与传承了。建构主义认为，知识是学习者基于自己的经验背景，在一定的情境下，通过意义的建构而获得的。所有教学都应该考虑学生的接受水平，学科教学应该寻求"学科逻辑与学生心理逻辑的沟通"[5]。德国教育家第斯多惠说："课堂教学必须紧密结合人的天性和自然发展规律，这一教学原则是一切课堂教学的最高原则。""学生的发展水平是教学的出发点，教学必须符合受教学生的发展水平。"[6]一切凌驾于学生接受水平之上的教学都是无效的。无视学生学情特点、过度强调课文中革命文化思想教育的教学，教师在讲台上激情四射，学生在台下却无动于衷，甚至游离于课堂之外，表情懵懂、冷漠，是意料之中的事。

其次体现在思想教育和语言文字训练"两张皮"式教学，教师把握不住思想教育渗透的时机，生硬空洞地硬塞给学生。这种教学，不仅不能给学生心灵上的滋养，更多的是对学生"思想的绑架""思想的暴力"。

曾有机会听有的老师上《七律·长征》，学生还没借助各种方法理解诗句的意思，教师就大段大段地补充课外资料，充满感情地宣传二万五千里长征的历史背景和意义，激情澎湃地朗诵毛主席在长征途中写的别的诗词。学生因为对这首词的意思都不太懂，更没有沉潜到语言文字深处，所以对老师的讲课一点也不感兴趣，教学效果可想而知。

统编教材主编陈先云老师曾在一篇文章中指出，革命文化题材课文的教学要注重对学生进行思想教育，但要防止把这类课文上成思想品德课，还要把这类课文的教学与思想品德课中的革命题材内容教育区别开来。因此，不管什么时候，都要记住语文课有自己的特质，那就是秉持语文课应承担的任务：学习语言文字的理解和运用，同时，受到语言文字承载的美好品德的熏陶和教育。

（三）"无痕"：防止思想教育与语言文字学习的割裂

革命文化题材课文的教学，应追求思想教育与语言文字学习的同构共生、和谐融通，不能把思想教育和语言文字学习割裂开来，思想教育自然、有机地渗透于朗读、理解、感悟、揣摩等语文实践活动中，语文实践活动的每一个环节处处体现思想教育，两者互为内里，互补共生，实现语文课程工具性与人文性的统一。

不管是散编的革命文化题材课文，还是以主题单元方式呈现的此类课文，都要关注思想教育价值与语言文字训练的内在联系，从课标中的学段目标与内容、单元语文要素、课后练习题以及学生的年龄特点、认知水平去考虑，找准语文要素和育人要素的交融点，既避免架空式的生硬粗暴的灌输，又避免置人文教化目标于不顾的做法，达成"言""意"共生，"文""道"统一。

下面是本人教学二年级下册《雷锋叔叔，你在哪里》一课最后一个自然段的教学过程：

师：孩子们，请读一读诗歌的第五节，想想"四处"是什么意思？

生："四处"就是说东南西北。

生："四处"就是"处处"。

生："四处"就是"到处"。

师：说得真好！"四处"就是这些意思。那么，"寻觅"又是什么意思呢？猜一猜，还要说说你是用什么方法猜到的。

生：我猜"寻觅"就是"寻找"。因为诗歌的第一节说"沿着长长的小溪，寻找雷锋的足迹",所以我觉得这里"寻觅"就是"寻找"的意思。

生:我也猜"寻觅"就是"寻找"。

师:是的,"寻觅"就是"寻找"的意思。孩子们,你们真棒!学会联系上文来理解句子的意思。"联系上下文理解"是一种非常好的读书方法。

师:想象一下,孩子们还会到哪里寻找雷锋叔叔的足迹?

生:孩子们还会到公园里寻找雷锋的足迹。(生补充:马路、地铁、超市、小区、校园……)

(师补充雷锋生前事迹。)

师:因为雷锋叔叔做过许许多多好事,所以人们都这样说——

生齐读:(出示句子)"雷锋出差一千里,好事做了一火车。"

师:毛主席还亲自为他题词——

生齐读:(出示句子)"向雷锋同志学习!"

师:雷锋叔叔到底在哪里呢?孩子们用心地找啊找啊,突然发现原来雷锋叔叔虽然于1962年离开了我们,但他并没走远,从来都在我们的身边。瞧!他来了——

师播放人们(包括班上的学生)助人为乐的多个视频。

师:孩子们,视频里谁就像"雷锋叔叔"一样帮人们做好事?(生说略)

师:所以说,雷锋叔叔并没有走远,他就在我们身边。直到现在,人们一看到有人主动帮助别人做好事,就说他是——

生齐读:(出示词语)"活雷锋。"

师:一起读读泡泡中的那句话。

生齐读:我找到了身边的"雷锋"。

师:孩子们,你见过身边的"雷锋"吗?

生:我见过。有一次,我摔倒了,把膝盖上的皮磕破了,我们班的钰欣同学把我送到医务室涂药。

师:真好,这时候我们就说钰欣同学是"活雷锋"。

生:上次我坐地铁时,看到一个小妹妹。那个小妹妹年纪还很小,被她的妈妈拉着。她的硬币掉到地上转圈转了好久,才停下来。一个大学生哥哥过去把那枚硬币捡起来,还给了小妹妹。

师:这时候我们夸大学生哥哥就是——

生齐:"活雷锋!"

……

师:那么,你有没有当过"活雷锋",帮助过别人呢?

生：我暑假去玩的时候，在公交车上看到一个老奶奶没有座位，我把座位让给她。

师：你就是个"小雷锋"。

生：一次上语文课的时候，我发现我的铅笔忘带了，我的同桌宇豪把铅笔借给了我。

师：我们班的宇豪同学也是——

生齐："小雷锋!"

师：（出示图片）是啊，生活中处处都有需要人们献出爱心的时候。当看到老爷爷走路不方便的时候，我们会看到"雷锋叔叔"就出现在老爷爷身边了；当我们看到小弟弟摔倒了，会过去扶他一把，"雷锋叔叔"就出现在小弟弟身边；当我们看到下雨了有同学没带伞，我们会过去和他一起打伞回家，"雷锋叔叔"就出现在没带伞的同学身边。所以——

生齐读：（出示句子）"哪里需要献出爱心，雷锋叔叔就出现在哪里。"

师：一起来读最后一节。（生齐读）

师小结：帮助别人，快乐自己。正像语文园地二中"日积月累"部分写的"予人玫瑰，手有余香""平时肯帮人，急时有人帮""与其锦上添花，不如雪中送炭"等三句话，我们来读一读吧。

（生读，师释大意，背一背。）

师：（充满感情地）让我们都来做"雷锋"，使这个世界变成最美好的人间!

诗歌的最后一节，是雷锋具体意义形象到精神意义形象的塑造，是雷锋帮助别人具体事例到抽象精神"献出爱心"的概括和提升，是孩子们理解的难点，也是教学的重难点。"四处"一词有四两拨千斤的作用，我抓住这个关键词，展开教学。

先让学生读这节诗歌，说说"四处"之意，拓展想象：孩子们还会到哪里寻找雷锋叔叔的足迹？可能到公园里、马路上，也可能到地铁上、超市里，甚至到小区里、校园里……总之，到处都是孩子们寻找雷锋叔叔的身影。雷锋叔叔到底在哪里呢？孩子们找了许许多多地方。教师适时补充雷锋生前事例，多媒体出示镜头捕捉到的大家（包括班上学生）助人为乐的很多生活场景，最后孩子们有了顿悟，原来雷锋叔叔虽然离开了我们，但是许许多多的人都在学习雷锋叔叔帮助别人、献出爱心，所以他们就是活着的"雷锋叔叔"，引导学生理解"活雷锋"这个符号化称呼的特殊意义，从而理解课文泡泡中话的意思。"哪里需要付出爱心，雷锋叔叔就出现在哪里"这个难句的理解便水到渠成了。

这样，学生在学习语言文字的同时，对雷锋精神的理解和传承就"内化"为精神血肉，美好的品质根植于骨子里，与生命长在一起，达到"文道统一"的教学效果。

（四）"植入"：防止生本和文本之间的脱离

革命文化题材课文因为主要人物、主要事件离学生的现实生活时间距离久远，时代背景差距大，学生理解起来存在许多困难。这时候，老师就要想方设法在生本和文本之间"植入"相关元素，搭建生本和文本之间的桥梁，让学生更好地"走近"文本，与文本"亲密接触"，建构认知，最后"走进"文本，既受到革命文化因子的教育，又习得语言文字运用的秘妙，做到"言""意"兼得。

1. 链接互文，缩短学生与文本之间的情感距离

二年级上册第六单元是"伟人"单元，单元里编排了《八角楼上》《朱德的扁担》《难忘的泼水节》《刘胡兰》等四篇课文，学生理解课文内容存在许多困难。教学《难忘的泼水节》时，我先介绍周恩来总理和故事背景（出示周恩来在沈阳读书时的照片和成为共和国总理的照片）："周恩来是我们中华人民共和国的第一任总理。周总理的一生，有50多年为革命工作，其中有26年担任中华人民共和国总理。他把全部的精力都奉献给了祖国和人民，直到生命的最后一刻。1961年4月，周总理与缅甸总理来到我国云南省的西双版纳，正好碰上傣族人民过泼水节，周总理就和傣族人民一起过泼水节。今天，我们就一起走进《难忘的泼水节》一课。"在引领学生借助重点词句感悟周总理和傣族人民心心相印的深厚情谊之后，我让学生阅读《周总理的睡衣》《温暖》等文章，然后为孩子们深情朗读《十里长街送总理》这篇课文，继续引领孩子们进一步感受周总理亲民、爱民、和人民心连心的情怀和人民对总理的无限热爱和崇敬，加深对课文题目中"难忘"一词的理解。

2. 链接生活，缩短学生与文本之间的认知距离

革命文化题材课文内容距离学生实际生活遥远，这时候老师就应该把学生的实际生活链接到课堂上，让学生在"经验对接"中理解文本，接受鲜明的革命因子教育。

教学《朱德的扁担》时，有很多学生不了解"扁担"是什么？我通过图让学生直观了解。"从井冈山到茅坪，来回有五六十里，山高路陡，非常难走。"我让全体学生下课到操场走"一里"，感受"一里"路到底有多长，再引导学生想象：空着手走一里路什么感觉？红军战士肩上要挑一百多斤重的粮食走五六十里，会有什么感觉？引导学生想象在烈日炎炎、寒冬腊月的时候会碰到什

么样的困难？让学生说说平时帮家长干重活的感受，再联系"白天挑粮爬山，晚上还常常整夜整夜地研究怎样跟敌人打仗"，真切体验朱德总司令挑粮的艰难，领会朱总司令以身作则、与战士们同甘共苦的精神，从而心生对革命先辈的无限敬意。

另外，要适时整合语文园地"日积月累"中的古代励志名言进行教学。例如教学《八角楼上》时，可以引导学生思考：毛主席在沉思什么？补充资料让学生理解毛主席在思考中国革命的未来；教学《难忘的泼水节》时，为学生简单介绍周总理十二三岁时立下"为中华之崛起而读书"的高远志向，进而理解"有志者事竟成""志当存高远""穷且益坚，不坠青云之志"等名言的大意，链接自己的生活，启发学生从小就立下高远的志向。

总之，我们要尽量把革命文化题材课文中蕴含的强烈的思想教育因子赋予学习语言文字运用的过程中，把单元语文要素目标性知识切分成一个又一个细小的精准性知识，扎实训练，步步推进，自然而然地对学生进行红色基因教育，使这类课文的人文教育凸显革命传统和革命精神传承与发展的使命。

参考文献

[1] 中华人民共和国教育部. 义务教育语文课程标准（2011年版）［M］. 北京：北京师范大学出版社，2012：32.

[2]［3] 中华人民共和国教育部. 普通高中语文课程标准（2017年版）［S］. 北京：人民教育出版社，2018：22.

[4] 王云峰，范锦荣，王锡婷，等. 谈中国革命传统作品学习任务群的教学［J］. 中学语文教学，2018（8）：5.

[5] 施茂枝，语文教学：学科逻辑与心理逻辑［M］. 北京：教育科学出版社，2013：3.

[6] 第斯多惠. 德国教师培养指南［M］. 袁一安，译. 北京：人民教育出版社，2001：99.

想象画面·体现情味·厚植精神

——二年级下册《雷锋叔叔，你在哪里》文本解读与教学设计

　　《雷锋叔叔，你在哪里》是统编教材二年级下册的课文。课文是根据雷锋生前的真实事件创作的一首儿童诗。革命文化类文本大多是叙事类，理解起来有一定难度，文本承载的思想教育因子相对比较抽象，但这是一首儿童诗，形式上非常新颖，对于低年级孩子来说，更适合他们具体形象的思维特征，更富有吸引力。诗歌运用浅白易懂的语言，采用拟人、联想、比喻等吻合儿童诗化思维的手法，描绘了两个直观形象的动人场景，抒发了孩子们纯真、质朴的情感。诗歌意象简洁明了，节奏鲜明，音韵流畅，把抽象的革命文化教育融在可感可触的具体形象中，在学习语言的同时，使雷锋这个孩子们陌生的形象充满儿童的情趣，触动孩子们稚嫩的心灵，使他们从中受到学习雷锋叔叔关爱他人、友善奉献的教育。

　　根据课标要求，结合低年级学生学情特点，关注本单元人文主题"关爱"和语文要素"读句子，想画面"以及课后作业，本课的教学要抓住四点：猜词意，练朗读，说画面，植精神。

一、想象画面，还原生活

　　对于现在的孩子而言，"雷锋"这个名字比较陌生。为了拉近雷锋和孩子们的距离，课前可以布置孩子们通过询问家长、上网查找、阅读有关雷锋的书籍等方式了解雷锋这个人物，为诗歌的学习做好准备。

　　这首儿童诗最大的特点是相似的结构、循环复沓的句式。诗歌采用留白的创作手法、一问一答的叙事形式、浅显易懂的语言描绘了剪接式、跳跃式的两个生活画面，雷锋光辉、温暖人心的形象款款向孩子们走来。诗歌中雷锋的形象之所以高大伟岸，是因为它用朴实温暖的语言描绘了平凡的生活场景，塑造了雷锋不平凡的鲜明形象，由此产生了催人泪下的言语力量，拨动了普通人内心最温暖柔软的那根琴弦。全诗没有任何华丽的辞藻，却产生了感人至深的艺术效果。"迷路的孩子""年迈的大娘"都是生活中最弱小的群体，他们最需要

人们的关爱。读之，雷锋的事迹仿佛从字里行间娓娓道来，令人泪目，美好的情愫弥漫心间，感叹世间的善良与美好。

课文题目"雷锋叔叔，你在哪里"是孩子们纯美童心的探询，于是他们"沿着长长的小溪""顺着弯弯的小路"，寻找雷锋的足迹，不断询问"雷锋叔叔，你在哪里，你在哪里"。因为心中急切，所以此处比诗歌题目多了一句"你在哪里"，可以想象孩子们一边寻找一边呼喊着的情景。雷锋叔叔到底在哪里呢？作者笔锋一转，小溪、小路化身人物形象，对孩子们的询问做出了肯定回答："昨天，他曾路过这里，抱着迷路的孩子，冒着蒙蒙的细雨。瞧，那泥泞路上的脚窝，就是他留下的足迹。""昨天，他曾路过这里，背着年迈的大娘，踏着路上的荆棘。瞧，那花瓣上晶莹的露珠，就是他洒下的汗滴。"环境描写与人物刻画相得益彰，寥寥数语，雷锋叔叔乐于助人、甘于奉献的高大形象浮现在孩子们眼中、心中。语言是生活的外显表达，生活是语言的内蕴核心。此处教学，要不断让学生展开想象，把文字描绘的场景和人物形象化为内心视像，让语言和表象建立心理联系，这样才能提高学生的阅读能力。

"泥泞"什么意思？引导学生通过分析形声字声旁"尼""宁"表音、形旁"氵"表义的方法猜测地面因有水而成为泥浆，形容道路因泥浆而湿滑难行；也可以联系生活经历或体验，利用"泥"字猜测；还可以组成词"泥水、泥巴、泥浆、泥潭"再猜测；或者出示图片直观猜测……

接着，想象"泥泞路上的脚窝"一定是又深又凌乱。抓重点词语"长长的小溪""蒙蒙的细雨""泥泞路上"想象流淌的长长小溪，下个不停的绵绵细雨，坑坑洼洼、湿滑不平的小路，还有一路深浅不一、歪歪扭扭的脚窝，体会环境的恶劣。

就是在这样的环境中，雷锋叔叔"抱着迷路的孩子"。他会怎样"抱"？会遇到什么样的困难？引导学生想象雷锋叔叔会把孩子"抱"得很紧，甚至用自己的外套裹住孩子，生怕孩子被雨水淋着而生病；可能因小路湿滑而摔倒；因为风太大，刮掉了他的雨衣，让他被雨水淋了个透湿；他抱着孩子累得气喘吁吁等。至此，于恶劣的环境中，人物形象塑造告一段落。雷锋叔叔高大、充满爱心的形象初立。

因为没找着雷锋叔叔，孩子们继续"顺着弯弯的小路"寻找雷锋的足迹。"雷锋叔叔，你在哪里，你在哪里"，这一次的呼喊比第一节更加焦急。

读第四节诗歌时，引导学生根据生活经历和体验或联系上下文猜测"年迈"的意思；借助体验或图片理解"荆棘"一词；利用字形结构三个"日"组成"晶"，可知"晶莹"的事物都是亮亮的，猜测"晶莹"的意思。

雷锋会怎样"背"大娘？会遇到什么困难？展开想象并抓住重点词语联系

生活经历或体验，想象小路荆棘丛生、蜿蜒曲折，感受环境的恶劣、行走的艰难，体会雷锋叔叔为人民服务的毅力和决心。可爱的雷锋叔叔从孩子们的眼里走进了心里。

诗歌对雷锋形象的塑造没有停止，孩子们的寻找之旅也没有停步。"乘着温暖的春风，我们四处寻觅"，引导学生展开想象，孩子们还会到哪里寻找？体会"四处"之意，用找近义词的方法猜测"寻觅"之意（寻找）。最后，孩子们终于找到了，"哪里需要付出爱心，雷锋叔叔就出现在哪里"。至此，诗歌完成雷锋具体意义形象到精神意义形象的塑造，孩子们不仅找到了具体形象的雷锋叔叔，还找到了象征意义的雷锋叔叔，寻找之旅也随之结束。

综上所述，在教学中应引导学生利用各种方法，猜测词语的意思，想象语言文字描绘的画面，还原语言文字表现的生活，理解语言文字表达的意义，分层次地建构雷锋叔叔在眼中、心中的形象，提高孩子们对文字的理解和感受能力，为后面的"读句子，想画面，说画面"做足准备。

二、一问一答，体现情味

这首儿童诗结构相似、一问一答、押韵顺口、音韵流畅。教学时，要补充雷锋生前的光荣事迹，树立学生脑中、心中雷锋的形象，在他们充分理解的基础上，抓住问答句式指导学生朗读，读出对诗歌的理解。

诗歌题目"雷锋叔叔，你在哪里"要读出疑问的语气，体现寻找之意，但这里还没真正进入诗歌的正文，可以读得平淡一些。第一节中的"雷锋叔叔，你在哪里，你在哪里？"是诗歌的正文部分，朗读时进入抒情状态。第一个"你在哪里"后面是逗号，朗读时，稍显沉稳。第二个"你在哪里"后面是问号，朗读时，语调上扬并且从急到缓，适当拉长，体现心中呼唤雷锋叔叔的急切心情。因为没找着雷锋叔叔，孩子们心里更加焦急，所以第三节中的"雷锋叔叔，你在哪里，你在哪里"相比第一节，语气稍稍加强，语速略快，更显急切。总体来说，问句要读出疑问、探询的语气。

接着，小溪、小路化身人物形象做出了回答，要读得肯定有力。"昨天，他曾路过这里"，"曾"后面要稍稍停顿，"迷路""蒙蒙""年迈""路上"几个词，要读得稍重，体现环境的恶劣、雷锋的步履艰难和为人民服务的坚定信念。读"瞧"字要加上适当的动作和惊奇的神态来演绎，语气要上扬，停顿稍稍拖长。后面的语句要读得肯定有力，体现对雷锋叔叔的赞美。

朗读第一至四节，先让学生发现诗歌一问一答的特点，采用范读、角色对读等方式，读出有问有答的特点和情趣感，从中感知雷锋叔叔在平凡的岗位中创造不平凡的事迹，感受他同情弱者、无私奉献的伟大的人格魅力。

还是没找着雷锋叔叔，孩子们继续"乘着温暖的春风""四处寻觅"。"四处寻觅"稍稍重读，停顿时间稍长，体现找了许多地方。最后"啊"字声调拖长，停顿稍久，以显顿悟之意。"终于找到了"可借助表情动作读出惊喜之情，两个"哪里"稍稍重读，语速稍慢，给人意味深长的感觉。

三、突破难点，厚植精神

诗歌通常采用留白的创作手法，给读者留下足够的想象空间，这首儿童诗也不例外。根据课后第三题的要求，教学时要引导学生展开想象，把语言表达的生活场景重新展现在脑中，再把画面图景用自己的话表达出来。这是一进一出的"来回"过程，是语言训练的过程。"沿着小溪""顺着小路""冒着细雨""踏着荆棘""乘着春风"这些词语的搭配，极为准确。教学时，可通过互换动作词位置，让学生感悟词语搭配的准确性，训练其语言品质，提升语言质感。

诗歌的最后一节，是雷锋具体意义形象到精神意义形象的塑造，是雷锋帮助别人具体事例到抽象精神"献出爱心"的概括和提升，是孩子们理解的难点，也是教学的重难点。"四处"一词有四两拨千斤的作用，要抓住这个关键词，展开教学。

先让学生读这节诗歌，说说"四处"之意，并拓展想象：孩子们还会到哪里寻找雷锋叔叔的足迹？可能到公园里、马路上，也可能到地铁上、超市里，甚至到小区里、校园里……总之，到处都是孩子们寻找雷锋叔叔的身影。雷锋叔叔到底在哪里呢？孩子们找了许许多多地方。教师适时补充雷锋生前事例，多媒体出示镜头捕捉到的大家（包括班上学生）助人为乐的许多生活场景，最后孩子们有了顿悟，原来雷锋叔叔虽然离开了我们，但是许许多多的人都在学习雷锋叔叔帮助别人、献出爱心，所以他们就是活着的"雷锋叔叔"，引导学生理解"活雷锋"这个符号化称呼的特殊意义，从而理解课文泡泡中的话的意思。"哪里需要付出爱心，雷锋叔叔就出现在哪里"这个难句的理解便水到渠成了。

这样，学生在学习语言文字的同时，对雷锋精神的理解和传承就"内化"为精神血肉，将美好的品质根植于骨子里，与生命长在一起，达到文道统一的教学效果。

附：《雷锋叔叔，你在哪里》教学设计

一、教学目标

学会本课生字和词语；学习有感情地朗读诗歌，读出有问有答的特点；运

用多种方法猜测"泥泞"等四个词的词意，了解词句的意思；读句子，想画面，感悟词语搭配的准确性，用自己的话练说脑中的画面；感悟雷锋崇高的奉献品格，根植助人为乐的美好精神。

二、教学过程

1. 介绍人物，引入新课

（1）教师充满感情地介绍雷锋生平事迹，板书"雷锋"，指导书写"锋"字。

（2）师：雷锋叔叔到底在哪里呢？（补充板书成完整课文题目）让我们去寻找他。

（3）齐读题目。

2. 初读感知，识写生字

（1）引导学生发现诗歌一问一答的特点，感知前四小节写了雷锋的两件感人事迹。

（2）识写生字（略）。

3. 品悟朗读，树立形象

（1）第一、二节：

①指导朗读第一节（略）。

②想象画面，猜测词意，初立形象。

a. 读第二节，你脑中出现了怎样的画面？

b. 展开想象，猜测"泥泞"词意，说说你是用什么方法知道的。

c. 小结：我们要用各种方法猜测词语大意，了解词句的意思。

d. 抓重点词语体会环境的恶劣。

e. 边读边想象：雷锋怎样"抱"孩子？会遇到什么困难？

③指导朗读第二节：

a. 师范读，学生评。

b. 同桌合作朗读第一、二节，读出问和答的语气。全班展示，评价。

c. 小结学习方法：读句子，想画面，猜词意，练朗读。

（2）第三、四节：

①指导朗读第三节。

②朗读想象，猜测词义，再立形象。

a. 用小结的方法学习第四节。

b. 反馈学习成果：

（a）猜测"年迈"的意思，说说你是怎么猜测的。

（b）你是怎么理解"荆棘"一词的。

（c）猜测"晶莹"的意思，说说猜测的方法。思考：为什么说"那花瓣上晶莹的露珠，就是他洒下的汗滴"？

（d）练习用"晶莹的__"说词语。

（e）抓重点词语体会雷锋行走的艰难。

（f）边读边想象：雷锋怎样"背"大娘？会遇到什么困难？

③指导朗读第四节。

（3）悟搭配，练说话。

①出示句子：

沿着长长的小溪，冒着蒙蒙的细雨，雷锋叔叔……

顺着弯弯的小路，踏着路上的荆棘，雷锋叔叔……

②说说你的发现。对换词语位置，感悟词语搭配的准确性。

③想画面，用自己的话接着上述句子说说课文的内容。

4. 想象画面，厚植精神

（1）读第五节，理解"四处"一词，猜测"寻觅"之意，说说猜测的方法。想象：孩子们还会到哪里寻找雷锋叔叔的足迹？

（2）教师补充雷锋生前事迹，引出赞美语"雷锋出差一千里，好事做了一火车"和毛主席的题词"向雷锋同志学习"。

师：雷锋叔叔到底在哪里呢？孩子们用心地找啊找啊，突然发现原来雷锋叔叔虽然于1962年离开了我们，但他并没走远，从来都在我们的身边。瞧：他来了——

播放人们（包括班上学生）助人为乐的多个视频，说说谁就是"雷锋叔叔"，点出"活雷锋"的含义。

（3）齐读课文泡泡中的话，说说自己见过的"雷锋"和自己当"雷锋"的事迹。

（4）配乐渲染，多次齐读最后一句，升华情感。

（5）指导朗读第五节（略）。

（6）师小结：帮助别人，快乐自己。引出园地二中"日积月累"部分"予人玫瑰，手有余香"等三句话，释大意，让学生读一读，背一背。

（7）师：（充满感情地）让我们都来做雷锋，使这个世界变成最美好的人间！

品味·吟诵·想象·创造①

—— 以《找春天》为例

　　《找春天》是统编教材二年级下册的一首儿童散文诗，作者以细腻清新的笔调、儿童的视角、纯真的童心为我们描绘了一幅生机勃勃、有声有色、绚丽多彩的春景图，笔墨轻巧灵动、饱蘸童趣又充满文学色彩，抒发了热爱自然、热爱生命的蓬勃向上的情怀。关于第一学段学生阅读的目标和内容，2011 年版课标指出："结合上下文和生活实际了解课文中词句的意思，在阅读中积累词语""诵读儿歌、儿童诗和浅近的古诗，展开想象，获得初步的情感体验，感受语言的优美"。儿童散文诗和儿童诗一样，其教学关键点是品味、吟诵、想象、创造。

一、品味词句，感悟优美语言

　　翻开这首儿童散文诗，扑面而来的是大量动作词的使用，跳入眼帘的是规整有序又充满变化的句式，翩翩轻舞的是想象的翅膀幻化成的各种人格化描摹。作者在遣词造句上下了很大功夫，诗句充满童趣，笔端流淌出无限的芬芳，在我们眼前徐徐展开一幅美好的春的画卷，轻轻吟诵，童真童趣溢满心间。字、词、句教学是低年级阅读教学的重点内容，感受课文遣词造句的准确性与形象性、形式美与情感美、音韵美与意境美，对培养和提升低年级学生敏锐的语感与表达能力起着先导和奠基的作用。阅读教学中，教师应引导学生在具体的字、词、句的理解、感悟、揣摩等感性阅读体验中，帮助学生总结普遍性、规律性的知识，上升为理性阅读体验，提高阅读能力。因此，教学这首儿童散文诗时，除了生字教学，教师要特别关注动作词和句子的教学。

　　首段连用两个"春天来了"。教学时要抓住两个感叹句连用和只用一个感叹句的区别，引导学生体会诗中孩子们迫不及待与春天拥抱的欣喜、期盼之情。

---

　　① 本文发表于《福建教育》2018 年第 1 期。

春天来了，于是孩子们"脱掉棉袄，冲出家门，奔向田野，去寻找春天"。教师要抓住"冲出""奔向"置换成"走出""跑向"，引导学生体会孩子们去寻找春天的激动与狂喜。

来到田野，孩子们发现"春天像个害羞的小姑娘，遮遮掩掩，躲躲藏藏"，所以他们要"仔细地找啊，找啊"。这两句相呼应，暗示着春天不容易被找着，只有细心观察的小朋友才能发现她的足迹，聆听到她的足音。教师可引导学生体会两句之间的关系，如删去"遮遮掩掩、躲躲藏藏"，对比朗读；通过表演，把句子转换成画面，体会句子的具体生动和音韵美，等等。

孩子们"找啊，找啊"，发现春天这个"小姑娘"长得非常美丽：她有着嫩绿的眉毛、五彩的眼睛，这是看到的；她很有才能，有着点点嫩绿的音符，会弹奏叮叮咚咚的琴声，这是听到的。作者采用比拟的手法，赋予春天以人格化的特点，连用4个比喻，分别把小草、野花、嫩芽、溪水声比作春天的"眉毛、眼睛、音符、琴声"。作者为什么这样写？教师可以通过视频，让学生结合自己课前找春天的经验、体验，观察小草初生、野花初绽、树木吐绿、小溪解冻的画面，感悟小草和眉毛、野花和眼睛、嫩芽和音符（出示眉毛、眼睛、五线谱音符图）、小溪流动之音和琴声在声音和情态上的相似之处，从而理解句子的意思，体会作者把景物人格化的写法，使句子充满美感。此时，教师可以采用问答的形式，引导学生感悟反问句式表达的美好意境。同时，教师还可以让学生把"探"置换成"伸、长"，通过表演小草"探"出头来，感悟"探"写出了早春时节小草的顽皮、可爱的形象，体会作者用词的精妙；将"吐"置换成"长"，体会"吐"写出嫩芽生长的快速，把树木人格化，表现春天蓬勃的生机和活力。

"我们看到了她，我们听到了她，我们闻到了她，我们触到了她"，排比句式的运用，一连串动作词"看、听、闻、触"的铺排，使孩子们的情绪高涨起来，所以他们大声地欢呼："春天来了！"原来，春天不仅是害羞的、美丽的、有才能的，她还是怎样的呢？一串串意象纷至沓来：柳枝、风筝、喜鹊、杜鹃、桃花、杏花……哦，春天还是活泼、阳光的："她在柳枝上荡秋千，在风筝尾巴上摇啊摇；她在喜鹊、杜鹃嘴里叫，在桃花、杏花枝头笑……"如果前面写的是景物零星的早春，那么此处展现的便是一幅繁花似锦、百鸟争鸣、万物复苏的仲春图景。散文诗的情绪从最初的欣喜，变得无比激昂，在情感上和开头首尾呼应，达到高潮。其中省略号的使用，让我们读之产生余音绕梁之感——春天还会在哪里？这时，教师便可任由学生想象，并想想为什么这样写，由此让学生画出写春姑娘动作的词语，在脑海中再现语言文字描绘的景象，感悟"荡、摇、叫、笑"是从看和听两个角度写出了春天带给人们的无尽活力和希望,从而让学生从中体会句子的形式美、音韵美和意境美。

二、注重吟诵,积累内化语言

儿童散文诗字字蕴含着意境美、音韵美,行行流淌着形式美、节奏美,将语言美表达得淋漓尽致。这些细腻美好的言语表达,有助于陶冶学生的情感,培养学生向往美好情境、关心自然和生命的情感态度,使其获得初步的情感体验。这首散文诗运用了好几个叠音词"遮遮掩掩、躲躲藏藏、叮叮咚咚、点点嫩芽、摇啊摇"等。教学时可删去叠音词,让学生把句子和课文原句对比朗读,体会作者写春姑娘"害羞",从而从言语表达角度感受句子的生动具体,从音效角度感受句子的音韵美。又如,教师让学生变身小草、野花、嫩芽、小溪与春天,用问答的形式进行对话,让学生在理解句子意思时同时体会反问句式的情趣,感受句子的形式美和音韵美。教师读把"探"置换成"伸、长"、将"吐"置换成"长"的句子,让学生读课文原句,强调读"探""吐",帮助学生体会作者用词的精妙,最后让学生配乐轻轻吟诵,有助于积累情感和语言范式。再如,教师示范朗读"我们看到了她,我们听到了她,我们闻到了她,我们触到了她"时,让学生感受音量音调和语速的变化带来的情绪上的变化,体会孩子们找春天的投入。最后一个长句中"荡秋千、摇啊摇、叫、笑"的押韵及排比句式的运用,教学时教师可一边用课件展示景物,一边用优美的语言创设情境,引导学生配乐放声朗读,体会句子的形式美、音韵美和春天蓬勃向上的生机和活力。这样,通过吟诵美达到理解美、感悟美的目的。

同时,散文诗中比喻、拟人、比拟句的大量使用,长短句的穿插运用,都有一种无法言说的节奏美和朗朗上口的音韵美;动作词在句中位置的变化,产生参差错落的美感,更是营造出浓浓的意境。在这样美文所营造的优美情境中,学生的情感得到有效的激发,课堂的基调得到有效的渲染,教师应指导学生在理解诗句内容、想象诗句表达的情境基础上,创设情境引导学生轻轻地读、柔柔地读、甜甜地读、美美地读,直到能有感情地吟诵,从而实现 2011 年版课标中提到的"学习用普通话正确、流利、有感情地朗读课文"这一目标。这样,不但有助于学生把规范的语言文字内化成语料库中积极灵动的语言,以便随时提取出来加以运用,变成自己的语言,而且也是引导学生展开想象、尝试表达、运用、创造的基础。

三、激发想象，运用创造语言

诗歌本身就是奇特想象和精妙语言的结晶，儿童散文诗是在此基础上关注儿童视界、了解儿童心性、表达儿童内心情感的语言范式。所以，儿童散文诗的教学很重要的一点就是通过诵读、想象诗句描绘的图景，理解诗句表达的意思，品味、积累诗句表达的情感和语言，汲取作者的言语表达智慧，由此插上想象的翅膀，让学生在美好的情境中自由翱翔，沿着作者的思路，达到内化、运用、创造诗歌言语智慧的目的。这首儿童散文诗的言语知识点有二：首先，散文诗的第4~7自然段运用比拟的修辞手法，展开丰富的想象，描绘了早春时节的美好景致。教师可以让学生想象：还有哪些景物，它们会是春姑娘的什么？从而引导学生进行补白练习，尝试把动作词放在句中不同位置。比如让学生想象：柳树的枝条、破土的笋芽、嫩绿的小草、鸣叫的鸟儿、草地上盛开的野花、美丽的蝴蝶等，它们像什么？引导学生想象开去，说开去。其次，散文诗最后的省略号，给学生的想象留下了无限遐想的空间，让人回味无穷。春天除了在"柳枝上荡秋千""在风筝尾巴上摇啊摇""在喜鹊、杜鹃嘴里叫""在桃花、杏花枝头笑"，她还会在哪里干什么？由此，教师让学生接着作者的想象和言语节奏往下说，尝试运用自己积累的动作词描述。

附：《找春天》教学设计

一、教学目标

学会本课生字和词语；学习有感情地朗读课文，了解词句的意思，体会动作词的准确使用，展开想象，感悟句子的美感，尝试运用积累的动作词；体会春天的美好，激发向往、热爱自然的情感。

二、教学过程

1. 揭示课题，营造气氛

播放歌曲《春天在哪里》，板书课题。

2. 自由读文，读通读顺

3. 分类读词，教学生字

（1）分组读词，扫清障碍。

第一组：（叠音词）遮遮掩掩、躲躲藏藏

第二组：（动作词）脱掉、冲出、奔向、寻找

第三组：（动作词）探出、早开、吐出、解冻

第四组：（动作词）看、听、闻、触

第五组：（动作词）荡、摇、叫、笑

（2）让学生说说发现了什么。

（3）教学生字。

4. 品味吟诵，想象运用

（1）比较第 1 自然段连用两个感叹句和只用一个感叹句的区别，体会并读好孩子们的心情。

（2）换词，感受动作词的准确。把上述第二组词送回句子读读；把"冲出""奔向"俩词置换成"走出""跑向"，与原句对比，从而让学生感悟寻找春天的激动与狂喜，并通过朗读体现出来。

（3）删词，体会句子表达的具体。把上述第一组词放回句子读读：

①引导学生表演"遮遮掩掩、躲躲藏藏"。对比句子"春天是个小姑娘"，体会作者表达的具体生动和音韵美。

②设问：读了"找啊，找啊"，你有什么感受？引导学生体会春天不容易被发现，并积累类似的词（读啊读啊、想啊想啊）。

③用"因为……所以"把两句话连起来说一说。

（4）品词，体悟动作词的精妙。把上述第三组词送回句子读读：

①播放小草初生、野花初绽、树木吐绿、冰雪初融的视频，出示眉毛、眼睛、音符的图片，引导学生感悟这些事物在形状、声音和情态上有相似之处，作者把这些景物当作人来写，写得很美。

②教师让学生变身小草、野花、嫩芽、小溪与春天，用问答的形式回答问题："小草，小草，你从地下探出头来，那是春天的眉毛吧？""我从地下探出头来，是春天的眉毛。""春姑娘，小草从地下探出头来，那是你的眉毛吧？""小草从地下探出头来，那是我的眉毛。""小草从地下探出头来，那是春天的眉毛吧？""小草从地下探出头来，多像春天的眉毛啊！"……

③引导学生把"探"置换成"伸、长"，把"吐"置换成"长"，品味"探""吐"表达的作用。

④画动作词，体会动作词位置变化带来的参差错落的美感。

⑤教师小结，指导朗读，学生配乐轻轻吟诵。

⑥设问：还有哪些景物，它们像春姑娘的什么？让学生展开想象，尝试把动作词放在句中不同位置，用学过和积累的动作词练习说诗句。最后出示学生所写的句子，全班一起朗读。

（5）读句，感受动作词的丰富。

①把上述第四组动作词送回课文读一读，让学生说说有什么发现，并画出动作词，引导学生感受动作词的丰富。

②指导朗读，让学生通过调节音量、音调，读出情绪的激昂。

③引导学生动用全身去观察身边的事物。

（6）说句，尝试运用动作词。

①把上述第五组动作词送回课文读一读，注意动作词的位置并画出来。

②出示柳枝、风筝、喜鹊、杜鹃、桃花、杏花图片。设问：作者为什么这样写？引导学生观察这些景物的情态体会作者表达的美感，教师一边用课件展示景物从少到多、从单调到繁杂最后形成繁花似锦、百鸟争鸣、万物复苏的仲春图景，一边用优美的语言创境，引导学生配乐朗读。

③出示一组春天的代表性景物，引导学生运用学过和积累的动作词模仿句子说一说，并在屏幕上出示学生的句子，让全班一起朗读。

（7）配乐感情朗读、背诵全诗。

（8）小结：春姑娘真美啊！她在哪里呢？原来她就在小朋友的眼睛里、耳朵里，她就住在小朋友的心里（播放歌曲《春天在哪里》）。

关注文本个性　突出文体教学

——三年级下册第六单元《童年的水墨画》教学建议

摘　要：统编小学语文教科书三年级下册第六单元体现了延续中有推进，共性中显个性的编排特点。本文就《童年的水墨画》一课从"关注文本个性，突出文体教学"方面提出理解诗句，品味优美语言；注重吟诵，积累内化语言；激发想象，运用创造语言；拓展阅读，迁移理解方法四个教学建议。

关键词：文本个性；文体教学；语文要素；教学建议

统编小学语文教科书（以下简称统编教科书）三年级下册第六单元围绕"多彩童年"这个人文主题，编排了张继楼的儿童组诗《童年的水墨画》、秦文君的儿童故事《剃头大师》、冰心的抒情散文《肥皂泡》和孙永猛的儿童故事《我不能失信》四篇课文。旨在引导学生"运用多种方法理解难懂的句子"，充分理解课文内容，落实本单元语文阅读要素，并体会课文丰富的想象，感受童年生活的美好和作者对童年生活的眷恋，从而珍惜自己的童年生活。本文从单元教材编排角度，尝试对语文阅读要素进行解析，并对《童年的水墨画》一课提出教学建议。

一、单元教材编排解析

（一）延续中有推进

统编教科书执行主编陈先云老师指出，"单元导语中的语文要素，提示的是本单元教学目标而不是教学内容"（《如何用好统编小学语文教材，做到"长文短教、难文浅教"》），是希望学生通过学习达到的能力。这种能力不可能通过一次学习就能达成，而要经过多次语文学习实践，才可能逐步实现。统编教科书在编排过程中十分注重语文要素的延续性，有时同一个语文要素会以相似的面貌出现在相同册次不同单元或不同册次不同单元中，体现教材编排纵向上的整体推进、螺旋上升的特点。比如《童年的水墨画》所在的三年级下册第六单元与三年级上册第二单元的语文要素几乎相同，唯一的区别就是理解的对象一为"词语"，一为"句子"。显然，"运用多种方法理解难懂的句子"正是在"运用多种方法理解难懂的词语"基础上的延续与推进。这种延续与推进具体体现在什么地方呢？不妨对两个语文要素所在单元的内容和要求作纵向上的教材比较。如下表所示：

三年级上册第二单元	三年级下册第六单元
单元阅读要素：运用多种方法理解难懂的词语。	单元阅读要素：运用多种方法理解难懂的句子。
侧重：了解课文的主要内容。	侧重：理解课文的主要内容。
运用多种方法理解难懂的词语，了解课文的主要内容。	运用多种方法理解难懂的句子，理解课文的主要内容。
《古诗三首》：侧重引导学生借助注释理解古诗中难懂的词语。	《童年的水墨画》：侧重引导学生能运用联系上下文、联系生活经验等多种方法理解难懂的诗句。
《铺满金色巴掌的水泥道》：侧重引导学生运用联系上下文、结合生活实际等方法理解词语。	《剃头大师》：侧重引导学生运用联系上下文并结合生活实际等方法，理解难懂的词句，深入理解课文内容。能说出课文以"剃头大师"作为题目的好处。
《秋天的雨》：以"五彩缤纷"为例，引导学生用不同的方法理解难懂词语的意思。	《肥皂泡》：运用多种方法理解难懂的句子。能体会课文丰富的想象，说出肥皂泡还有哪些美丽的去处。
《听听，秋的声音》：学生能自主实践，运用学过的方法理解难懂的词语。	《我不能失信》：侧重学生能自主实践，运用联系生活实际的方法理解难懂的句子。
《语文园地》的"交流平台"：引导学生能结合已有的学习经验，以小组形式交流总结理解词语的方法。	《语文园地》的"交流平台"：引导学生能结合自己的阅读体验，交流、总结、提炼理解难懂句子的方法。
《语文园地》的"词句段运用"：实践运用多种方法理解难懂的词语，并说出方法。	《语文园地》的"词句段运用"：运用多种方法理解难懂的词语，认识并分辨一词多义。

这样一比较不难看出，"运用多种方法理解难懂的句子"是"运用多种方法理解难懂的词语"在相关学习能力要求上的延续和推进，主要表现在：1. 一为"了解课文的主要内容"，一为"理解课文的主要内容"，一字之差，要求大不相同。2. 仍然要求和同学交流，开展小组合作学习。3. 仍然强调在语境中理解词语的意思，同时侧重认识并分辨一词多义。4. 仍然要求能运用多种方法理解难懂词语的意思，进而理解难懂句子的意思，深入理解课文的主要内容。5. 侧重综合运用联系上下文、联系生活实际或经验等方法理解难懂的句子，进而体会句子的意蕴，体会句子表达的情感，感受作者对美好童年生活的眷恋。

（二）共性中显个性

三年级下册第六单元的单元语文要素虽然都是"运用多种方法理解难懂的句子"，但单元内的不同课文在落实语文要素的侧重点上有所不同，每篇课文承担的语文要素学习的任务也有所差异，呈现出自己的个性。列表如下：

课文	课后思考题或略读课文阅读提示	语文要素学习侧重点
《童年的水墨画》	1. 说说你在溪边、江上、林中分别看到了怎样的画面。 2. 联系上下文说说诗句的意思。	侧重联系上下文、联系生活经验理解难懂的句子，进而理解整诗的意思。展开想象，说说脑中的画面。
《剃头大师》	1. 说说老剃头师傅和"我"给小沙剃头的过程有什么不同。 2. 一边默读一边想，试着回答问题。 3. 课文为什么用"剃头大师"作为题目？和同学交流你的看法。	侧重联系上下文、结合生活实际理解难懂的句子，进而理解和把握课文内涵，回答关键问题。
《肥皂泡》	1. 用自己的话说说吹肥皂泡的过程。 2. 在课文中找一找不容易读懂的句子，说说这些句子的意思。 3. 读句子，体会丰富的想象，再想一想：这些轻清脆丽的小球，还有哪些美丽的去处呢？	侧重联系上下文和生活经验理解难懂的句子，体会丰富的想象并延续课文内容展开想象。
*《我不能失信》	默读课文，联系生活实际，说说你对下面句子的理解："一个人在家，是很没劲。可是，我并不后悔，因为我没有失信。"	尝试运用精读课文学到的"联系生活实际"的方法理解难懂的句子，体会"守信"的珍贵。

基于以上对教材的梳理，我们要充分认识本单元语文要素的学习对整个小学阶段语文要素学习的重要意义：理解句子尤其是"运用多种方法理解难懂的句子"是所有其他的语文要素学习的基础，本单元的学习具有举足轻重的作用。教材编排纵向上的螺旋上升和横向上的内在关联，提示我们要了解学生不同阶段能力发展的要求，关注学生的能力起点，把握能力需要达到的新高度，还要注意根据课文分解语文要素的侧重点，从而明确目标，以学定教。同时，我们要考虑到《童年的水墨画》是儿童诗，而儿童诗往往运用富有节奏和音韵的儿童化语言，通过新颖巧妙的、跳跃式的、符合儿童审美的构思，展开丰富的联想或想象，塑造充满童真童趣的形象，营造童稚优美的意境，抒发儿童独特的美好情感，表现儿童美好的童真世界。《童年的水墨画》就描绘了农村孩子溪边垂钓、江上戏水、林中采蘑菇的生活场景，表现童年生活的美好。教学时要遵循儿童诗的教学规律，关注文体个性，突出文体教学，才能在落实语文要素的同时，提高儿童诗的教学效果。

二、本课语言内容解读

《童年的水墨画》是儿童组诗，作者以生动明朗的情绪、纯真的童心、儿童的视角为我们描绘了三幅农村儿童生活的经典生活场景图，画面色彩鲜艳，笔调明朗，饱蘸童真童趣，抒发了作者对美好童年生活的无限向往和眷恋，正如导语页中的寄语所言："在童年的百花园里，我们看到了真善美。"课文以"童年的水墨画"为题，其中，"水墨画"是中国画的一种，写意不写实，以形写神，追求"神韵"。组诗中的每一首小诗语言简洁，饱含情感，意蕴丰富，与"水墨画"特征相似，诗中有画，画中有诗，意境幽远，令人产生无尽遐想。

（一）声色交错，动静转换——来自"溪边"的静谧与欢笑

《溪边》描绘了农村儿童垂钓的动人场景。整首诗既有色彩的点染，又有声音的描摹，采用"声色交错，动静转换"的写法，给读者带来视觉和听觉上的盛宴。开篇先用"水墨"手法创设美好环境：青山叠翠，山溪缓缓沿着山势曲折蜿蜒而来，像"绿玉带"一样飘荡在山间；溪水清澈平静，宛如一面镜子倒映着周围的一切，正是"人影给溪水染绿了"。钓竿上立着一只"红"蜻蜓，一点"红"点缀在满眼"绿"中，色彩艳丽，相映成趣，此时空气仿佛都凝固了，似乎能听到孩子的心跳声，似乎看到孩子屏住了呼吸，红蜻蜓撑开透明的翅膀、鼓着一对大眼睛。此句画面感极强，作者渲染出了人物与环境的静谧。这是静态描摹。就在万籁俱寂中，"扑腾"一声，鱼儿上钩，静谧瞬间被打破，

溪水晃动，人影碎了，取而代之的是鱼跃人欢的景象。这是动态描摹。尤其是描写人影的两句"人影给溪水染绿了"和"忽然扑腾一声人影碎了"，一静一动，从静到动，转换如此迅速，如此自然、传神、和谐，充满了生机和童趣，也是本诗难懂的句子，需要细细体会。

（二）点面结合，镜头切换——摄自"江上"的群像与个体

《江上》描绘了一群农村孩子江上游泳嬉戏的欢快场景。作者把游泳戏耍的孩子比作"刚下水的鸭群"，把孩子摆动手臂划水比作鸭子"扇动翅膀拍水戏耍"，这是童心的自然流露。"一双双小手拨动着浪花，你拨我溅笑哈哈"，读着读着似乎被溅起的一阵水花弄湿了身子，孩子们的情态与声音描摹得多么可感可触，让人如闻其声、如见其人。这是孩子们的群像描写，是"面"的晕染。接着"镜头"一下子拉近其中的一个孩子，给他来了个"特写"："是哪个'水葫芦'一下钻入水中，出水时只见一阵水花两排银牙"，一问一答，情趣盎然。"水葫芦""两排银牙"连用两个比喻，孩子们的自由与活力溢出文字，美好的画面映入眼帘，定格于脑海，挥之不去。这是个体描摹，是"点"的刻画，也是体会诗歌情趣、欢乐的关键语句。全诗点面结合，既有镜头感十足的群像描写，又有个体的独特描摹，"镜头"切换之间，将孩子们的欢乐、无忧无虑跃然纸上。

（三）两个"斗笠"，意味深长——源自"林中"的迥然之意象

《林中》描写了雨后松林里孩子们采蘑菇的欢乐情景。"松树刚洗过澡一身清清爽爽"，一片片松林，茂密苍翠，这是远景。"松针上一串串雨珠明明亮亮"，晶莹透明的雨珠挂在松针上，摇摇欲坠，因此孩子们要戴着斗笠来采蘑菇，为下文"一个个斗笠像蘑菇一样"埋下伏笔，这是近景。"小蘑菇钻出泥土戴一顶斗笠，像一朵朵山花在树下开放"，这里运用比拟的手法，小蘑菇被人格化，把它顶着菌盖的样子想象成头戴一顶斗笠，比作"一朵朵山花"，比喻信手拈来，贴切自然。接着，作者采用通感写法，突出了孩子们发现蘑菇的欢乐：情不自禁地欢叫声"把雨珠抖落"，先闻其声。到底是谁"把雨珠抖落"？再见其人，"只见松林里一个个斗笠像蘑菇一样"，哦，原来是松林里的"一个个斗笠"，把孩子们戴着斗笠的样子想象成雨后的蘑菇。这两句把"小蘑菇"和"斗笠"互为比喻，妙趣横生，画面鲜活，充满灵动之美。一问一答间，尽显"小蘑菇"和"斗笠"的稚气、可爱。相同的字眼，迥然的意象，读之，童心童趣弥漫心间，令人唇齿留香。很好地理解两个"斗笠"语句，对于体会本诗的童真童趣至关重要。

根据单元语文要素在本课中的侧重点，结合本课文体特征，教学时应体现

儿童诗教学的个性，着重引导学生运用多种方法理解诗句的意思，品味儿童诗优美的语言；注重对诗句的吟诵，感悟、积累、内化诗歌的语言；激发学生展开想象的翅膀，对诗歌描摹的画面进行补白，在脑中浮现生动的生活场景或画面，同时用自己的话说说诗歌表现的画面，或自己创编儿童诗，尝试运用创造语言；拓展阅读儿童诗，迁移学到的理解难懂句子的方法，形成稳定的阅读策略，为今后阅读能力的提升奠定基础。

三、语文要素课堂落实

（一）关注单元整体，关联已有经验

教学开始，让学生明确单元导语页本单元的学习目标，唤起学生回忆三年级上册学过的"运用多种方法理解难懂的词语"单元，重温借助图画或想象、查字典、联系上下文、联系生活经验、找近义词、观察字形等理解词语意思的方法，让这些语言学习知识变成活的、灵动的积极经验，准备运用到新的阅读实践中。教师告诉学生本单元要学习的知识是在之前知识上的提升，是在理解词语基础上的理解句子，尝试着综合运用多种方法来理解难懂的句子。

（二）关注文本个性，突出文体教学

关于第二学段学生阅读的目标和内容，《语文课程标准》指出："能联系上下文，理解词句的意思，体会课文中关键词句表达情意的作用。能借助字典、词典和生活积累，理解生词的意义。""诵读优秀诗文，注意在诵读过程中体验情感，展开想象，领悟诗文大意。"结合本单元语文要素学习要求和儿童诗的特点，本课应围绕"理解、吟诵、想象、拓展"四个关键词展开教学。

1. 理解诗句，品味优美语言

本课教学，理解难懂的句子是重点目标。先出示课文题目，引导学生结合课文插图或观察字面猜一猜，理解"水墨画"：告诉学生课文插图就是"水墨画"。"水墨画"是中国画的一种，是用水和墨调配成不同深浅的墨色所画的画。课文题目"童年的水墨画"告诉我们这组诗歌写的是孩子们的童年生活，这些生活画面就像水墨画一样美。引导学生在自读的基础上进行交流，用自己的话说说溪边、江上、林中给你留下了怎样的印象，初步了解和整体感知三首诗歌的主要内容。

接着，引导学生运用"联系上下文，结合语境"和"联系生活经验，想象画面"等方法对三首诗歌进行浸入式理解，这也是对之前学过的单元语文要素"运用多种方法理解难懂的词语"和"试着一边读一边想象画面。体会优美生动的语句"的实践运用。

　　结合课后第三题，引导学生用多种方法尤其是联系上下文的方法理解"人影给溪水染绿了"，是《溪边》这首诗教学的重点。先引导学生边读边借助插图、联系生活经验展开想象："垂柳把溪水当作梳妆的镜子"，把垂柳当作人，把溪水比作镜子，溪水倒映着垂柳，写出了溪水的清澈平静。"山溪"说明小溪周围都是青山，青山绿油油的，也倒映在溪水中，小溪沿着山曲折蜿蜒，缓缓流淌，因而"像绿玉带一样平静"。"人影给溪水染绿了"句，引导学生联系上文理解诗句意思，想象溪水碧绿，孩子垂钓的倒影也是碧绿的；或让学生查字典理解"染"字意思；或引导学生用面巾纸浸入绿色果汁理解"染"等方法，明白"染"的原意是指把东西放在颜料里着色，课文指人的影子本是黑色的，倒映在碧绿的溪水里，像是给染绿了一样，进一步突出了溪水的清澈。"钓竿上立着一只红蜻蜓"，一"绿"一"红"，此句教学要引导学生体会孩子垂钓时的专注与投入，体会色彩对比的强烈与和谐，体会句子表现出的美感，体会作者对美好大自然的赞叹。最后引导学生展开想象和联系上下文，理解"忽然扑腾一声人影碎了"，"人影"怎么会碎了呢？本来的"人影"是什么样？引导学生说说孩子的心理并试着口头描述出来，体会孩子们钓鱼的巨大快乐，感受动静转换的迅速，体会作者蕴藏着的诗情。

　　《江上》的教学要引导学生联系上下文或联系生活经验，理解最后两行难懂的诗句。先引导学生自由读，体会作者连用两个比喻写出了孩子的机灵、水性高超、活泼、顽皮。"是哪个'水葫芦'一下钻入水中，出水时只见一阵水花两排银牙"，引导学生思考"水葫芦"指谁？"两排银牙"写的又是什么？先引导学生联系上文，再联系生活经验如自己或同伴游泳时的样子，接着教师出示"水葫芦"图片帮助学生理解：这里的"水葫芦"不是指水上草本植物，而是指在水中游泳嬉闹把脑袋露出水面像水葫芦的孩子，所以加上了双引号。"两排银牙"代指刚从水中钻出来的满脸是笑、合不拢嘴的孩子。可以想象孩子出水时带出一阵水花、露出白牙满脸笑容、用手抹着脸上水花的可爱形象，感受孩子们的欢乐与自由，体会作者对童年生活无限向往的情愫。

　　根据课后第三题的提示，《林中》的教学重在引导学生联系上下文理解"只见松林里一个个斗笠像蘑菇一样"，领悟两个"斗笠"意思的迥然不同，感受其中的无穷乐趣：先引导学生联系生活经验，说说"清清爽爽"是什么感觉，通过朗读和想象体会"松针上一串串雨珠明明亮亮"的美感。作者为什么要写松针上的雨珠呢？引导学生接着往下读，"戴一顶斗笠"把小蘑菇当作人来写，又把小蘑菇比作"一朵朵山花"，小蘑菇戴着什么颜色的斗笠？让学生展开想象小蘑菇的五彩缤纷，体会作者藏在"蘑菇"里的深情：多么可爱的小蘑菇！到底是谁把雨珠抖落的？比较描写"斗笠"的数量词"一顶""一朵朵"和"一个个"，先自主体会：前文的"小蘑菇"戴"一顶斗笠"，像"一朵朵山花"，写的是什么？这里的"一个个斗笠"像"蘑菇"一样，写的又是什么？两个"斗笠"意思一样吗？再小组交流理解：前面的"斗笠"指生活中的用具，是真正的斗笠，写出了小蘑菇的形状；这里的"斗笠"指孩子们，因为"松针上一串串雨珠明明亮亮"，孩子们都戴着斗笠，所以他们就"像蘑菇一样"，多么可爱有趣的比喻，把孩子们采蘑菇的样子写得活灵活现。至此，理解了这两个迥然的意象，明白此"斗笠"非彼"斗笠"，才算真正理解了诗句的意思，才能品味诗歌语言的美感，才能体会作者对童年生活的眷恋。

至此，教师让学生小组讨论交流、梳理总结在阅读实践中运用到的理解难懂句子的方法，特别是联系上下文和联系生活经验的方法，帮助孩子从感性经验走向理性认识，为语文要素知识学习打下坚实基础。

2. 注重吟诵，积累内化语言

朗读，从来都是语文课学生语文实践的最重要、最常用的方法，儿童诗的教学更应如此。儿童诗以儿童的审美、儿童的视角表现儿童稚气、童趣的生活，表达作者对纯净儿童生活的向往。"诵读优秀诗文，注意在诵读过程中体验情感，展开想象，领悟诗文大意"是课标对第二学段学生诵读的要求。"诵读""想象"是手段，能帮助学生"领悟诗文大意"，还能帮助学生"体验情感"。儿童诗教学要让学生通过不断诵读来理解诗句的意思，体会诗歌的音韵美、节奏美、情感美，从而积累内化诗歌语言。

比如《溪边》前四行押 ing 韵，与诗歌表现的溪边静谧、柔美的环境相吻合，应引导学生把音调读得轻轻的、柔柔的，语速缓缓的，还要读出诗歌的节奏，注意停顿，从容不迫，娓娓道来，仿佛山溪从大山深处款步而来。"垂柳/把溪水当作/梳妆的镜子，山溪/像绿玉带一样/平静。"同时，感受作者流淌在字里行间对美好大自然的赞叹与热爱。"钓竿上/立着/一只红蜻蜓"，"立"字稍稍读重些，突出"静"；一"绿"一"红"，画面唯美，读时这两个字也应稍作强调。"忽然/扑腾一声/人影碎了，草地上/蹦跳着/鱼儿和笑声。"这两行押 eng 韵，读时开口度比 ing 韵大，与表现欢乐的场景相吻合，教学时要引导学生用较快的语速和上扬的语气语调表现环境的突然变化与欢乐的氛围。

《江上》整首诗押 a 韵，韵辙开放洪亮，格调充满欢乐与笑声，可以用较快的语速、欢快的语气语调朗读，鼓励学生读出诗歌的节奏美、音韵美。"像/刚下水的鸭群，扇动翅膀/拍水戏耍。一双双小手/拨动着浪花，你拨我溅/笑哈哈"语速较快，语调明朗，注意停顿。"是/哪个'水葫芦'/一下/钻入水中"一句读出疑问的语气，并辅之以表情，体现问句的"抑"；"出水时/只见一阵水花/两排银牙""一阵水花""两排银牙"稍作强调，用肯定、带着笑意和笑声读，表现孩子们戏水技艺的高超、情绪的投入与内心的欢乐，体现答句的"扬"。

《林中》整首诗押 ang 韵，韵辙开放洪亮，与诗句色彩艳丽、音调明朗的特点相对应。"松树/刚洗过澡/一身/清清爽爽，松针上/一串串雨珠/明明亮亮"两行字数相同，"清清爽爽""明明亮亮"叠音词的运用产生音韵上无以言说的美感，可稍作重读，体现松树刚洗过澡的痛快与松针上雨珠的透明、晶莹。"小蘑菇/钻出泥土/戴一顶斗笠，像/一朵朵山花/在树下/开放"，引导学生有节奏得读，辅之表情和声调，读出可爱之感。"是谁/一声欢叫/把雨珠抖落"读出疑问的语气，"只见松林里/一个个斗笠/像蘑菇一样"，突出"一个个斗笠/像蘑菇一样"，语调明朗，读出笑声，读出孩子们的无穷乐趣，品味作者的羡慕与赞叹。

在三首诗的教学过程中，要始终把朗读、吟诵贯穿始终，以读促进理解，以读帮助感悟、体会作者的情感，以读积累内化诗歌的语言，达到熟读成诵的目的。

3. 激发想象，运用创造语言

本课是儿童诗，和所有诗歌一样，儿童诗也饱含着作者的思想感情，其与作品描绘的生活场景融为一体。诗歌教学尤其要引导学生展开联想或想象，把凝练的诗句、静态的画面可视化、动态化，还原成一幅幅鲜活的生活场景，才能体会作者蕴藏在其中的诗情。这也是课后第二题"说说你在溪边、江上、林中分别看到了怎样的画面"的设计目的。实际教学中，很多老师通常在学生还没有开始想象画面时，就把自己对诗句的理解急急忙忙地用课件展示了出来。这样做有百害而无一利，因为对文章的阅读理解是靠学生自己阅读实践得到的，而不是通过看老师课件明白或听老师讲懂的。阅读教学的最终目的是让学生今后能凭借一篇篇不带画面和声音的文字，真正读懂文字的意思，同时学会运用语言进行表达。所以课标中提出"语文课程是实践性课程，应着重培养学生的语文实践能力，而培养这种能力的主要途径也应是语文实践"。因此，教学本课，应在学生运用多种方法尤其是联系上下文和联系生活实际理解难懂句子的基础上，引导学生展开想象的翅膀，感受诗句中描绘的形象，跟随他们的脚步，聆听他们的足音，与他们同呼吸、共心跳，到溪边、到江中、到林中，与钓鱼的孩子一起屏住呼吸，与游泳戏耍的孩子同做"水葫芦"，与采蘑菇的孩子同戴一顶斗笠，才能感受诗歌中这些优美生动的形象带来的巨大快乐，体会孩子们的美好生活，进而体会作者的诗情。在充分理解、展开想象、口诵心惟的基础上用自己的语言把脑中美好的画面描述出来，鼓励有能力的孩子尝试自己创作诗歌，表达自己的情感。

4. 拓展阅读，迁移理解方法

"课外阅读课程化"是统编语文教科书编排的一个重要特点。如何让课外阅读落地，很重要的一个方法就是把"范本"作为"引子"，一篇带出多篇，引导学生运用"范本"中学到的方法、策略进行阅读，巩固从"范本"中学到的阅读经验，提升阅读能力。为了巩固习得的"理解难懂的句子"的多种方法，使学生能及时迁移并应用到自己的阅读实践中去，以形成较为稳定的阅读理性知识和策略，教学时可以出示张继楼《儿童的彩墨画》组诗中的另外三首诗歌，让学生选择阅读。这三首小诗是：

街头

听不见马路上车马喧闹，
哪管它街头广播声高。
书页在膝盖上慢慢翻动，
嘴角旁牵动着一丝抹不掉的笑；
阳光从脚尖悄悄爬上膝盖，
也想看"黑旋风"水战"浪里白条"。

花前

目光一次次从花上移到纸上。
心里早画下花儿的模样。
一支蜡笔在纸上轻轻滑动，
一朵鲜花在纸上慢慢开放；
一只蜜蜂绕着画纸飞了一圈，
它好像已闻到花儿的清香。

树下

黄桷树撑开一柄翠绿的伞，
一群白鸽在浓荫中飞翔。
阳光从叶缝间悄悄地看，
千百只眼睛织成一张光的网。

　　　　　　　　　　仿佛老树也变得年轻了，

　　　　　　　　一次次鼓着绿色的手掌。

　　教学时，先鼓励学生自己在读通读顺的基础上，运用本课中学到的理解难懂句子的方法，展开想象，理解诗句的意思。接着小组交流，说说你理解了哪句诗歌，是用什么方法理解的。同时了解同伴理解诗句的方法，丰富自己的认识，并及时总结，以便今后在阅读实践中加以运用。

打造充满游戏精神的课堂

——浅谈儿童文学体课文的教学

　　儿童文学，指专门为儿童创作的文学作品，对开启儿童丰富的思想、培育儿童健全的精神、滋养儿童完美的人格起着重要的作用。它包括童话故事、儿童故事、寓言故事、儿童散文、童诗、儿歌、童谣等题材。每个儿童在正式入学前，就已经接触了不少儿童文学作品，可以毫不夸张地说，他们都是口中吟诵着儿童文学作品走进一年级课堂的。

　　优秀的儿童文学作品，处处充满着童真童趣童心的游戏精神。在这种游戏精神的愉悦氛围中，孩子们通过阅读作品，到达自由的精神王国，实现现实世界无法达到的心灵自由。儿童文学作品，通常有以下三个特征：充满纯真、稚拙、欢愉、质朴的儿童情趣；以真善为美；融教育性、知识性、游戏性为一体。

　　现行课程标准下的语文教材，尤其是低中年级的语文教材，入选的绝大多数是儿童文学作品。这些入选为教材的儿童文学作品即儿童文学体课文，因为成为教材，就具备了与其他所有语文教材相同的性质和功能，即具有工具性与人文性的统一，承担着供孩子们学习遣词造句、构段谋篇或者说是表情达意的样本或范本的作用。学生凭借这些教材，进行识字写字，学习阅读，练习写话习作、口语交际和语文综合性学习，"从这些样品或范本出发，学生可以习得语文形式，提高母语运用的能力"。同时受到思想的启迪、情感的熏陶。但是，我们还应该看到儿童文学体课文的个性即游戏性，也就是充盈在儿童文学体课文中的童真、童趣、童心，所以儿童文学体课文教学还应体现其游戏性，应是融教育性、知识性、游戏性为一体的。

　　施茂枝教授认为，教学是学科逻辑和学生心理逻辑的沟通。学科知识只有在与学生心理完全融合的前提下，才被接受得最为有效。德国教育家第斯多惠说："课堂教学必须紧密结合人的天性和自然发展规律，这一教学原则是一切课堂教学的最高原则。""学生的发展水平是教学的出发点，教学必须符合受教学生的发展水平。"美国教育家杜威（John Dewey）主张，"注意力应该集中在学生的态度和学生的反应上。教师的任务，在于了解学生和教材的相互影响，不应注意教材本身，而应注意教材和学生当前的需要和能力之间的相互作用"。教学面对的是活生生的生命体——学生，理应关注学生，而关注学生最重要的一点是关注学生的心理，学生需要什么样的教学内容，喜欢什么样的教学方式，应该成为教师首要考虑的问题。"教师的教为学生的学服务""顺学而导""蹲下来看孩子"等教育名言恒久弥新，这些提法与上述教育家的看法有异曲同工之妙。

心理学认为，小学生的思维呈具体、直观、形象的特点，这与小学生喜欢游戏的天性息息相关。孩子们通过游戏认识伙伴、认识社会、认识世界，因而游戏成为他们最重要的生活方式。教育应顺应儿童的天性，应与儿童的生存方式融合。因此，儿童文学体课文的教学，应凸显儿童的游戏精神，让教学方式方法游戏化、教育性与知识性齐飞、游戏精神与学习任务共舞，用游戏的方式把教学任务包装起来。

一、开篇，游戏引领课堂基调

课的基调，很大程度取决于课堂教学的开篇部分。如果我们能顺应儿童喜爱游戏的天性来设计学习任务，那么，整节课将会生动活泼，充满儿童情趣，孩子们也会乐在其中，学得扎实、玩得痛快。苏教版二年级上册《云房子》写雨后的天空留着一些白云，小鸟们看到后造云房子，在云房子里玩耍嬉戏，一会儿风把云房子吹走，天空一片蓝。这是典型的儿童散文，教学第二课时，可以这样定调：

师：昨天，我们认识了一种特别的房子，看，这种房子名叫——（点击课件，出示题目，生齐读：云房子）

师：待会儿，我们就要变成小鸟去造云房子，还要到云房子里去玩，小朋友开心吗？（生齐：开心）。不过，太阳公公和风姐姐说，要想去天上玩，必须要经过一道关。到底是什么关呢？请看！（点击课件）原来是生字关，谁读准了昨天写的生字谁就可以过关。（学生以各种不同方式读生字词）

师：过了生字关，我们来到了空旷地，瞧——（出示课文第一自然段，生齐读）

对于没有多少游戏成分的儿童体课文尤其是儿童散文，照样也可以富有童真童趣的方式引入课堂，使课堂一开始就处于浓浓的游戏气氛中。《美丽的丹顶鹤》也是苏教版二年级上册的课文，写了丹顶鹤的颜色、形体、姿态、名字的美，以及它们迁徙的候鸟习性，暗含着保护动物的教育。

师：小朋友都喜欢孙悟空吧！（生回答：喜欢）孙悟空的本领可高强了！他只要轻轻吹上一口气，或者说声"变"，就会变出他需要的东西来。现在，他来到我们身边，让我们小朋友都变成了丹顶鹤。瞧——

师（点击课件：一群丹顶鹤飞翔的场景，课文第一自然段）：现在我们都是丹顶鹤了，把"丹顶鹤"三个字换成"我"来读读吧！

生齐读：冬天快要到了，一群群美丽的我们唱着嘹亮的歌儿从遥远的北方飞来。

……

这样的开头，氤氲着浓浓的游戏氛围，更容易激起学生的兴趣，消除学生的紧张感和压力感，让孩子们处在游戏的氛围中，达到复习旧知、引出新课的目的。

二、过程，游戏包装教学任务

通常，我们在复习旧知之后，就会进入新课的学习阶段。朗读课文，理解其中的意思，领悟蕴藏在字里行间的情感，体会语言的情味，学习语言的表达等任务都在这一教学过程中体现出来。融合了游戏的教学，表面上像是引导学生在游戏，实际上是用游戏的方式把教学任务包装起来，让学生不至于感到自己是在完成学习任务，而是把学习任务化解为游戏任务，换言之，把教学方式方法游戏化了，显示出灵动性。这样做，当然不会降低教学任务，而是把教学任务置于游戏情境当中。游戏为表，教学为里；游戏教学，融为一体。

师：小朋友，老师说声"变"，你们都变成可爱的小鸟，好不好？（生：好）。现在，让我们上天去造云房子（学生兴奋极了，个个脸上洋溢着笑容）。

师：要造什么样的云房子呢？小鸟们，快读读课文第二自然段中的句子吧！（生兴致勃勃地读课文）

师：请问这只小红鸟（该生穿着红色的衣服），你造的是什么样的云房子？

生：我造的云房子像大冬瓜那样傻傻地横着。

师：（点击课件）是这样的云房子吗？（生点头）那你为什么说你的云房子是"傻傻地横着"呢？

生：因为大冬瓜很沉，看着笨笨的，一般它都是横躺在地上，所以我说我造的云房子像大冬瓜那样傻傻地横着。

师：听听，这只小红鸟多聪明，多会表达呀！我们一听，就明白了这种云房子的样子傻傻的，可爱极了。

师：那能不能通过朗读，让人一听就听出你造的云房子的样子呢？试试看。

生读时声音变粗，强调了"大""傻""横"几个字（生齐鼓掌）

师：你读得那么好，其他的小鸟都为你鼓掌啦！来，小鸟们，让我们也来读读她造的云房子吧！（生齐读）

（接着，引导学生学习另外几种云房子的样子的句子，学习朗读）

师：鸟儿们，让我们读读书，把这几种云房子的样子记在心中。

生齐读，练背。（师点击出示：有的_____，有的_____。有_____，有_____，也有_____）

师：鸟儿们，其实，我知道你们在天空中造的云房子不只这么多样式，还会有哪些样式呢？

生：我造的云房子像一只正在奔跑的骏马。

生：我造的云房子像一只凶猛的狮子。

生：我的云房子像一片美丽的森林。

生：我的云房子像一片茫茫的大海。

生：我的云房子像一床床棉被。

生：我的云房子像一块块铺开的大碗。

……

师：哪只小鸟能用书里的句式说一说。

（点击课件：不一会儿，云房子造好了，有的_____，有的_____。有_____，有_____，也有_____。）生练习说。

在这个教学环节中，让学生化身小鸟练习朗读课文句子，练习背诵，品味蕴含在字里行间的情感，体会作者用词的准确，练习用特有的句式说话，迁移运用规范的语言，让学生丝毫不觉得这是在完成老师下达的任务，轻松愉悦的气氛充盈教室的每一个空间，让学生轻松自如地完成学习任务，表面为游戏，实际为训练，表里如一，用游戏把教学任务巧妙地包装起来，无痕无迹，学生乐此不疲便在意料之中了。

不光像《云房子》这样本身充盈着童趣的儿童文学体课文，可以打造这样充满趣味的游戏性课堂，就是像《美丽的丹顶鹤》这样本身毫无游戏精神的儿童文学体课文，同样可以上得有情有趣，充满游戏性。

师：小朋友，现在大家都是丹顶鹤，读读第二自然段，给自己穿上一身好看的衣服——羽毛。为了不把衣服穿错，可要认真读书哟。（发给学生印好的丹顶鹤图，让学生涂色）

（生认真读课文、涂色，展示涂色过的丹顶鹤图，让学生明确"脖子和翅膀边儿"是黑色的，而不是整个翅膀都是黑色的，注意"边儿"这个词，提醒学生注意读书要细心。）

师：丹顶鹤们，你们为什么叫丹顶鹤呢？

生：因为我们头顶上"鲜红鲜红的"，所以我们叫丹顶鹤。

师：那么，你们名字中的这个"丹"字是什么意思呢？

生：（愣了一会儿）这个"丹"就是"鲜红"的意思。

生：这个"丹"就是"红"的意思，我们吃的水果"红毛丹"的"丹"，我觉得也是这个意思。

师：（高兴地）太好了，我看你们不光是美丽的丹顶鹤，还是聪明的丹顶鹤！（把"丹顶鹤"这个称呼换成"我"来读，你会感觉自己是那么的美，试试吧！）

（生兴致勃勃地练习朗读）

读懂并理解这段话的意思，体会丹顶鹤的颜色美，分辨"翅膀边儿"与"翅膀"的不同，"丹顶鹤"的"丹"字的意思，练习朗读，体会丹顶鹤名字的来由，是教学这段话设定的任务。教师通过角色转换，让学生涂色、说名字的由来、读课文，由于每个环节都充满游戏精神，所以孩子们学得特别快乐，教学任务也顺利完成。换句话说，以一种孩子们非常喜爱的灵动的游戏方式把教学任务包装起来，让孩子们在游戏的过程中轻松地完成学习任务。

三、课尾，感性把握课文主旨

有些课文，蕴含着较为深刻的主旨，或是揭示了一个深刻的道理，或是给予人们生活的启迪或是揭示了事物的普遍规律。学生需要去认识、了解、领悟，儿童体课文也不例外，这是语文课程人文性的体现。对低年级学生而言，他们的思维呈生动、形象、感性的特点，还不能从具体的事物中概括出抽象的、理性的事理，这与人类童年时期的思维极其相似，这种思维被称为诗性思维。它具有具体性、模糊性等特征。在教学这类课文时，通常的做法是老师一步一步地把学生引到自己要归纳总结出的道理或启示上，或老师干脆把道理或启示和盘托出，而这对低年级学生而言，没有任何用处。教学是学科逻辑和学生心理逻辑的沟通，只有学生接纳了的知识才是有用的。所以，我们在课尾总结阶段，应顺应学生的心理特点，让学生感性、形象地把握课文的主旨。

有位老师在给一年级的学生上《狐狸和乌鸦》时，是这样结课的：

师：小朋友，狐狸的目的只有一个，那就是——

生：骗取乌鸦嘴里的肉。

师：对，它一开始就想骗取乌鸦嘴里的肉，所以他的那些话都是——

生：假话！

生：蒙人的话！

生：谎言！

师：老师告诉你们，这种话叫奉承话。明白吗？

生（点点头）：明白！

师：那么，乌鸦为什么会上当受骗呢？

生：因为乌鸦听了狐狸的奉承话。

生：因为乌鸦很爱听狐狸的奉承话，所以上当受骗了。

师：所以说，爱听奉承话就容易上当受骗，小朋友可要记住了。

（点击课件，出示道理：爱听奉承话就容易上当受骗！）

师：大家再读一遍，把这个道理背下来。

（生练读，背诵。）

同样的课文，另一个教师的课堂情境就完全不同：

师：现在老师请一位小朋友读狐狸的第三次话，老师扮演乌鸦。记住，狐狸一心想骗取我嘴里的肉，会怎么劝说我呢？

生：乌鸦，您别信狐狸的，他这是想骗您的肉而编的假话。

师：你怎么看出来他说的是假话呢？

生：因为，您的羽毛是乌黑的，而他说您的羽毛真漂亮，麻雀比起您来，可就差多了。我觉得麻雀比您好看多了，他这是在说谎。（众笑）

师：是啊，从来没有人说过我的羽毛漂亮。今天这是怎么了，难道太阳打西边出来了？（众笑）

生：狐狸还说您的嗓子真好，谁都爱听您唱歌。其实，乌鸦大人，您的嗓子一点儿也不好，整天哇啦哇啦地叫，太难听了。

师：难怪从来没有人夸过我的嗓子！谢谢你告诉我。

生：乌鸦，狐狸是不怀好意的，你不要搭理它。爱听好话是要吃亏的。

生：乌鸦，有些话听着好，实际上不是好话，你要想想他为什么这样说。

师：谢谢小朋友告诉我这么多生活的学问。是啊，看来今后我真要小心提防着点儿了。（众笑）

在这节课的尾声，让学生受到"爱听奉承话就会上当受骗"的教育，学到这个故事告诉我们的道理，就是这篇文章的主旨。但是，这样抽象理性的推断，对二年级的孩子来说，是无论如何也总结不出来的，即使总结出来，也没有多大意义。后一种教法，让学生扮演角色劝说乌鸦，让孩子们认识到这个道理或启示，对孩子精神的成长和语言的发展都有裨益。

打造充满游戏精神的课堂，目的是把语文课程的教育性、知识性、游戏性融为一体，让孩子们在欢乐的气氛中进行听说读写的语言实践活动，提高他们的语文能力，最终促成其语文素养的提高。

依托语文教材　实施审美教育
——以统编小学语文教材为例

摘要： 基于语文课程内容是以美育人、以文化人的重要凭借和渠道，依托教材让学生感知形象，唤醒审美认知力；疏通文义，激活审美体验力；感悟表达，培育审美表现力；迁移运用，展示审美创造力。实现为儿童形成审美素养、提升人格修养的学科育人功能。

关键词： 审美；认知；体验；表现；创造

美育，又称美感教育，即通过审美实践活动，使人们接受美感陶冶、浸染，逐步建立美感观念，培养认识美、体验美、感受美、欣赏美、评价美等审美能力，构建关于美的心理和意识，形成审美素养，进而自觉地表现和创造美，提升自己人格修养的过程。狭义的美育专指艺术教育，广义的美育指将美学原则渗透于各学科教学后形成的教育，这是美育的实质。

"生活不仅有眼前的苟且，还有诗和远方"，"诗和远方"不能只是存在于我们脑中的美丽幻象，还应该是我们随手可及的现实生活，这正是美育追求的精神实质。"生活中不缺少美，只是缺少发现美的眼睛"，美，无处不在。生活是美的，反映生活的语文课程也是美的。语文教材中的每一篇课文，都是文质兼美的典范之作，蕴含着自然、生活、社会等各个领域的美，不仅是学生学习语言、掌握语言学习规律的"范本"，同时也是陶冶情操、树立正确人生观、涵养人生底气的好素材。语文教材中的美俯拾皆是：《观潮》呈现的是天地之间气象万千、震天动地的雄阔壮美；《我们奇妙的世界》将大自然平凡事物的灵动、可爱之美娓娓道来；《盘古开天地》展现的是顶天立地、怀抱世界的大爱之美；《将相和》体现的是虚怀若谷、宽以待人的胸怀之美；《梅兰芳蓄须》传颂的是爱国情怀和民族气节的情感之美；《草船借箭》叙述的是上知天文、下知地理，运筹于帷幄之中、决胜于千里之外的智慧之美……语文课程内容包罗万象，文道统一，理应成为以美育人、以文化人的重要凭借和渠道，由此助益于学生审美素养和人文素养的形成，并最终促使学生的人格臻于完善。

一、感知形象，唤醒审美认知力

对美有所认知，是培养审美能力的基础，是审美能力形成的萌芽。每个人的意识里都潜藏着对美的事物、美的世界的最初理解和渴望，培养审美能力应该从唤醒这种原始的审美认知力开始。

如何唤醒学生的审美认知力呢？借助语文教材中塑造、描绘的形象，认知、接纳、初步感知形象，与这些形象"初见"，是一种好方法。因为，教材中出现的这些画面一定是充满美感的，是蕴藏审美特质的。

三年级下册第一单元以"春天"为主题组元。单元篇章页写道："飞鸟在空中翱翔，虫儿在花间嬉戏。大自然中，处处有可爱的生灵。"单元中安排了四篇课文：《古诗三首》从不同的景物、角度描绘了美丽的春色，呈现的是天地之间铺展开的美好春光的画卷；《燕子》《昆虫备忘录》描绘的是天地间小巧可爱动物的灵性之美；《荷花》描写的是植物荷花温润如玉、令人怦然心动的纯洁美。口语交际、习作、语文园地中的"日积月累"栏目也是围绕"春天"这个话题展开。引导孩子们把目光放到大自然中，让他们发现不管是动物，还是植物都是可爱的"生灵"，是我们的同伴，与我们共同存在于这个美丽的世界。引导学生浏览课文，对整个单元课文的描写对象有个大体了解：这些大自然里的动物、植物都是可爱的、美的，我们喜欢它们，它们是我们的朋友。

如此，孩子们就能从课文中接触到这些具体形象所具有的不同美感，从而唤醒他们潜意识中对这些事物的最初的美的感知，在心理上对这些美好的事物产生向往，从而主动走近美、亲近美，去遇见这些美好。

二、疏通文义，激活审美体验力

阅读教学，是学生、教师、教科书编者、文本之间相互对话的过程。对话的过程，是与语言碰面的过程，也是对象之间思维碰撞的过程。因为语言和思维存在紧密的联系，思维是内核，语言是外壳，思维是语言的内在蕴藏实质，语言是思维的外在表现形式。它们相互融通、紧密相连，共同表现审美生活。

文本需要教科书编者综合课标要求、不同学段学生认知特点和心理特点、美育等因素慎重考量后才能进入教材的视野。进入教材视野的文本，经历了被筛选、被修改的过程，同时被教科书编者赋予了作为课文让学生通过学习达成单元学习目标的特殊意图，是被处理化了的文本，不仅形式是美的，内容也一定是美的，它不但承载着学生学习运用祖国语言文字的任务，同时也承载着引导学生向美尚美的功能。因此，阅读教学其实也是学生理解美、感受美、欣赏美的过程，是与美对话的过程，是培养审美体验力的过程。

要激活学生的审美体验力，首先要具备关注教材"写什么"的阅读思维。"缀文者情动而辞发，观文者披文以入情"，应引导学生读懂课文，疏通文义，知道文章"说的是什么"，才能明白作者"辞发"的是何许"情"。这个过程，引导学生边读边展开想象是很好的策略，是语文学习最重要的方法之一。一边读一边想象，是教学生读懂课文、疏通文义的一把金钥匙，是一种在脑中与作者一起经历美感形成的过程，即体验美的过程。

要理解语言文字，就要展开想象，还原语言文字表现的生活，在脑中建立起文字描绘的画面，进入文字表现的美的意境。"二三月的春日里，轻风微微地吹拂着，如毛的细雨由天上洒落着，千条万条的柔柳，红的白的黄的花，青的草，绿的叶，都像赶集似的聚拢来，形成了烂漫无比的春天"，读这些语句，就要引导学生展开想象的翅膀，在脑中构筑起万物复苏、草木葱茏、繁花似锦、百鸟争鸣的春天图景，还可以用简笔图依次画出这些美好景物。"一切景语皆情语"，教师再引导学生交流脑海中出现的画面，用诗化的语言引领学生走进美的意境，结合自己经历过的春天美景，孩子们自然能体会作者蕴含在文字间的美好情感。

用多媒体课件展示美，赋予审美对象以美的元素，是培养学生审美体验力的重要手段。例如教学《荷花》，在学生充分阅读、想象荷花的形态、姿势后，把文字描绘的荷塘用多媒体课件栩栩如生地展现出来，让学生把看到的画面、听到的声音和阅读文字时脑中想象的画面进行印证，通过情感移入和链接，不仅会加深对课文内容的理解，更会激发孩子们对荷花的喜爱和向往，对作者流露出来的喜爱荷花、幻想自己也变成一朵荷花的情绪感同身受。

多媒体课件的使用，要注意在学生展开想象读懂课文内容、疏通文义之后，而非在学生读懂课文"写什么"之前，不然只会喧宾夺主，因为我们要培养的是学生的阅读能力，一种面对没有配套画面和声音的语言文字依然能读懂它的能力。

朗读也是引导学生体验审美的常用方法。在语言文字理解深透的基础上，用轻重缓急的有声语言，加上适当的语气、抑扬顿挫的语调，甚至表情、动作等肢体语言，把作者的感情很好地表达出来，这个过程本身就是美的体验。《铺满金色巴掌的水泥道》《我们奇妙的世界》等抒情性较强的作品，朗读的基调应该是舒缓的、柔和的、欢快的，给人以娓娓道来的感觉；《在牛肚子里旅行》

《漏》等故事性强的童话故事，更适合分角色朗读，引导学生揣摩角色不同的语气语调，通过声音传达角色不同的感受及情感的变化；《纸的发明》《赵州桥》等说明性强的作品，要引导学生用平白如话、介绍性的口吻来演绎，让人一听就能明白。

朗读是一项非常重要的任务，必须从一年级朗读一个词、一句话开始训练。可以利用网络平台，让孩子们从一年级开始练习并录音，把课文朗读上传到平台上来，这样既可以让老师及时检查到孩子的朗读情况，加以评价，更重要的是这种训练能让孩子改小声嘀咕的"假读"为大胆开口、发音饱满、抑扬顿挫的"真读"。这种训练如果坚持两三年，会对培养学生的语感、掌握语言文字运用的规律大有裨益，对提高学生理解美、鉴赏美和表现美等都有无可比拟的作用。

三、感悟表达，培育审美表现力

培育审美表现力，是审美教育的又一渐高层次，应从评价美即鉴赏美开始。要鉴赏美，应构建关注教材"怎么写"的阅读思维。引导学生仔细体会作者是如何遣词造句、感悟作者是如何运用语言文字表达观察和感受到的美的。

教学《荷花》第二自然段，一位教师是这样做的：

师：荷叶美，荷花也很美。自由轻声读一读，一边读一边想象，在脑子里放电影，感受荷花的美，画出你觉得优美生动的语句。

生："白荷花在这些大圆盘之间冒出来"，这句话很生动，很优美。

师：你觉得这句话哪里显得优美生动？

生1："冒"字用得特别好。

师：好在哪里？

生1："冒"写出了白荷花迫不及待地从荷叶底下长上来的样子。

生2：白荷花要互相比美，所以才用"冒出来"。

生3："冒"让我感觉白荷花生机勃勃地长出来。

生4："冒"说明白荷花长的速度很快。

生5："冒"说明它们急急忙忙要出去的样子。

生6："冒"字让我感觉白荷花就像小朋友一样有生命，有活力。

师：孩子们，作者这个"冒"字用得特别好，你们也说得特别好！让我们一起来读读这句话。

（生齐读，学生把"冒"字做了强调，读得特别好）

生7：这段话写了荷花的三种样子："有的才展开两三片花瓣儿"，这是半开的。"有的花瓣儿全展开了，露出嫩黄色的小莲蓬"，这是全开的。"有的还是花骨朵儿，看起来饱胀得马上要破裂似的"，这是没开的。

师：读着这些句子，你感觉哪里写得好？

生8："有的才展开两三片花瓣儿"（该生重音强调了"才"字）我觉得这个"才"字用得好，好像这两三片花瓣儿是刚刚展开的，没一会儿。

生9："有的还是花骨朵儿，看起来饱胀得马上要破裂似的"这句话让我想到了妈妈怀着妹妹的肚子，写得真好！（全班大笑）

生10：我觉得这句话"饱胀"和"破裂"两个词用得好。

生11：这句话让我觉得花骨朵儿就像一支画笔，正要画画呢！

生12：只有人才会有"饱胀"的感觉，这句话是把荷花的"花骨朵儿"当作人来写了，把花骨朵儿写活了。

生13："有的花瓣儿全展开了，露出嫩黄色的小莲蓬"（重音强调了"全"字）我觉得这个"全"字用得好，让人读了以后，好像看到了花瓣中间嫩黄色的小莲蓬。

师：（笑眯眯地）说得真好。下面我们跟随着作者的脚步，到公园里欣赏荷叶荷花的美吧！

（师播放多媒体荷塘画面并配乐，生欣赏，不时发出声声赞叹。）

师：孩子们，你们的感受，和叶圣陶爷爷的感受一模一样，真好！让我们捧起书来，一起读读第二自然段，把对荷叶荷花的赞美之情都表达出来。

（生齐读，读得非常好）

师：多美好的荷叶荷花，多美好的意境，多美好的情感！如果你站在这样的荷塘面前，你也会像作者一样，发出这样的感叹——

生：（齐读，美美地）"这么多的白荷花，一朵有一朵的姿势。看看这一朵，很美；看看那一朵，也很美。如果把眼前的一池荷花看作一大幅活的画，那画家的本领可真了不起。"

在这个教学片段里，教师引导学生想象欣赏荷花的美，揣摩作者遣词造句的精妙，感悟作者优美生动的表达，体会流淌于其中的意境美、情感美，在鉴赏美的过程中为"试着把观察到的事物写清楚"这个创造美的活动做准备。

四、迁移运用，展示审美创造力

审美创造力是个体审美意识的觉醒，是审美能力培养的高层次目标。每个人的内心都有创造的欲望，都希望把自己对美的认知、美的理解、美的感受、美的体验表达出来。绘画通过线条、色彩、光等元素来实现，音乐通过音符、节奏、旋律等元素来实现，书法通过笔法、章法、笔画线条等元素来实现。在语文课程中，孩子们就要通过迁移，运用理解、感悟、积累的语言文字来实现对美的创造，最主要的表现形式便是练笔和习作。

学生要在笔尖流淌内心美的情愫，最重要的是要在阅读中体会、感受、积累语言文字的基础上，注意细心观察周围的事物，并对观察的事物展开想象，根据教材安排栏目或教师自行设计的内容，迁移阅读时学到的语言运用的方法和规律，分层次尝试运用到练笔和习作中，把内心的审美创造力展示出来。

以三年级下册第一单元为例，教材在《荷花》课后安排了一次模仿第二自然段写一种喜欢植物的练笔，意在降低习作的难度，为习作"我的植物朋友"做准备。

有阅读时的理解、感悟、积累，还有小练笔做准备，层层递进，渐次深入，孩子们对习作不再畏难，心中对美的表达欲望很强烈，再加上老师"下水文"的引领，表达起来水到渠成、得心应手，还有许多有创意的表达。

有写桂花树的："树枝是棕色的，像一条条'路'，而小蚂蚁像一辆辆小汽车，在'路'上跑来跑去。树枝伸向不同的方向，有的形成了'十字路口'，用手一摸，很粗糙。有时飞来一两只褐色的小鸟，在上面跳呀、蹦呀。这里是小鸟的乐园……过了一会儿，清风吹过，树叶沙沙响，它们好像在说悄悄话。"有写三叶草的："这时候，如果有一只蝴蝶飞过来，三叶草就会邀请蝴蝶跳舞。蝴蝶答应了，三叶草很高兴。蝴蝶为什么会答应呢？因为三叶草会开花，开的花很漂亮，有深紫色的，还有浅紫色的。白天，它的花瓣儿是张开的；到了傍晚，它的花瓣儿就合起来了。"

从这些孩子的表达中可以看到，孩子们的审美创造能力得到淋漓尽致的发挥，他们用手中稚嫩的笔书写心中深深的爱。语文表达能力与审美创造能力完美融合。

遵循语文学习的规律，基于审美素养形成的过程与层次性，挖掘语文课程中的美育元素，在语文教学中自然、和谐、无痕地对学生进行美的教育，让美成为滋养生命的源泉，流淌在生命的河流里，润泽人生，是所有语文人的追求。

小学语文课堂有效教学之我见

摘　要：教师强势，学生处于被动状态，一直是小学语文课堂高耗低效的主要原因。如何改变这种状况，本文阐述了作者自己的理解，提出教师应在致力打造课程文化、展示学生的学习过程、让学生亲历阅读实践、沟通学生心理逻辑等方面做出努力，改变现有的课堂教学现象，达到增效提质的课堂教学效果。

关键词：小学语文课堂；课程文化；学习过程；阅读实践；心理逻辑；增效提质

教师强势主导课堂，学生主体无法体现，是目前许多小学语文课堂常见的问题。课堂上，教师把学生的学情抛之脑后，不遵循顺学而导的原则，不挖掘学生的学力，不让学生亲历阅读实践过程，为了完成教学任务把充满挑战的学习活动变成"硬塞"的过程，学生被动地按照老师的指令做，被动地接受，这种重结果、轻过程的低效甚至无效的课堂教学情境比比皆是。课堂教学要增效提质，克服高耗低效的现象，教师要树立学生是学习主体、教永远是为了学的理念，引领学生在教师组织的学习活动中积极参与，投入到一轮又一轮的阅读实践中，让课堂学习成为探索和创造的学习过程。

一、摈弃教师才艺展示，致力打造课程文化

我们经常能看到教师主导整个课堂的现象，一节课下来，教师十八般武艺都搬了出来，或长篇大论地过渡，或美轮美奂地展示多媒体课件，或滔滔不绝地讲述，或诗情画意地总结，一句话，教师拼命地展示自己的才艺，占去了大部分学生学习的宝贵时间。学生仿佛是观众来看老师表演的；或者干脆是群众演员来配合老师展示才艺表演的。教师是主角，牵着学生的鼻子走，学生完全处于被动的状态，游离于课堂，是看客，是配角。殊不知，学生的语文能力是不会因为看或配合老师表演才艺而获得的。特别是在公开观摩的教学课堂上，

一节课下来，感觉老师真有才华，但再看看学生的收获，寥寥无几，甚至全无收获。这种低效，说重了，是在浪费学生的时间。一节课的好坏，应该看学生的收效多少，这才是评价课的标准。学生走进课堂前与走出课堂时是否不同了，应该成为老师时时叩问自己的问题。

其实，教师的才艺，应该化为深厚的底蕴，变成课程资源最重要的一部分，通过教学预设、教学生成、教学评价等一系列课堂教学进程和教学行为"漫"出来。它是精心设计的能体现编者意图的教学预设，是推进教学向前发展的润滑剂，是由教学预设生成的课堂精彩，是激发学生参与老师组织的学习活动的动力，是教师充满魅力扣人心弦的鼓励，是一丝不苟的科学的纠偏，是幽默风趣的教学评价……一句话，是教师个人的教学魅力！苏霍姆林斯基说，他曾经到一位历史老师的课堂上听课，课上得非常精彩，课后便问这位老师花了多少时间备课，这位老师说他直接备课的时间是十五分钟，但他间接备课的时间是一辈子。[1]这个事例说明教师要用自己的一生来备课，要把自己丰富的生活阅历、深厚的精神素养、不断学习感悟的人生智慧等化为课堂教学的财富，通过课堂阵地弥漫开来，变成课程文化最重要的组成部分，引领学生完成学习目标，达成提升学生语文学习能力的目标。要想给学生一杯水，你自己就得有一桶水甚至更多水，说的就是这个道理。

二、防止媒体代替思考，提倡展示学习过程

我们常常看到很多常态课和公开教学几乎都要用到多媒体。其实，多媒体教学是一把双刃剑，用得恰当有助于课堂教学进程的推进，但如果运用不当，既无助于学生学习语言文字，还阻碍了学生思维的发展。课堂用大量的多媒体课件，把需要和不需要的内容都转化成课件，展示在屏幕上，学生只要看课件就成，压根儿就不需要看课本，课本成了摆设。其实，课本是最重要的教学资源，它是学生学习语言文字运用的最好凭借，是不可以随便放在一边的。

有些老师为了让学生尽快理解课文的意思，动不动就用课件代替学生的思考，一步一步把学习结果通过课件的形式"告诉"学生，这对于语文学习是非常有害的。我们知道，语言是生活的反映，学生学习语言文字，就是在脑中把语言文字描绘的形象、场景等通过想象的形式还原成图像，从而理解、感悟语言文字表达的意思，再反过来学习作者的表达方法，运用自己学到的语言文字表达自己意思的过程。这个过程伴随着观察、理解、想象、判断、分析、表达等一系列活动，是一个非常复杂的思维过程。正是通过这复杂的思维过程，学生触摸语言文字，感受语言文字，理解语言文字，品悟语言文字，倾吐语言文

字，语文能力才有可能一步步提升。一旦这个过程被多媒体替代，学生就失去了思维想象的空间，就失去了与语言文字直接接触的机会，可想而知后果会是什么。

再者，生活中我们碰到一篇文章或者一段文字，难道都能提供插图让你来阅读？更多的情况是你只能凭借语言文字读懂它。有句话说，很多人只顾风雨兼程，却忘了当初为什么出发。语文老师要经常停下脚步想想语文教育的最终目的不就是要培养学生的阅读能力和表达能力吗？阅读能力和表达能力的培养不是靠看课件就能形成的，它靠的是不断的阅读和表达实践。所以，我以为多媒体只是教学辅助手段，语文教师一定要慎重运用它，不能用多媒体演示来代替学生的学习，要尽可能腾出时间，让学生自己经历学习读懂语言文字、运用语言文字、展示语文学习的全过程。这样的学习，才有助于学生语文能力的提升及语文素养的形成。

三、摈弃"喂"给学生知识，倡导亲历阅读实践

《语文课程标准》明确指出："阅读教学是学生、教师、教科书编者、文本之间对话的过程。"[2] 既然是"对话"过程，首先就要弄明白对方讲的是什么，说的是什么意思，然后再表达自己的观点。还没弄明白对方讲的是什么，自己就讲开了，是对对方的不尊重，也是自己没有涵养的表现。

在语文课堂上，我们经常会看到学生刚接触语言文字一小会儿，老师就开讲的现象。老师把自己在备课时的思维、想象、理解、品悟语言文字的过程重新来一遍，通过自己的语言"告诉"学生。学生被迫跟进教师的节奏，迷迷糊糊地听，程度好的学生偶尔回答一下老师的提问，大部分孩子被动地坐着，被动地点头，被动地按照老师的指令做。一节课下来，学生似懂非懂的表情比比皆是，课堂教学的有效性大打折扣。这种把知识"嚼烂"再"喂"给学生的做法是非常不可取的。试想，学生的"消化能力"暨语文能力和素养会因为老师"喂"给的知识而增强吗？"嚼烂了"的是老师的知识，学生的"消化能力"依然没变，甚至会破坏"肠胃"——对要学习的知识没了兴趣。要想提高学生的"消化能力"，还得提高学生的"消化功能"方可。也就是说，要提高学生的语文能力和素养，必须得提高学生自己的阅读本领才行。那么，首先要让学生真真正正地触摸语言，静下心来"浸泡"到语言文字中，弄明白文字讲的是什么，这是对话的前提，是对话能如约进行的保证。

这就是我们常常说的要让学生亲历阅读实践。亲历阅读实践有个过程，而这个过程远比教师给的结果重要得多。学生的阅读能力只能通过阅读实践获得，

而不是靠老师告诉阅读结果获得。"语文课程是实践性课程,应着重培养学生的语文实践能力,而培养这种能力的主要途径也应是语文实践。"[3]就像学游泳,光靠教练讲解该怎么游,有什么样的要领,脚怎么打水,手臂怎么划动,是永远也学不会游泳的,你必须得下水去,在一系列错误动作纠偏、正确动作摸索的过程中,你才能学会游泳。又比如学骑自行车,光懂得自行车的结构、原理等知识,是没有用的,你得骑上车去,会摔倒、撞到障碍物等,在一次次的失败中,你渐渐琢磨出该怎么掌握方向、脚怎样用力踩踏板、眼睛怎么直视前方等,最后你才能真正学会骑自行车。同样的道理,学生要听、要说、要读、要写,即要实践,才能真正学会阅读和表达。而学会阅读和表达才是语文教学的终极目标。

四、摈弃挖掘深度语文,沟通学生心理逻辑

深度语文指的是教师不顾学生的认知特点和心理特征,主观地根据自己的生活阅历和认知程度,对语文教材进行深度挖掘,然后把自己对文本的深度理解通过课堂教学的形式强加给学生的语文教学过程。

心理逻辑指的是与人们的年龄相匹配的认知和心理特征。它是处在不断发展的过程之中的。十几岁看《红楼梦》,关心的可能是主要人物的爱情故事;二十几岁看,也许关心的是人物的命运;三十几岁看,会感慨世事的变迁;四十几岁再看也许感叹的就是世事的无常、生命的悲凉。这说明,人们的年龄不同、阅读期待不同、观察世界的视界不同,其认知和心理也就不同。

有些老师喜欢在课堂上展示自己与文本对话的深度、广度,显示自己与文本对话的才能,把课文往深了挖掘。殊不知老师忽略了最重要的一点,那就是学生的发展水平。德国著名教育家第斯多惠说:"学生的发展水平是教学的出发点,教学必须符合受教学生的发展水平。"集美大学教师教育学院施茂枝教授认为:教学是学科逻辑与学生心理逻辑的沟通。[4]尊重学生的学情,即符合学生的认知特点和心理特征是课堂教学取得成功的最重要的秘诀,也是课堂教学应遵循的最高准则。不了解孩子需要的是什么样的知识,不了解孩子学习的起点,不了解孩子学习时的心理,老师一味地从自己的观点出发,一厢情愿地解读文本,必将是盲人摸象,缘木求鱼。

既然学生的学习起点如此重要,我们就应该充分地了解它。心理学表明,儿童的认知特点和心理特征是从具体形象思维逐步向抽象逻辑思维过渡的。低年级儿童以具体的、直观的形象思维为主,包含声音、图像的具像是他们的最爱。这个时期儿童的思维具备人类幼年时期的特点:风在窃窃私语;花儿从梦

中醒来；草儿翩翩起舞；闪电来了，那是老天爷在给大地照相……在他们眼里，所有的事物都是活的、有生命的、有灵魂的。中年级儿童的抽象思维逐渐萌芽，具体形象思维逐渐向抽象逻辑思维过渡。到了高年级，抽象逻辑思维就占了上风，但这种抽象逻辑思维仍带有具象性，仍然有具体形象思维的特质。总体来说，小学阶段儿童以具体形象思维为主。

深度语文是教师站在成人的角度，用成人的思维特点与语文课程对话的结果，肯定与学生的认知特点和心理特征不相匹配。那么，在课堂中拼命挖掘文本的内涵，学生听得一头雾水、一脸茫然就在情理之中了。所以，"蹲下来看孩子"永远不是一句过时的空话，它是决定教学能够成功的关键。

大凡教育大师在这方面都做得特别好，他们非常了解学生的认知特点和心理特征，往往会把深奥的知识通过巧妙的方法深入浅出地诠释出来，让学生很容易就掌握。著名特级教师于永正老师是这样教学《我的伯父鲁迅先生》中"饱经风霜"一词的：

（在引领学生充分读课文，理解、感悟课文内容的基础上）

师：学到这儿，我突然想到，还有一个词没有讲（指小黑板），就是"饱经风霜"。

[评：看似"突然想到"，实是精心安排。]

请大家想一想，那位车夫的饱经风霜的脸是一张什么样的脸。想好了，请用几句话写出来。我给大家开个头："那位拉车的才三十多岁——"请同学们接着写。（学生练习写，老师巡回指导，表扬写字姿势好的同学；学生写好后，老师让他们自己读一读，修改修改；最后找几位学生上台读，学生读后，老师当面评改。）

（下面是评改一位学生的习作实录。）

生："这位拉车的不过三十多岁，可看上去足有五十多岁。脸黑瘦黑瘦的，布满了一道又一道的皱纹，眼圈深深地凹了下去，眼里充满了血丝。那乱糟糟的头发上，蒙着一层灰。看上去，这张枯瘦的脸，像一个霜打的茄子。"

师：写得多好呀，"饱经风霜"的意思就在其中了。

[评：这个教学设计一箭双雕，既帮助学生理解了"饱经风霜"这一词语，又让学生做了一次具体描写的练习。][5]

一位老师模仿于老师教学"饱经风霜"这个词。

另一位老师让孩子们查字典。孩子们查后得知："饱"是充分地、充足地；"经"是经受、经历；"风霜"在这里是指生活的艰辛、坎坷。"饱经风霜"指充分地经受了生活的坎坷、艰辛。至此，教学结束。

一周后，检测老师拿着画家罗中立的著名油画《父亲》（油画中画的是一位脸上刻满岁月沧桑之痕的中国最善良、纯朴的农民的脸，脸上的皱纹沟沟壑壑）去了这两个老师的班级，要求孩子们用几个词语来形容你看到的油画，然后写下来。第一个班级 90% 的孩子不约而同地写了"饱经风霜"这个词。第二个班级 90% 的孩子想到的是别的词语，只有几个孩子想到了"饱经风霜"这个词。由此可见，第一种教法是多么"深入浅出"，因为它把"饱经风霜"这个词具象化了，而这具象化了的形象深深地印在学生的脑子里。虽然学生可能还不能很好地解释这个词的意思，但他们已然会用，也就是说，这个词已经不再是文本中的语言，而变成学生自己语言储备库里的语言，是积极的、主动的、鲜活的语言。换一句话说，这个词已经跟他们的生命长在一起。而第二个班级的学生虽然能头头是道地解释这个词的意思，但大部分孩子都没有内化这个词，换句话说这个词还游离在他们的生命之外，是沉睡着的、被动的语言。第一种教法远胜于第二种教法，最重要的原因是老师沟通了这个词的教学逻辑和学生的心理逻辑。

总之，语文教师应树立学生的学习主体地位，努力营造展示学生学习过程、让学生亲历阅读实践的氛围，沟通学生的心理逻辑，了解学生的学情，组织和服务于学生的学习，让语文课堂教学能最大限度地实现增效提质的可能。

参考文献

［1］［苏］B. A. 苏霍姆林斯基. 给教师的建议（全一册）［M］. 杜殿坤，编译. 北京：教育科学出版社，1984：6-7.

［2］［3］教育部. 义务教育语文课程标准（2011 年版）［S］. 北京：北京师范大学出版社，2012：22，3.

［4］施茂枝. 语文教学：学科逻辑与心理逻辑［M］. 北京：教育科学出版社，2003：3.

［5］于永正. 于永正语文教学实录荟萃［M］. 徐州：中国矿业大学出版社，2005：288-289.

谈"自主阅读"教学模式的建构[①]

"自主阅读"提倡在阅读教学中充分发挥学生的主体性,引导学生在阅读实践过程中自悟自得,从而实现发展学生语言、提高学生语文素养的教学目的。它以强调学生的阅读实践为主要形式,以突出学生的主体地位为主要特征,以丰富语言的积累、实现发展语言为目的。它真正把学生摆到了主体地位,围绕一个"读"字做文章,教师则以组织者、引导者的身份参与学生的阅读实践活动,引导学生读有所感、读有所疑、读有所悟、读有所得。一句话,教师要想方设法让学生读得有兴趣,读得不生厌烦之感。其教学模式可设计为五步:初读感知—再读生疑—精读感悟—熟读积累—运用内化。下面分步谈谈我之浅见。

一、初读感知

这一步即读"通"课文。要求学生把字音读准,把词读好,把句读顺。做到不添字、不漏字、不读错或读断句子。要做到把课文读"通"并非易事。初读课文最忌教师让学生"象征性"地读一遍课文,好像这一步的"读"仅仅是为教师的"开讲"而做准备。课文未读"通",要想让学生有所悟、有所得,便如空中楼阁,缺乏基础。所以教师首先要做的事是还给学生充裕的读书时间,鼓励学生把自己认为难读、没读好的词和句多读几遍,真正做到让每个学生都把课文读得"正确""流利"。其次,教师应采取让学生自由读的方式让他们亲历阅读实践。因为在这个阶段,学生对课文深层次的内容还未理解、感悟。再者,学生的阅读能力也千差万别,有的略好些,有的略差些,有的在这个词中"打了饱嗝",有的在那句话中"噎了喉",因此让孩子们齐读不合适。有了把课文读"通"的基础,学生对课文的整体内容、大概意思就有了"全局性"的、"鸟瞰式"的把握:写人的文章就大体知道描写了一个什么样的"人";记

---

① 本文发表于《福建教学研究》(初等教育版)2001年第12期,有改动。

事的文章就大致明白记叙了一件什么样的"事";写景的文章就稍稍领略描绘了一处什么样的"景";状物的文章就微微懂得写了一件什么样的"物"。这样,就为下一步的阅读实践做好了准备。

二、再读生疑

这一步的"读",有两方面的内容。首先,看看学生通过"读"课文,都读懂、读会了哪些内容。这些内容可以是一个词语的意思,也可以是一个句子的内涵;可以是课文主要内容方面的,也可以是表达技巧方面的……总之,让学生各抒己见,互相交流自己读课文之后的心得。其次,还得看看学生通过"读"课文,还有哪些不明白的。这一点非常重要,教师应想办法鼓励孩子们质疑。"疑是思之始,学之端",会提问题,是会学习的标志之一。需要指出的是,学生提出的问题,有的是浅层次的,没有多大的思维价值;有的是深层次的,具有较高或很高的思维价值。这就要求教师独具慧眼,在认真钻研教材的基础上,具有分辨问题价值高低的能力,能在短时间内,把学生所提的问题,按价值的高低、内在的先后次序梳理出来,能当场解决的浅层次的问题,让学生当"小老师",当即弄懂。具有思维价值的,留待"精读感悟"中引导孩子们自悟自得。如有一位老师在教学《坐井观天》一课时,她让学生充分地朗读课文,鼓励学生大胆质疑。有的学生提出"井沿""大话""无边无际""一百多里""不信"等词语是什么意思;有的学生会结合课后思考题提出"青蛙和小鸟为了一件什么事争论?谁说得对?"等问题。老师根据学生的质疑,简要板书,并及时地对这些问题进行梳理、归类,让学生在互帮互学中当场弄清了"一百多里""不信"等词的意思,其余的问题教师鼓励学生通过读书来解决。

三、精读感悟

事有巨细、轻重缓急之分,文章也有重点与一般、难点与易处之别。大凡作者写一篇文章,总是要抒发一定的思想感情,表明自己的审美情趣,表达自己的内心志向。最能体现这些思想感情、审美情趣、内心志向的段落、词句就是课文的重点、难点,教师应引导学生弄通弄懂,此谓"精读"也。这个阶段,要深入理解、领悟课文的思想内容,做到有所"悟",有所"得"。谁"悟"?谁"得"?自然是孩子们"悟",孩子们"得"。要自己悟,自己得,非得自己"读"不可。教师应让学生带着"再读生疑"阶段提出的有价值的问题,在充分读书的基础上独立思考,并组织学生进行小组讨论。

通过讨论，互帮互学，在"生生互动"中求得问题的解决，从而"悟"出事理，"悟"出课文的内涵，并养成边读边思考的习惯，逐步学会读书的方法：有的内容可以联系上下文来理解，有的内容可以联系生活实际来理解，有的可以借助图画来理解，等等。

四、熟读积累

选入教材的，都是文质兼美的名篇范文，是极规范的语言文字。一般来说，学生在经历了"初读感知、再读生疑、精读感悟"三个阅读实践过程后，教师应引导学生熟读课文，积累课文的语言，为丰富自己的"语言材料库"做储备。这一步应要求学生读得"有感情"。有了前面几步的"读"的充分训练，要求读得"有感情"已有了基础。教师可引导学生读给自己听——自我欣赏；读给同学听——互相鉴赏。还可以引导学生开展朗读、背诵比赛，让学生在竞争中一个比一个读得好，一个比一个背得好，读课文中的语言，记课文中的语言，为日后的语言表达实践创造条件。也只有读熟课文，那些规范的语言文字才会真正内化为学生自己的语言。古人说："文章读之极熟，则与我为化，不知是人之文、我之文也。作文时，吾意欲所言，无不随吾所欲，应笔而出，如泉之涌，滔滔不竭。"这话说的就是这个道理。当然，有些篇幅较长的课文，可让学生选择自己最喜欢的、感受最深的部分读熟即可。这样，既激发了学生读的兴趣，又使学生有了选择学习内容的权利，极大地调动了学生的主动性。

五、运用内化

学生在理解了课文的思想内容，感悟了课文的语言形式后，应及时地设计一些练习，让学生把课文中学到的语言、表达方法等及时迁移运用到自己的语言表达实践中，从而促进语言材料的内化，使之变成为学生自己的语言。这种练习可以是"说"方面的，也可以是"写"方面的，形式不拘，但在内容上应顾及整个教学过程的流畅性，以免节外生枝。所以，应以课文内容为练习设计的素材，使语言形式的运用与课文内容的理解、感悟水乳交融、紧密相连，既可以检验、加深学生对课文思想内容的理解，又可以促进语言的吸收与内化，起到一箭双雕的作用。如特级教师于永正老师在教《我的伯父鲁迅先生》时，课堂一开始老师让学生质疑，把读不懂的词语或句子写在黑板上。整节课老师领着学生读书理解课文内容，解决黑板上的问题。最后，于老师说，其他的问题都解决了，唯独漏了一个词——"饱经风霜"。其实，这是老师故意设置的一道"运用内化"语言的题。于老师让学生展开想象，并写出他们想象中、理解中的车夫的"饱经风霜"的脸。学生们沉思后动笔了，描写出来的脸，虽然语句不同，但都表达了"饱经风霜"的意思。听课的教师们无不为学生的精彩描写鼓掌，也为于老师的这个教学环节设计鼓掌。

统编小学语文教材朗读教学

朗读教学向来都是小学语文教学的重要内容。不管是哪个时期、哪个版本的教材都非常注重朗读内容的编排，无一例外地把课后第一道思考题设置成朗读课文（或默读课文）。首先，它能帮助学生培养语感，建构和发展学生的语言。语感，是对语言的直觉感受。语感最直接的体现方式，就是朗读。要培养语感，最重要的方法就是加强朗读训练。其次，朗读是有声语言对作品内涵理解的表现形式，只有理解了作品内容，才能通过朗读表现作者要表达的情感；反过来，朗读使学生更深入地理解课文内容，促进学生思维品质的提升。最后，朗读助力学生领悟作品传递的思想情感，使他们受到思想情感和审美的熏陶。

一、学生朗读默读现状分析

几年前，我在教苏教版三年级语文。一天，上《翻越远方的大山》一课。文章是世界冠军刘翔写的，第二自然段有这么一句话："刚练跨栏那会儿，根本就不敢奢望有朝一日能亲眼看到约翰逊。"我请一位中上水平的学生来读，结果孩子读了一遍又一遍，不是读错字音，就是漏字添字，或者停顿的位置不对读破句子。在不断地纠正字音、教读、跟读中，整整读了十八遍，孩子才把这句话读对了。中上水平的学生尚且如此，其他学生就更不用说了。这说明，对于孩子来说，要读好一句话，哪怕很简单的一句话，都是不容易的。所以我们要"蹲下来看孩子"，要掌握学情。任何不顾学情的教学，都是无效的。

其实，我们只要稍加注意就能发现，许多孩子的"读"是在嘴里小声嘀咕，含糊、发音不准；添字漏字、重复读、读破句子是家常便饭；语音不饱满，没有按照语义结构读是常有的事。一句话读下来磕磕巴巴，连"正确、流利"都做不到，更别说有感情了。即使在许多公开课上，课堂上也多是几位朗读较好的学生在"撑门面"，其他学生在"坐冷板凳"。要改变这种现状，就要让全体学生开口大声朗读，从第一学段第一次练习朗读开始教，这就要求老师应了解统编教材朗读内容的编排特点。

二、统编教材朗读内容编排特点

以往我们使用的教材很重视朗读，但遗憾的是教材中只出现"朗读课文"的字样，很笼统，老师们不知道具体该如何去做，实践中只能靠自己对朗读的理解进行教学，难免出现教不到位或越位的现象。现行统编小学语文教材，把朗读进行分步指导，从读准字音开始，编排在教材的课后作业中，体现了循序渐进的指导方法，这是以往小学语文教材所没有的，不能不说是一项很有价值的创新。下表是一、二年级教材出现的朗读教学内容。

表1　统编小学语文教材低段朗读教学内容编排

教材册次	所在单元	所处位置	朗读要求
一上	四	《秋天》	朗读课文，注意"一"字的不同读音。
	五	《语文园地五》	读一读，读准字音（易混声母、韵母、平翘舌音）。
	六	《影子》	朗读课文，读准字音。
		《雨点儿》	1. 分角色朗读课文。 2. 读下面的句子，注意读好停顿。
一下	二	《我多想去看看》	朗读课文，注意读好带感叹号的句子。
	三	《小公鸡和小鸭子》	朗读课文，读好小公鸡和小鸭子的对话。
	四	《端午粽》	朗读课文，注意读好长句子。
		《彩虹》	朗读课文，注意读好长句子。
		《语文园地四》	读一读（词语的轻声读法）。
	六	《要下雨了》	朗读课文。说说故事里有哪些动物，再分角色读一读。
	七	《动物王国开大会》	分角色朗读课文。
	八	《棉花姑娘》	朗读课文，读好课文中的对话。

续表

教材册次	所在单元	所处位置	朗读要求
二上	一	《小蝌蚪找妈妈》	分角色朗读课文。
	四	《葡萄沟》	朗读课文，注意下面加点字（多音字）的读音。
	五	《坐井观天》	分角色朗读课文，读好下面的句子。
		《寒号鸟》	分角色朗读课文。
	七	《雾在哪里》	朗读课文，读好雾说话时的语气。
	八	《狐狸分奶酪》	分角色朗读课文。
		《风娃娃》	朗读课文。不认识的字先猜一猜，再和同学交流。
		《语文园地八》	猜猜下面词语（拟声词）的读音，再选择合适的放在句子里读一读。
二下	二	《开满鲜花的小路》	分角色朗读课文。
		《雷锋叔叔，你在哪里》	听老师讲雷锋的故事，再朗读这首诗歌，注意有问有答的特点。
		《一匹出色的马》	试着有感情地朗读课文。
	四	《沙滩上的童话》	朗读课文，注意读好对话。
	五	《画杨桃》	朗读课文，注意对话的语气。
		《小马过河》	分角色朗读课文，注意读出恰当的语气。
	七	《大象的耳朵》	朗读课文，注意读好问句。
	八	《祖先的摇篮》	朗读课文，注意读好第2小节和第3小节中的问句。

低年级是朗读教学的基础启蒙阶段，尤其要训练学生"正确、流利地朗读"。通读整个小学阶段语文教材，我们会发现以下特点。

（一）加强基础，做到"正确、流利地读"

正确地读，是指朗读要用普通话把字音读正确、清楚，做到不添字，不漏字，不颠倒，不重复，不唱读。流利地读，是指在正确朗读的基础上，读得通顺流畅，即语气比较连贯，不顿读、不读破句子，不中断朗读。正确、流利地读是有感情朗读的基础，是朗读这座大厦的奠基工程。

1. 读准字音。

从上表可以看出，正确、流利地读从读准字音开始。

一是读准变调。一年级学完拼音，第四单元的第一篇课文《秋天》很短，但出现了"一片片、一群、一会儿、排成个'一'字"等词语和词组，课后作业第一题明确要求"注意'一'的不同读音"，同样的字，在不同的语境中发不同的读音，这是汉语中的语音"变调"。训练学生要根据汉语词语或词组阅读的习惯，根据后面一个字的读音，很自然地改变前一个字的读音的方法。同样的变调读法还有"不"的发音；两个字都读第三声时，应该把前一个字的音读成第二声，如"老虎"。教师应该在出现这些词语的具体语境中教学，落实读准字音。语文园地五"字词句运用"板块要求学生读好"你们、家里、男生、蓝色、上山、三年、写字、报纸"等易混声母、韵母、平翘舌音。到了第六单元的《影子》一课，课后再次要求"读准字音"，说明读准字音是"正确地读"的基础。

二是读准儿化音和轻声音。儿化音的第一次出现是在一年级上册第一篇课文《秋天》中，"一群大雁往南飞，一会儿排成个'人'字，一会儿排成个'一'字。""一会儿"这个词标注读音时采用儿化音的标注方式，与紧接下来的第二课《小小的船》中的"月儿、船儿"的读法不同，标注方式也不一样，"月儿、船儿"不能读成儿化音。儿化音的第二次出现是在一年级上册《雨点儿》中，课文题目就用儿化音方式标注。轻声音从《秋天》开始出现，集中训练则是在一年级下册语文园地四"字词句运用"板块中呈现。板块中出现了"胆子、粽子、镜子、爸爸、妈妈、哥哥、故事、月亮、时候"等词语，它们可以分成三类，第一类是后缀为"子"的轻声词，第二类是叠音轻声词，第三类是其他轻声词。教师除了要求学生读准这些词中的轻声音，还要引导学生说说还知道哪些词语也要读成轻声。三年级下册第三课《荷花》课后作业第一题出现了"花瓣儿、花骨朵儿"等儿化词和"莲蓬、衣裳"等轻声词，要求学生读准，教学时要注意引导学生结合具体的语境，读出荷花的可爱之态和作者的喜爱之情。

三是读准多音字。多音字第一次出现在二年级上册第四单元的《葡萄沟》，课后要求"注意下面加点字的读音"，共有四个词语"种葡萄、好客、葡萄干、水分"，其中"种、好、干、分"四个字加了点。这是要求学生朗读时要据词定音。语文园地六"字词句运用"中出现了根据语境读准多音字的读音的练习，教材用泡泡语"我会根据词语的意思来判断多音字的读音"提示。

四是猜读字音。第一次出现猜读字音是在一年级上册的最后一篇课文，"对照图画，读一读课文。在图画的帮助下，你猜出了下面加点的是什么字吗?"要求学生猜读"蜗牛、发芽、草莓、蘑菇"中的"蜗、芽、莓、蘑、菇"五个字，这是引导学生利用课本中的图画资源帮助猜读字音。一年级下册《咕咚》《小壁虎借尾巴》要求在课文中找出不认识的字，猜出它们的读音，还是借助图画来猜读字音。到了二年级上册，《纸船和风筝》不仅要求学生猜读字音，还要求学生交流自己是怎么猜出来的，引导学生利用形声字的构字规律、象形字的象形特点、会意字的表意特点等方法猜读字音，帮助识字。接下来的《风娃娃》巩固了这些猜读字音的方法。语文园地八"字词句运用"是根据形声字的特点猜读拟声词的读音。

2. 读顺句子。

在读好字音、词语的基础上，教材要求读顺句子。

第一，关注标点，读好句子。一年级下册第二单元《我多想去看看》课后要求学生注意读好带感叹号的句子。二年级下册第二单元《雷锋叔叔，你在哪里》要求学生朗读这首诗歌，注意其有问有答的特点。二年级下册第七、八单元的《大象的耳朵》《祖先的摇篮》要求学生读好问句。

第二，读好停顿和长句子。一年级上册《雨点儿》就出现了长句子，但是当时没有提"长句子"这个词，只要求注意读好停顿。读好停顿，实际上包括读好句子间的"停"和"连"。到了一年级下册第四单元，《端午粽》和《彩虹》连续两课出现读好长句子的要求。读好长句子，实际上是训练学生能在句子中间适当的位置读好停连。《端午粽》由三个分句组成的句子就有五句，修饰语多，句间停顿不好把握，朗读好长句子是编者要训练的朗读要点。三年级上册《美丽的小兴安岭》再次提出读好长句子，有感情地朗读。本课的长句子含有许多新的词语，呈现修饰语多、句式结构复杂、节奏感不易掌握等特点，是训练学生朗读长句子、提升朗读素养的典范性语言。三年级上册，首次出现文言文《司马光》，提出"跟着老师朗读课文，注意词句间的停顿"，特别要读好"光持石击瓮破之"，训练学生文言文的朗读一定要根据句意停顿，同时使学生明白朗读也能更好地理解文言语句的意思。三年级下册的第二篇文言文《守株待兔》，要求学生"把课文读顺，注意读好'因释其耒而守株'"，更加强调学生自主读，注意句子的意思，读好句间停顿。

停顿是非常重要的朗读训练，是学生读好长句子、难句子并理解句意的关键，是需要在不断重现、巩固中掌握的朗读技能。

3. 读好特殊部分。

不同体裁课文，呈现出不一样的语言表达特点，说明文有特殊的专有术语，叙述抒情散文有新鲜的词语，诗歌有独特的节奏和韵味，教材在落实"正确、流利地朗读"这些方面都做了特别的提示，如四年级上册《普罗米修斯盗火》，要求"读好众神的名字"，四年级下册《纳米技术就在我们身边》要求"把课文中的科学术语读正确"。特殊部分除了教材中标注出来的，有些可能没有标注出来，但也很难读，教师要根据具体学情训练学生把这些地方读好，比如二年级上册《葡萄沟》里出现的"维吾尔族老乡"就不好读，教学时要专门训练这个词的朗读。

（二）力求提升，做到"有感情地读"

有感情地读，是在正确、流利朗读的基础上，能准确把握作品的感情基调，正确处理重音、停连、语速、节奏、语气等，做到有轻重缓急、抑扬顿挫。最明显的特点就是有主观的感情参与到作品中，用声音生动地表达对课文的理解。

1. 层级递进。

低年级教材在出现了 8 次"分角色朗读"、3 次读好人物对话或语气的基础上，首次在二年级下册第二单元《一匹出色的马》中提出"试着有感情地朗读课文"。"分角色朗读"和"读好人物对话或语气"就是要求孩子们要把自己代入角色中体验，体会角色的情感、性格，琢磨角色的心理，才能读好。这实际上就是"有感情地朗读"，只不过把人物置放在情节性很强的儿童故事中，孩子们才更有角色意识，更容易把握角色的内在心理，使朗读更有情境感。有"试着"和没有这个词要求是不一样的，"试着"是鼓励孩子们在前面分角色朗读、读好人物对话和语气的基础上，大胆尝试，试着读出"感情"而提出这个要求的。有了前面的铺陈练习，孩子们在课文描绘的熟悉的儿童生活场景中，能很快进入情境——春天一家人散步，爸爸妈妈有意锻炼孩子意志的做法，妹妹的顽皮可爱，同时体会景色的美丽，体会不同人物不同的语气，然后用恰当的语气尝试着读出感情。

2. 不断升级。

从三年级开始，教材注重把朗读和理解、感悟文本的内化结合起来，使"有感情地朗读"具体化，操作性强，力求读和理解、感悟紧密结合，以读促悟，理解促读，相互促进，提升学生语文素养。

表2　统编小学语文教材三年级至六年级"有感情朗读"侧重点

年级	教材	次数	有感情朗读侧重点
三年级	上册	6	1. 有感情地朗读课文，一边读一边想象课文描写的场景或描绘的景色；2. 读好文中的长句子。
	下册	4	1. 有感情地朗读课文，一边读一边想象画面，体会优美生动的语句；2. 读好词语。
四年级	上册	6	1. 有感情地朗读课文，边读边想象画面；2. 查找资料帮助理解，有感情地朗读。
	下册	8	1. 有感情地朗读课文，想象情景或画面；2. 反复朗读，体会诗歌的节奏、独特的韵味、饱含的真挚情感；3. 举办诗歌朗诵会；4. 把自己的体会有感情地读出来。
五年级	上册	6	1. 把握课文表达的情感基调，有感情地朗读课文；2. 反复朗读，用不同的语速、节奏、语气语调读出课文表达的情感以及情感的变化。
	下册	6	1. 有感情地朗读课文，想象画面；2. 通过揣摩人物内心世界、阅读补充材料等方法体会课文的思想感情，有感情地朗读；3. 体会作家笔下景物的动静之美，有感情地朗读。
六年级	上册	8	1. 有感情地朗读课文，展开想象和联想；2. 揣摩人物的动作、神态等，有感情朗读人物对话和心理活动；3. 有感情地朗读，读好短句子；4. 有感情地朗读，了解鲁迅。
	下册	5	1. 有感情地朗读课文，表达作者的内心情感；2. 借助材料，加深理解，有感情地朗读课文。

　　从上表可以看出，第二学段是练习有感情朗读的"抽穗期"。其最重要的方法是一边读一边想象，在脑中浮现课文描绘的画面或场景。课后作业往往提出"一边读一边想象""想象画面""想象描绘的景色（或景象）""体会""朗诵"等要求。文章体裁从具象化的写景散文到意蕴丰厚、语言独特、情感丰富的相对抽象化的现代诗歌，难度在升级，对学生的要求在提高。

　　第三学段是有感情朗读的"拔节期"。要求"有感情朗读"的课文也从比较单一的写景散文逐渐过渡到抒情性散文（《匆匆》）、叙事性作品（《青山处处埋忠骨》)、小说(《桥》)等多样体裁,形式也从个人有感情朗读发展到诗歌朗诵会(综合性学习《轻叩诗歌大门》)、集体朗诵(《少年中国说》)。"有感情朗读"的方式除了要在脑中想象课文描绘的场景、画面外,更重要的是引领学生通过各种方式体会课文表达的情感,有的需要学生通过揣摩人物的动作、语言、神态,读出人物的内心世界;有的需要补充或借助材料,加深对课文的理解,读出作品表达的情感;有的需要在理解的基础上,读出作品表达的情绪、气势;有的需要用有声语言表现作者蕴藏在语言文字中的情感变化;有的需要用有限的语句表达无限的情怀……语文教材在"有感情朗读"内容编排上体现出从简单到复杂、从单一到多样、从粗略到细腻的特点。

总之,在朗读内容的编排上,教材充分体现了课标对第一学段"学习用"、第二学段"用"、第三学段"能用"及"普通话正确、流利、有感情地朗读课文"的学段目标。

三、朗读教学实施策略

(一)示范模仿

低年级学生善于模仿。喜欢的歌,听几遍就会唱了;喜爱的游戏,玩一遍就会了。教学中,我深谙这点,从孩子们开始学习第一次朗读开始,我就充分利用孩子们的这个特点,引导孩子们开口朗读。

统编教材一年级第一篇课文是《秋天》,课后作业第一题是这样的:"朗读课文,注意'一'的不同读音。背诵课文。"课文里,带"一"的词语有"一片片""一群""一会儿""'一'字"。我先出示带音节的这些词语,让学生拼读,读好这些词语。然后引导学生发现这些词语中"一"的秘密,孩子们一下子就发现了这些个"一"的读音都不同。这时我才开讲"一"的变调规则。接着,我范读了这篇短文。我告诉学生,想不想读得跟老师一样好?孩子们很兴奋,喜悦地点头、应答。这时,我要求学生开口大声跟着老师读两遍,字音要读饱满。我表扬孩子们读得太好了,并告诉孩子们,如果读熟了以后,把自己的声音录下来,会非常好听,跟我们平时听到的节目主持人的声音一样好听。要求孩子们每个人都上传录音,让老师欣赏大家的朗读。

一放学,我就把自己的朗读课文的作品发送到线上平台,要求孩子们先听老师读,然后自己练习读熟以后录音上传。

结果,孩子们传上来的录音作业非常好,我一一做了点评,夸赞优点。第二天,一到学校,孩子们便仰着一张张兴奋的小脸报告着自己的朗读收获,我暗暗庆幸：第一次朗读教学非常成功！

从此所有的课文，我都示范朗读给孩子们听，要求孩子们朗读上传。孩子们在两年时间里，用声音表达自己对课文的理解，用声音记录自己的成长轨迹。平行班的老师惊诧于我们班孩子们的朗读：字音准确、饱满；不添字，不漏字，几乎不出现顿读、中断朗读等读破句子的情况；用恰当的语气语调读，很多孩子不仅做到了"正确、流利"，还能做到"有感情"。更有意思的是，期末进行朗读考试，我让孩子们选择自己最喜欢的课文或选择课本之外的诗文，在班上朗诵，孩子们个个落落大方，完全没有缩手缩脚的窘态。我把成绩归功于范读、正面的表扬和孩子们超级强的模仿能力。

（二）专项训练

根据课后作业的安排，每一篇课文的朗读，我都会有朗读指导的侧重点。课后第一题朗读教学的要求就是训练的重点，我在教学中就会结合其他的语文训练项目，进行专项指导，这样才能更有针对性。比如一年级上册《影子》课后作业，要求"朗读课文，读准字音"。课文的学习，首先是拼音部分的延续，复习巩固汉语拼音的拼读，提高拼读能力，帮助识字，帮助学习普通话。需要强调的是，要鼓励学生先自主拼读，结合识字，多读几遍。在自主读书的基础上，再进行个别难读字词句的指导。因为我们地处方言区，有些孩子声母 f 和 h 发音不分，有些孩子前后鼻韵母发音不准，有些孩子平翘舌音读不准，针对这些方言区普遍存在的问题，进行有针对性的指导，再推送老师的范读，孩子们读得热情高涨，收到很好的效果。朗读技巧的指导也要结合具体的语言情境进行。比如语气语调的读法，教学朗读《比尾巴》的问句时，我会很夸张地示范给学生，最后几个字的调子上扬，读出"问"的语气。

（三）理解悟情

课标在"实施建议"部分指出"各学段关于朗读的目标中都要求'有感情地朗读'，这是指，要让学生在朗读中通过品味语言，体会作者及其作品中的情感态度，学习用恰当的语气语调朗读，表现自己对作者及其作品情感态度的理解。朗读要提倡自然，要摒弃矫情做作的腔调"。这说明，朗读教学光有技巧的指导是不够的，更重要的是要引导学生深入理解文本内涵，充分理解作者及其作品要表达的情感，唤起学生内心的情感与之交融，站在既是"朗读者"，又是"作者"的角度，用自己的声音传达作者及其作品要表现的情感，即"以情感人""朗读传情"。二年级下册《小马过河》是一篇童话故事，文中有两句话"小马为难了，心想：我能不能过去呢？如果妈妈在身边，问问她该怎么办，那多好啊！可是他离家已经很远了。""妈妈问他：'怎么回来啦？'小马难为情地说:'一条河挡住了去路,我……我过不去。'"这里有两个词"为难"和"难为情",如果孩子对"小马"的心理不做深入的理解、探究,就没有办法理解这两个字面相像的词,也就无法读出他心里的想法和对妈妈说话的语气。前一句,小马能不能过去呢?一问妈妈就知道了,但它离家已经很远了,问妈妈做不到了,这种矛盾的心理,该怎么通过朗读体现呢?"我能不能过去呢?"自言自语,要读出疑问的语气和情态。"如果妈妈在身边,问问她该怎么办,那多好啊!"小马平时就是这样做的,碰到疑难问题,一问妈妈就得到答案,依赖妈妈的心理溢于言表。理解了这个,也为下文理解小马因为不知该听老牛还是松鼠的话,最终不顾离家远还是跑回来问妈妈的行为做好了铺垫。所以,这一句应该读得非常高兴,表现小马的满足情态。"可是他离家已经很远了。"回家问妈妈已经不可能了,无奈、矛盾油然而生,朗读时就应该引导学生理解小马的这种心理,并通过朗读体现出来。至此,学生对"为难"一词的理解水到渠成。理解后一句,须得联系上文,琢磨小马刚开始是怎么答应妈妈的,"小马连蹦带跳地说:'怎么不能?我很愿意帮您做事。'"这里,他是怎么回答妈妈的?"小马难为情地说:'一条河挡住了去路,我……我过不去。'"小马正是因为想到之前是那么肯定地答应妈妈会为她做事,现在又跑回来,没有把半口袋麦子驮到磨坊去,为自己没能实现自己的诺言而感到羞愧,才支支吾吾、断断续续地说这句话的。教学时要引导学生体悟小马的这种心理,想象小马红着脸、低着头说这句话的表情,才能在感情朗读中把角色的灵魂读出来。至此,学生才能真正理解"难为情"包含的羞愧、难过的心情,并用朗读体现对"难为情"的理解。

中年级教材中的朗读训练内容,聚焦在"边读边想象画面,感受自然之美"上,所有要求"有感情朗读"的课文几乎都是描绘美景的抒情性散文。在引导学生有感情地朗读时,一定要引导学生联系自己的生活经验,展开丰富的想象,在脑中浮现画面,形成内心视像,感受景物的美,然后通过朗读体现景物的美感,把作者寄托于景物之中的情感表现出来。高年级的朗读内容,写景趋向动静态景物的描绘,更多的内容是指向更加细腻的人物内心、情绪的表达、情感的变化等,对学生朗读素养的要求也更高。教学中,更要通过补充材料加深理解,或抓住人物的动作、语言、神态等琢磨人物的内心,或细细体会作者字里行间流露出的情感,然后通过朗读体现作者情感的变化、情绪的抒发,使"有感情地朗读"成为情感体验的自然表现,不雕琢,不拿腔拿调,即所谓"情随心动"。

基于以上分析,教师首先要吃透教材,钻研教材,提高自己的范读水平和朗读指导水平,才能在语文课中有效进行朗读指导,使每个学段的学生都能达到课标"正确、流利、有感情地朗读课文"的要求。

阅读教学以"读"为要①

——《数星星的孩子》的朗读训练

朗读是理解、领悟作品内涵，走向作者情感、与作者产生心灵共鸣的有效方式，也是涵泳语言文字之后对作者作品情感的自然传达。因而，朗读是阅读教学过程中经常运用的教学手段。下面，以我早期执教的人教版低年级课文《数星星的孩子》为例，谈谈"以读促悟""读悟相融"的教学实践。教《数星星的孩子》时，我通过朗读引导学生理解课文的内容并领会人物的精神面貌，完成对学生语文学科素养的培育。

1."晚上，满天的星星像无数珍珠撒在碧玉盘里。"

（1）学生自由读，想想这句话写了什么。（星星、天空）

（2）教师用投影展示夜空中星星闪烁的情境，同时描述：

同学们，你们看，天空像一个巨大的碧玉盘，星星是玉盘里的珍珠，是那么的美。星星一闪一闪的，好像在对我们眨眼睛，又像在跟我们说悄悄话呢！

（3）让学生闭上眼睛，听教师范读，边听边展开想象。听后回答：你好像看到了什么？

（4）学生齐读。

启发学生打开内心视像，进入课文所描绘的特定美景中，并在教师引导下入情入境地朗读。

2."一颗，两颗，一直数到了几百颗。"

（1）学生轻声读，读后回答：你数过星星吗？你能数到几颗？张衡呢？

（2）教师结合形体语言示范读。

（3）师：为什么老师把"一颗""两颗"中间停顿的时间拉长？把"几百颗"重读？

（4）要求学生模仿教师的神态和语气，读一读。让学生模仿朗读，引导学

---

① 本文发表于《小学语文教师》1999 年第 3 期，有改动。

生理解张衡数星星的认真、耐心，数到了几百颗。

3. "傻孩子，又在数星星了。"

（1）教师故意漏读"又"字。让学生与原文对照，看看有什么不同。

（2）师："又"说明什么？能不能用上"又"说一句话？

（3）学生练读。这句的朗读结合词语添删，提醒学生这个"又"字很重要。

4. "那么多星星，一闪一闪地乱动，眼都看花了，你能看得清吗？"

（1）教师用生硬和和蔼两种不同的语调朗读这句话，让学生鉴别哪种是奶奶的语气。

（2）师：奶奶认为星星能数得清吗？为什么？用上"因为_____所以_____"的句式回答这个问题。

（3）学生练读。引导学生揣摩奶奶的语气，同时引导学生理解奶奶的话中包含的因果关系。

5. 出示填空题（括号内是应填内容）："奶奶，能（看得见），就能（数得清）。星星（是在动），可（不是乱动）。您看，这颗星和那颗星，中间（总是隔那么远）。"

（1）引读。师：奶奶，能——（生：看得见）就能——（生：数得清）。星星——（生：是在动）可——（不是乱动）。您看，这颗星和那颗星，中间——（生：总是隔那么远）。

教师扮演奶奶，学生扮演张衡，让学生找准句子回答奶奶的三个问题：

①师：那么多星星，一闪一闪地乱动，眼都看花了，你能数得清吗？生：奶奶，能看得见，就能数得清。

②师：为什么呢？——生：因为星星是在动，可不是乱动。

③师：你能举个例子说明吗？生：您看，这颗星和那颗星，中间总是隔那么远。

④填空练习（括号内是应填内容）：因为星星和星星中间（总是隔那么远），说明星星是（在动），但不是（乱动），所以就能（数得清）。

以上的引读和填空，目的是帮助学生理解张衡的三句话之间的联系，并引导学生体会张衡对天文学的热爱：他不仅数星星，还注意到了两颗不同的星星之间的关系。

6. "这孩子一夜没睡好，几次起来看星星。"

（1）教师抓住"一夜"和"几次起来"，提出以下四个问题：

①孩子为什么一夜没睡好？

②几次起来会遇到什么困难?

③他起来后会怎样看?

④几次起来看的结果怎样?

让学生体会张衡'一夜""几次起来"会感到冷、困和害怕,从而体会人物的精神面貌。

(2)师:为了体现张衡认真研究星星的精神,该怎样读这句话呢?请同学们仔细想想,然后试着读一读,给该读重音的词语做上记号。

引导学生在理解词语的基础上,把重点词读成重音。

通过以上多种形式的朗读指导,学生对课文的语言文字有了较为深切的感受和理解,同时也进一步体会到了人物精神的可贵。整堂课学生学得活泼、扎实,取得了比较理想的教学效果。

课标在"实施建议"部分指出:"各学段关于朗读的目标中都要求'有感情地朗读',这是指,要让学生在朗读中通过品味语言,体会作者及其作品中的情感态度,学习用恰当的语气语调朗读,表现自己对作者及其作品情感态度的理解。"以上教学环节正是对朗读教学实施建议的具体实践,对培养低年级学生的语感,促进其语言建构和思维发展方面起到了重要的作用。

低年级词语教学

"结合上下文和生活实际了解课文中词句的意思，在阅读中积累词语"是课标第一学段目标与内容的重要组成部分。词语教学向来都是低年级阅读教学的重要任务，"了解词句意思"和"积累词语"是目的，"结合上下文"和"结合生活实际"是方法。其实，这些方法是笼统的说法，将它们掰开揉碎，切分成若干个比较精准的知识，可以是更具体的理解词语的教学方法。下面结合我的教学实践谈谈自己的做法。

一、想象画面

语言是表现生活的。生活是内里，语言是外壳。要想理解语言，必须将其跟生活实际紧密结合。想象，就是在脑海中呈现词语表达的生活场景或画面。想象画面经常被运用于低年级的词语教学中。二年级上册《日月潭》中有这么一句话"清晨，湖面上飘着薄薄的雾。天边的晨星和山上的点点灯光，隐隐约约地倒映在湖水中。"教学时，为了让学生理解"隐隐约约"这个词，我是这样做的。

师：小朋友边读边想象这一段，你好像看到了什么？

（生自由练读。）

生：我好像看到了湖面上飘着薄薄的雾。

生：我好像看到日月潭周围的山，近的地方是绿色的，远一点的地方是蓝色的。

生：我好像看到了山上的点点灯光倒映在湖水中，湖水中也有点点灯光。

生：我好像看到了天上的星星也倒映在湖水中。

师：孩子们有什么疑问吗？

生：老师，"天边的晨星"是早晨天上的星星吗？

师：这个问题提得好。谁能说说自己看到过的星星，帮助解答？

（思考了一会儿。）

生："天边的晨星"是指早晨天上的星星。有一次，爸爸妈妈带我去海边玩，为了看日出，我们起得很早。我看到天渐渐亮起来的时候，天边还挂着星星。

生：我有一次去乡下外公外婆家，早晨很早起来，看到天亮了，天上的星星还挂着。

师：说得太好了！

【评：这是老师引导学生联系自己的生活经验、体验帮助理解词语的过程。】

生：老师，我不知道什么是隐隐约约？

师：这个问题提得非常好。

师：孩子们，清晨的日月潭真美，天边的晨星和山上的点点灯光倒映在湖水中。湖水中的晨星和点点灯光的影子看得清晰吗？你是怎么知道的？

生：湖中的晨星和山上的点点灯光的影子看得不清楚，因为前面说湖面上飘着薄薄的雾。

生：因为湖面上飘着薄薄的雾，所以晨星和山上的点点灯光的影子看得不清楚。

师：那课文中用哪个词形容看得不清楚呢？

生齐：隐隐约约。

师：是的，我们一起来读这段话。想想你能帮"隐隐约约"换个什么词？

（生齐读。）

生：老师，我觉得"隐隐约约"可以换成"模模糊糊"。

生：我觉得"隐隐约约"可以换成"朦朦胧胧"。

师：孩子们，说得太好啦！"隐隐约约"就是"模模糊糊、朦朦胧胧"的意思。下面，我们把"隐隐约约"换成这两个词读一读。

（生第一次换成"模模糊糊"，第二次换成"朦朦胧胧"齐读。）

师：你觉得清晨的日月潭美吗？

生齐：美！

（师指导学生有感情地朗读，读出"隐隐约约"的感觉，体现日月潭清晨的美。）

对"隐隐约约"一词的理解，教师不要学生进行理性的解释，而是赋予学生充满活力的想象空间，让学生通过想象"你好像看到了什么"，然后引导学生结合自己的生活经验，把生活中的经历与脑中想象的画面进行图像意义的相互匹配，从而感性地理解"隐隐约约"一词的意思。特别要强调的是，此处老师的教学不止于此，还让学生给"隐隐约约"换上意思相近的词语，阅读句子，进一步体会理解。最后，还指导学生进行感情朗读，读出"隐隐约约"的感觉，体现日月潭清晨的美。词语的理解教学，层层递进，体现递进式的学习。

二、角色体验

角色体验追求换位思考，让学生以文字描绘中的角色形象进入阅读，代入感强，能够让学生经历角色体验的过程，从而真切理解词句的意思，是"结合生活实际"了解词句意思的一种方式。

苏教版二年级下册《台湾的蝴蝶谷》第二自然段有这样一句话"每年春季，一群群色彩斑斓的蝴蝶飞过花丛，穿过树林，越过小溪，赶到山谷里来聚会。"教学时，我是这样做的。

师：小朋友把自己想象成一只蝴蝶，一边读一边做动作，还要边思考：你在去蝴蝶谷的路上，经过了哪些地方？

（学生自由练读。）

师：可爱的蝴蝶们，一路上，你们都经过了哪些地方？按照句子的意思说。

生：我们一路上飞过了花丛。

生：（迫不及待地）我们穿过了树林，越过了小溪，赶到山谷里来聚会。

这是换位思考、角色体验的过程。低年级学生的思维是形象思维，具有人类童年时代的思维特征，富有诗性。他们能与星星低语，跟花朵对话，同鸟儿欢唱。让学生化身蝴蝶，一下子就进入了情境，吻合了学生的诗性思维，极大调动了学习的积极性，学习热情空前高涨，孩子们把自己放到角色中，体验角色经历的生活体验，对词句的理解会更到位。

三、比较阅读

比较阅读作为非常好的阅读方法，特别适合运用于引导学生体会句子的意思、体会人物的情感、体会句子中用词的准确等帮助朗读。比较阅读范围较广，可以是篇章的、语段的、句群的、句子的、词语的，甚至可以是标点符号的。除了内容阅读外，还涉及文章立意的对比，文章整体谋篇布局的对比，文章结构的对比，文章写法的对比等。低年级最常用的是词语、句子、标点符号的对比阅读。还以《台湾的蝴蝶谷》为例：

师：是吗？那为什么不说成"飞过花丛，飞过树林，飞过小溪，飞到山谷里来聚会"，而说"飞过花丛，穿过树林，越过小溪，赶到山谷里来聚会"呢？

（出示对比句子：每年春季，一群群色彩斑斓的蝴蝶飞过花丛，飞过树林，飞过小溪,飞到山谷里来聚会。师点击课件:"飞过、穿过、越过、赶到"几个词字体变色。)

(生思考了一会儿,纷纷举手。)

生:因为花丛比较矮,所以说是飞过。

生:蝴蝶经过树林时,从树的洞洞中穿过。

师:是这样吗?树林中的每棵树都有"洞洞"吗?

生:不对,蝴蝶是从两棵树中间穿过。如果说成"飞过",那应该从树林上面飞过。

(全场掌声。)

生:小溪里有水,蝴蝶不会游泳,所以是"越过小溪",如果说"穿过小溪",那蝴蝶就淹死了。

生:"赶到"说明蝴蝶谷很热闹,蝴蝶们很着急,赶着去聚会。

师:小朋友说得多好啊!作者这四个词用得多准确啊!这就是语言的魅力!

【评:这个环节就是引导学生品味"飞过、穿过、越过、赶到"四个词语准确性的过程。】

师:蝴蝶们,你们要赶到蝴蝶谷去干什么呀?

生:我们要去蝴蝶谷看望朋友。

生:去唱歌,去跳舞。

生:去跟好伙伴一起玩。

生:去看妈妈。

生:去繁殖后代。

师:这就是课文里说的——(生齐:聚会。)

【评:又是一个引导理解"聚会"这个词意思的过程。】

师:是啊,经过了一个漫长的冬天,现在,我们就要动身了,高兴吗?(生齐:高兴)兴奋吗?(生齐:兴奋)幸福吗?(生齐:幸福)

师:把高兴、兴奋、幸福的心情读出来,自由练一遍。

(生情绪高涨地练读,边读边做起了动作。)

师:咱们一起来试试好吗?(生齐:好!)

(生齐读,读得入情入境,课堂气氛达到了高潮。)

师:下面我们一起来读第二自然段。老师读第一句,小朋友读第二、三两句。

【评:这一步是指导朗读。只提出要求,把高兴、兴奋、幸福的心情读出来,学生可以有自己独到的见解,用不同的语气读。】

语文课程标准倡导教学整合，不倡导对教材内容进行烦琐的分析。在这个教学片段中，我把理解词语意思、模拟动作、换位思考、品味感悟词语以及指导朗读融为一体，整合在一起，形成一个相对完整的教学片段，避免了把教材内容肢解成碎片的做法，让学生学得有兴趣，学得有效果。

四、动作表演

动作表演吻合低年级学生的年龄特点和心理特征，强调游戏精神。动作表演其实是"结合生活实际"了解词句意思的另一种方式。

有些词语，学生只要进行动作表演，对词语的意思便会心领神会。其实，动作表演也可以作为检验学生是否真正了解词句意思的重要方法。

统编教材二年级上册第一课《小蝌蚪找妈妈》，课后作业出现了四个词组"披着碧绿的衣裳、鼓着大大的眼睛、露着雪白的肚皮、甩着长长的尾巴"，题目要求"读一读，用加点的词各说一句话"。教学这几个词组时，可以让学生进行动作演示，帮助了解词语的意思。这个单元的语文要素是"积累并运用表示动作的词语"，语文园地中的"字词句运用"板块也出现了"体会每组加点词的不同意思，选一组演一演"的题目，其中出现了三组意思相近的动作词："迎上去、追上去""穿衣裳、披红袍""甩甩头、摇摇头"。教学时，我把教材进行重组，教第一组"迎上去、追上去"时，在课文具体语境中进行："他们（小蝌蚪）看见鲤鱼妈妈在教小鲤鱼捕食，就迎上去，问：'鲤鱼阿姨，我们的妈妈在哪里？'"引导学生理解小蝌蚪和鲤鱼妈妈一定是面对面的。当鲤鱼妈妈告诉他们，他们的妈妈四条腿，宽嘴巴，随后"他们看见一只乌龟摆动着四条腿在水里游，连忙追上去，叫着'妈妈，妈妈！'"，这里，要引导学生读懂小蝌蚪是因为鲤鱼妈妈的指点，而把乌龟误认为是自己的妈妈了，所以才会看见乌龟妈妈就"追上去"，结合图画阅读，明白小蝌蚪在后面，乌龟在前面。只有引导学生读懂了"迎上去、追上去"角色方位的不同，方能真正了解这两个词意思的不同。

"穿衣裳、披红袍""甩甩头、摇摇头"也只有通过动作表演，才能体现意思的不同，同时也可以检验学生是否真读懂了。教学"他们游到荷花旁边，看见荷叶上蹲着一只大青蛙，披着碧绿的衣裳，露着雪白的肚皮，鼓着一对大眼睛"时，让学生看图阅读，并通过动作表演，理解带点词语的意思。其中引导理解"披着碧绿的衣裳"时，把语文园地一"字词句运用"板块的第一题"体会每组加点词的不同意思，选一组演一演"中的"穿衣裳、披红袍"切换在这里进行。

（师组织全班学生表演动作"穿衣裳""披红袍"。）

师：现在，你能用自己的话说说"穿"和"披"的不同了吗？

生：（兴奋地）"穿"是手要套进去，"披"是手不能套进去。

生："穿"是手要伸到袖子里去，"披"是手还露在外面，衣服是披在身上的。

（师拿出一件衣服，请一位小朋友上台表演"穿"和"披"的不同。）

师：现在，谁能用"披"说一句话。

生：爸爸披着一件衣服，在客厅里走来走去。

生：妈妈披着一件睡袍，坐在沙发上看电视。

生：天冷了，我披着一件大衣在看书。

师：除了披衣服、披睡袍，还能披什么呢？

生：下雨了，妹妹披着一件雨衣在踩水。

师：很好！

师：小朋友刚才说的都是指人的活动，能不能说说别的，比如动物、大自然。

生：超人披着一件大红长袍飞来飞去。

生：企鹅披着一件黑袍子，在雪地里走来走去。

生：秋天到了，黄叶纷纷落下来，就像给大地妈妈披上了一件黄色的衣服。

生：春天到了，春姑娘给大地妈妈披上了一件五彩缤纷的衣裳。

师：说得真好啊！让老师的眼前浮现出世界上最美好的画面。谢谢你们！

【评：看，孩子们用最动人的语言描绘自己对词语"披"的理解，他们是天生的诗人。这里，孩子的回答与"冰雪融化后是春天"有异曲同工之妙。】

组织全班学生进行动作表演，面向全体，让所有学生都有体验。教师不仅让学生进行动作表演，还用动作词练习说话，检验学生对"披"的理解是否到位，是更进一步的理解词语教学。

五、联系上下文

联系上下文理解词语是低年级语文教学中最经常用到的方法。教学时，要引导学生在阅读的时候展开想象，注意前后文本之间的联系，注意信息的勾连，链接文本与文本之间互相解释的通道，建立新旧知识之间的桥梁，达到理解新词的目的。统编教材二年级上册《葡萄沟》第二自然段写道："葡萄种在山坡的梯田上。茂密的枝叶向四面展开，就像搭起了一个个绿色的凉棚。到了秋季，葡萄一大串一大串地挂在绿叶底下，有红的、白的、紫的、暗红的、淡绿的，五光十色，美丽极了。"教学理解"五光十色"这个词语的意思，我是这样做的。

师：（点击屏幕：出示语段）孩子们，这里有个词"五光十色"，是什么意思呢？我们联系上文读一读。

师：我们先读第二句和第三句，一边读一边想象情景：你好像看到了什么？

生：我好像看到葡萄的枝叶很茂密，就像搭起了一个个绿色的凉棚。

生：我好像来到了绿色的凉棚底下，好凉快啊！

生：我看见枝叶非常茂密，把阳光都给遮住了。

生：我好像看到好多葡萄挂在绿叶底下，有红的、白的、紫的、暗红的、淡绿的。

生：我看到这些葡萄是一大串一大串的。

生：我觉得这里的葡萄特别多。

生：红的、白的、紫的、暗红的、淡绿的葡萄，一大串一大串，眼睛都看花了。

生：我好像看到了好多颜色的葡萄。

师：小朋友想想，这些葡萄长得这么好，阳光照在上面，会怎么样？

生：好像会闪闪发光。

生：葡萄好像会发出亮光。

师：这么多的葡萄，颜色这么鲜艳，好像还会发出亮光，作者用了什么词来形容？

生：五光十色。

（生自由练读第三句。）

师：孩子们，我们刚才是怎么读懂"五光十色"这个词语的意思的？

生：我们读了前面的句子。

师：那你们能总结，说说这种理解词语的方法吗？

生：我们以后碰到不懂的词语，可以读前面的句子来理解。

生：我们要理解一个词语的意思，可以读一读前面的课文，想一想就知道了。

师：（结合屏幕语段）是的，刚才我们是读了词语前面的句子，理解了"五光十色"的意思。有时候，我们也可以联系后面的句子、段落来理解词语。这种方法我们称为联系上下文理解词语（屏幕出示：联系上下文理解词语，生齐读）。

这里，教师引导孩子们通过读上文，不仅理解了"五光十色"的意思，还总结了这种理解词语的方法。从具体的词语理解经验入手，到总结出理解词语的语文知识，是孩子们自己一步步建构起来的。

六、联系语境

联系语境理解词语是在具体的语言文字环境中，根据句子表达的意思，意会词语的意思，因为词语的意思往往就藏在句子的意思中。二年级上册语文园地四"字词句运用"板块第二题，设置了"你能说出加点词语在句中的意思吗"的练习，之后是三个句子"八路军隐蔽在山里，敌人很难发现。""去还是不去？小明拿不定主意，感到很烦恼。""那美丽如画的山水，怎能不令人流连忘返？"教学时，我是这样做的。

师：孩子们，有些句子的意思就藏在句子当中，你们要学会仔细思考。下面这道题（出示题目），你能说出加点词语在句中的意思吗？先读一读吧！（学生齐读）

（个别学生读完马上举手。）

师：仔细思考后的回答更精彩。

（思考片刻后）

生1："隐蔽"就是说八路军藏在山里，不让敌人发现。

生2："隐蔽"就是说八路军躲在山里，敌人很难发现。

生3："隐蔽"就是埋伏。

生4："隐蔽"就是躲避，不让敌人发现。

生5："隐蔽"就是隐藏。

生6：就是说八路军在山上跟敌人捉迷藏，不让敌人发现。

生7："隐蔽"就是说八路军潜伏在山里。

生8：就是说八路军躲藏在山里，不让敌人发现。

师：孩子们，你们说得多好啊！你们说的就是"隐蔽"的意思。

【评：听，"八路军在山上跟敌人捉迷藏，不让敌人发现。"这是孩子稚嫩诗意的理解和诗意的高超表达，童真童趣跃然纸上。】

师：第二句中的"烦恼"是什么意思呢？

生1：是说小明不知道自己是去还是不去，感到很为难。

生2：去还是不去？小明想不出来。

生3：小明不知道是去还是不去，感到头疼。

生4：小明想不出来，感到不耐烦。

生5：小明感到脑子很乱。

生6：到底是去还是不去呢？小明感到脑子里全是"糨糊"。

（生大笑。）

生7：小明感到很烦。

生8：小明感到很苦恼。

生9：小明感到自己的脑子都要"爆"了。

（生大笑。）

生10：小明感到很苦闷。

生11：小明感到很焦急。

生12：小明觉得自己脑子里全是问号。

生13：小明感到头昏脑涨。

生14：小明一定是抱着头、跺着脚的。

师：哎呀，孩子们，你们对"烦恼"的意思理解太妙了。你们说得这么好，老师的"烦恼"都消失啦！谢谢小朋友！

【评：看，孩子们不仅理解了词语，还把词语描绘的画面都说出来了。】

师：能说说"流连忘返"的意思吗？

生1："流连忘返"就是说这儿玩玩，那儿玩玩，都忘记返回了。

生2："流连忘返"就是让人不想回去了。

生3：就是说这里的山水很美，美得跟画一样，都想住在这里了。

生4：就是说一头栽在这里，不想回去了。

生5：好像这里就是花果山，我们都是孙悟空，住在这里都不想出去了。

生6：就是说这里的山水太美了，想不出词来说了。

生7：就是如果做梦，一定会梦到这里的一切。

生8：就是说回去以后，会一直想着这儿的美景。

师：真好！你们是世界上最聪明的孩子！

这是孩子们对这三个加点词语的理解，说得准确到位，我们不得不叹服孩子对词语意思的表达！我不禁感慨：孩子是大人的老师！让大人表达对这三个词语的了解，不一定能说得比孩子更生动更形象。

低年级理解词语的方法还有很多，比如看字面猜、练习说话、看图、查字典等，教学时要根据具体语境采用适当的方法，更重要的是鼓励学生用自己的方法理解词语的意思，因为学习方法永远比只学习知识更重要。

"梦想剧场"里的课本剧^①
——《小狐狸卖空气》教学实录及评析

前提：

1. 学生理解、朗读完课文；

2. 把学生分成程度较均衡的四个大组，围坐成四个大圈，并选好组长。

道具：

"小狐狸"头饰、"医生"帽、"老奶奶"拐杖、葫芦、桌子。

【引子】

师：欢迎小朋友来到"梦想剧场"（屏幕出示）做客。今天，我们把《小狐狸卖空气》这篇课文搬上梦想剧场的舞台，咱们自编、自导、自演。小朋友，愿不愿意啊？（愿意。）

［评：课始就把学生带进"梦想剧场"的氛围中，吻合了低年级学生表现欲极强的心理特点。孩子们个个瞪大了眼睛，兴趣盎然、跃跃欲试就不足为怪了。

教师幽默的语言，把学生逗乐了；简要的交代，提高了学生浓浓的读书兴趣，体现了语文课"读"的特点，同时为学生导好、编好、演好课本剧创造了条件。］

【场景之一】

1. 师：小朋友们先自由轻声读第一至三自然段，边读边想该怎么演。然后，组长选出一个小朋友当"小狐狸"，一个小朋友当"医生"，其他小朋友当高

---

①　本文发表于《新作文·小学教学》2003 年第 001 期（创刊号）．

楼、汽车和城市里得了病的居民。先在小组里表演，待会儿老师请你们上台表演。

[评：要提高小组合作学习的有效度，一定要有必要的分工，才能赋予小组学习以真正的意义。没有必要的分工，就没有真正的小组合作。此环节正关注到了这点。]

2. 学生自由读课文，分小组自由练习表演。教师巡视、参与。

3. 小组汇报：

（该组组长俨然像个"大导演"，把"演员"按照自己的意愿安排在了适当的位置：她把小狐狸头饰往自己头上一戴，选了一名"小演员"当医生，给他戴上了医生帽，坐在"诊所"里等待"病人"的到来。接着她又选了两名"小演员"当汽车，四五名"小演员"一动不动，向上高高举起小手当高楼。其他几名"小演员"当城市里得了空气污染过敏症的居民。只见"汽车"很有秩序地在大楼间的"大街"上"行驶"着，"居民们"皱着眉，不停地捏捏鼻子，摸摸嗓子，一副痛苦的样子。）

小狐狸：（在"大街"上走着，东瞧瞧，西望望）哇！这么高的楼，这么多汽车，都是我从来没见过的。（她继续走着，皱着眉头，一会儿摸摸喉咙，发出几阵咳嗽声，一会儿捏捏鼻子，嘴里咕哝着）这几天怎么搞的，鼻子痒痒的，嗓子干干的，浑身不舒服。

医生：是吗？请把手伸出来。（"医生"做出给小狐狸把脉的样儿）噢，你得了"空气污染过敏症"。

小狐狸：那我怎么办哪？

医生：你只要天天呼吸新鲜空气，病就会好的。

小狐狸：噢，是这样。那谢谢您了，医生。再见！

医生：再见！

（教室里爆发出一阵热烈的掌声。）

[评：看，孩子们对课文内容理解得多么透彻！这就是从我们的一年级学生口中蹦出来的鲜活的语言。这哪是课堂，这简直就是孩子们自己的生活！这是多么美妙的"创造"，孩子们的这出戏简直太精彩了！它使我们受到很大启示：我们真该把又臭又长的"烦琐的分析"扔进"垃圾桶"中去。]

【场景之二】

（教师表扬学生演得好，演得活，夸学生书读得认真。要求学生读第三至六自然段，选出"小狐狸""老奶奶"；在小组中演一演这三个自然段。）

小狐狸：（一路高兴地蹦着）噢，回到深山老家啰！（做猛吸空气的动作）哇！真新鲜。咦，嗓子不干了，鼻子不痒了，看来，医生说的一点儿没错。（愣了一下，仿佛发现了新大陆似的，摸着后脑勺）嗯！我为什么不把这深山里的空气运到城里去卖呢？我得想个办法把这些空气运到城里去！（踱着步，眉头锁了一阵，突然眉头舒展开来，高兴地跳着拍掌叫道）有了！（期间他拿来了一个"大葫芦"把新鲜空气装进去，又盖上盖子，背着葫芦一路走出了深山。）

小狐狸：（大声叫卖）卖空气啰！卖空气啰！新鲜的空气好便宜哟，一葫芦才十块钱！我的新鲜空气能治好空气污染过敏症，大家快来买呀，晚了就买不到了！

老奶奶：（喘着气，弓着背，拄着拐杖走来）小狐狸。能卖便宜点儿吗？

小狐狸：老奶奶，那七元钱一葫芦卖给您吧！您把我的新鲜空气拿回去试试，如果有效果，您再来付钱。

老奶奶：好，好，好！（吸着"新鲜空气"，脸上露出笑容。一路走到小狐狸卖空气之处。）小狐狸，吸了你的新鲜空气，我的哮喘病好多了，我要把这个好消息告诉大家。（转向"市民"，乐呵呵地）大家快来买小狐狸的新鲜空气啊，它治好了我的哮喘病。

（市民叽叽喳喳地围住小狐狸，小狐狸叫大家排队购买空气。过了一会儿）

小狐狸：对不起，今天的空气卖完了，请大家明天再来买吧。（居民们散去。只见小狐狸坐在写有"新鲜空气专卖店"的店铺里。市民们排着队争相购买新鲜空气。）

［评：孩子们的创造力再次得到了淋漓尽致的发挥，连大人都有"自叹弗如"之感。可见，表演课本剧是多么吻合低年级学生的心理。］

【场景之三】

师：（成为市民的一员）市民们，大家天天这样排着长队去买新鲜空气也不是一回事。咱们还是去问问小狐狸，她的空气是从哪儿来的吧。

师：（转向小狐狸）小狐狸，你的新鲜空气是从哪儿来的呀？

小狐狸：从深山里来的呀！

师：为什么深山里会有那么多新鲜空气呀？

小狐狸：因为我深山老家有很多花草树木，它们自己制造新鲜空气，所以深山里才有吸也吸不完的新鲜空气。

师：（转向市民）市民们，我们要得到新鲜空气，该怎么办呢？

市民甲：搬到深山里去住。（师：是个好办法！）

市民乙：我们自己在城市里种上花草树木。（师：这个办法更妙！）

师：对呀！那就让我们全体市民行动起来，种上许许多多的花草树木吧！

（全体学生纷纷做出种花草树木的动作：有的拿铲子铲土，有的扶树苗，有的埋土，有的浇水……）

小狐狸：（依旧坐在店里，大声叫卖着，可一个"买主"也没有。她有气无力地）哎，都好长一段时间了，怎么连个人影都没有呀？真扫兴。看来我只好关门了。（做了一个关门的动作）

师：小狐狸，告诉你，现在在城里人们种上花草树木，他们也有新鲜空气了。没人买你的空气了，你今后打算怎么办呢？

小狐狸：那我就住在城里吧！因为现在这里也能呼吸到新鲜空气了。

师：小狐狸，欢迎你成为我们中的一员。（掌声）

［评：教师把自己变成"梦想剧场"中的一名演员，融进表演当中，多么自然、恰当！

"人们为什么不再买小狐狸的空气"这是课文的难点，在这个场景中，教师通过扮演"市民"机智地"采访"小狐狸，通过小狐狸之口道出了原因，多么巧妙！这教学安排真是"天衣无缝"啊！］

【场景之四】

教师把全班小朋友进行分工后共同把整场戏排演一遍。

【落幕】

师：今天，小朋友们演得太精彩了！现在，"梦想剧场"要落幕了，欢迎小朋友们下次再来做客！

巧设悬念·突出重点·激发感情①

【教例】人教版四年级《再见了，亲人》

师：（板书：亲人）同学们，一起读读这两个字。

（生齐读）

师：说说你有哪些亲人。

生：爸爸、妈妈。

生：爷爷、奶奶。

生：姑姑、姨姨。

……

师：这些都是跟你有血缘关系的人。那么，什么样的人才能称为"亲人"呢？

生：在生活中，有血缘关系的人才能称为"亲人"。

师：那么，从血缘关系上来看，朝鲜人民是不是中国人民的"亲人"？

生众：不是。

师：可是，今天我们要学的《再见了，亲人》（边说边板书：再见了）这篇课文，却把朝鲜人民当作了我们中国人民至亲至爱的亲人，这到底是为什么呢？

师：同学们，1950年，美帝国主义发动了侵略朝鲜的战争。中国应朝鲜政府的请求，做出"抗美援朝，保家卫国"的决策，迅速组成中国人民志愿军，奔赴朝鲜战场，与朝鲜人民军一起并肩作战，终于打败了美帝国主义。随后，中国人民志愿军分批撤出朝鲜。1958年，最后一批志愿军离开朝鲜回国。今天，就让我们穿过长长的时空隧道，回到四十年前的朝鲜，去感受一下中国人民志愿军跟朝鲜人民依依惜别、难舍难分的动人情景吧！

---

① 本文发表于《小学语文教师》1999年第8期，有改动。

……

【评析】

俗话说："好的开头是成功的一半"。一个好的开端，往往能收到事半功倍的效果，一堂课也不例外。本教例有三点颇有新意。其一，巧设悬念。先让学生说出你有哪些亲人，接着让学生从感性上升到理性，归纳出"亲人"的定义，最后来个启发学生思考的反诘。随之引出课文题目，设置悬念，激发学生急于从课文中寻找答案的热情与兴趣，充分调动了学生的参与意识。其二，突出重点。引出题目，设置悬念，处处突出"亲人"一词，这就为理解课文内容打下了基础。同时，也为本组课文重点训练项目即练习概括中心思想做了铺垫。其三，激发感情。教者用一段充满感情的话语介绍课文的历史背景，调动学生的内在感情，让孩子们准备用"心"去感受体验课文所描绘的"情"，这样，就给整堂课定下了基调。

浅谈语文综合实践活动课学生创新意识的培养①

素质教育的核心是培养学生的创新意识和创新能力。语文综合实践活动课也应非常重视学生创新意识的培养。下面结合二年级的语文综合实践活动课《小帆船》，谈谈自己的浅见。

一、明确目标，诱发创新兴趣

让学生明确活动目的，知道本节课要求达到的目的，这是语文综合实践活动课教学的首要环节。上课伊始，教师若能把诱发学生创新意识的思想贯注于心，把潜藏于学生内心深处的创新兴趣诱发出来，就给学生创新意识的培养定下了很好的基调，学生自始至终都会乐于创新，时时有新问题、新发现。如《小帆船》一课，教师就可以充满激情地叙述："同学们，大家都看过电影、电视中美丽的海面上飘动的帆船吧！今天我们自己动手做小帆船，自己来放航，高兴吧？老师这儿有一只火柴盒小帆船和一只硬泡沫塑料小帆船。（展示在讲台上，并简要介绍所用材料及做法：用火柴盒中间夹入橡皮泥或底面粘上铁垫圈的硬泡沫塑料做船身，用竹丝做桅杆，白纸做帆。）请同学们用自己带来的材料做一做这两种小帆船。老师最喜欢的是和老师做得不一样的小帆船，看谁爱动脑筋，用你的智慧赢得老师和同学们的掌声！"这段开场白既使学生懂得了这节语文综合实践活动课的目标——制作小帆船，又把学生的创造欲望和热情充分调动了起来。

二、自主设计，激活创新思维

根据活动目标，引导学生自主选择活动内容和活动形式，并留给学生一定的思考时间，启发学生进行设计、构思，在头脑中形成作品的模型，这是语文

---

① 本文发表于《福建教育》2000 年第 10 期，有改动.

综合实践活动课教学的第二个环节。这个环节极为重要，因为"磨刀不误砍柴工"，要使自己的作品富有创新精神，思考比动手更重要。首先，教师要使学生明确此环节的重要性，让学生不急着动手做，先动脑思考。其次，教师要用平和的态度、亲切的语言、商量的口吻给学生提示思考的方向，让学生思考时不至于无从下手，或给学生提一些建设性的新点子、建议，给学生以引导、启发，促使学生的创造思维始终处于活跃状态。《小帆船》一课，教师就可以这样说："老师讲台上的两只小帆船是用火柴盒、硬泡沫塑料、白纸、竹丝、橡皮泥、铁垫圈等材料做的，你能不能用别的材料也做一只小帆船，并且给它起个好听的名字呢？"以此来启发学生从多角度思考，激活学生的创新思维。

三、自主活动，实现创新价值

让学生根据自己的设计和思考，动手操作，自主活动，变"头脑中的作品"为"现实中的作品"，是语文综合实践活动课教学的第三个环节。在这个环节中，教师要引导学生人人参与活动，人人动手操作，在"全员"动起来的同时，将动手、动脑、动眼、动口、动耳相结合，让学生"全程"动起来。对操作过程中新发现的问题，学生独立思考，并尝试解决，也可以同学之间相互切磋，培养团结协作的精神。一句话，这个过程是让学生用作品来体现创新意识价值的过程。有了第一、二环节的充分准备，学生自主完成富有创意的作品并不是很难。《小帆船》一课，从后来学生完成的作品来看，学生创新意识、创新精神得到了很好的体现。有的同学用硬泡沫塑料做船身，用彩色蜡光纸做帆，帆的形状富有变化，做出了更漂亮精致的作品；有的同学用硬泡沫塑料做船身和帆，做出了与别人不一样的小帆船；最有趣的是有个同学在船身上加上了用硬泡沫塑料做的两个三角形，老师问他这是什么，他的回答让出乎意料："我也不知道这是什么，反正我觉得船身光溜溜的不好看，要加上个东西才好看一些。"创新兴趣的诱发，创新意识的激活，使他小小年纪，凭着自己的直觉，已经懂得了该怎样利用空间，使自己的作品在结构美方面胜人一筹。

四、评价总结，体验创新乐趣

引导学生对自己的活动做出自我评价，并让同学相互鉴赏活动成果，或者教师对学生的活动成果从个性发展、心理品质等方面做出评价，这是语文实践活动课教学的第四个环节。在这个过程中，教师要特别重视对富有创造性的作品给予热情的肯定、评价，因为教师的肯定、评价会让这些学生信心倍增，不仅得到极大的喜悦与满足，还能无形地鼓励他们以更大的热情投入下一次的创新活动中，这样以后活动的创新兴趣也被调动起来了。如此良性的循环往复，学生的创新精神一定能得到最大程度的发挥。

五、练习说话，发展语言能力

语文综合实践课最后还是要回到发展语言上来。教学的最后环节应该让学生在实践活动的基础上，练习说话。可以让学生分三步说，先说准备了哪些材料，准备做什么；接着说自己是怎样一步一步做起来的；最后说自己做的小帆船是什么样的，或者自己的心情，同学对小帆船的评价等，做到说的时候有条理。在生生互说、互相欣赏中提高说话的能力。

教学论述——表达范本教学

表达范本教学的注意点

范本,《现代汉语词典》解释为"可做模范的样本"。福建省宁德市小学教研室语文教育专家许发金老师认为,"范本"在语文课程教学中指儿童学习祖国语言文字运用的典范性文本及其指涉的练习系统。统编语文教材单元中的练习系统,就能体现这些典范性文本的模范性。只有解决好练习系统,让单元语文要素软着陆,学生的语文素养才能得以提升。

"表达范本"在语文课程教学中指学生学习运用语言文字进行表达的典范性的文本及其指涉的练习系统。在统编教材中,"表达范本"集中体现在习作单元,其编排体例与普通阅读单元有所区别,由"课文、课后练习(或阅读提示、旁批)、交流平台、初试身手、习作例文、习作"等几个板块组成。习作单元围绕单元语文要素,希望学生通过单元中各个板块的学习,从作家的典范性表达中学习习作表达,提升习作素养。基于编排体例的不同,我们在教学表达范本习作单元时要注意与普通阅读单元区别开来。

一、认识表达范本功能性

表达范本的编排,从小学阶段三年级开始,每一册的着力点都不同:三年级上册围绕"观察",三年级下册围绕"想象";四年级上册凸显"记事",四年级下册凸显"绘景";五年级上册重在"状物",五年级下册重在"写人";六年级上册聚焦"立意",六年级下册聚焦"抒情"。

表达范本单元的编排思路是"由读到写,读写结合",其功能很明确——教学生写习作。单元语文要素都有两个,一个阅读要素,一个表达要素,即使是阅读要素,也是为了实现表达要素目标设立的。这就说明,教学时需要从"内容感悟"转向"言语表达",表现在两方面:

(一)目标指向不同

普通阅读单元与表达范本单元内容指向的教学目标是不同的。

以三年级上册第四单元"预测"为例，《总也倒不了的老屋》课后习题或旁批，有的指向感悟文本内容："老屋给你留下了什么样的印象？联系插图和课文内容说一说"；有的指向"预测"过程："一读到这句话，我就知道，一定又有谁来请老屋帮忙了"；有的指向"预测"方法："我发现，文章的题目、插图，文章内容里的一些线索，都可以帮助我们预测"。这些内容都指向"阅读"。表达范本单元语文要素明确规定了单元的目标：学习写一篇习作。围绕单元语文要素，每板块的内容，都直指"表达"，指向表达过程和方法，指向语言文字运用。即使是单元内的表达范本——名家名篇，也是用来引领学生学习表达的。比如三年级上册表达范本集中在第五单元，单元语文要素有"体会作者是怎样留心观察周围事物的。仔细观察，把观察所得写下来。"两点。单元内的选文是作家郭风的《搭船的鸟》和苏联普里什文的《金色的草地》，一篇中国的，一篇外国的，一篇写动物，一篇写植物。《搭船的鸟》课后作业有"读课文，想想作者对哪些事物作了细致观察，说说你是从哪里看出来的。"和"读下面这段话，注意加点的词语，想象翠鸟捕鱼的情景"。《金色的草地》课后作业有三道题："朗读课文，一边读一边想象课文描写的场景""仔细读读第3自然段，把下面的内容补充完整，体会作者观察的细致""只要我们稍加留意，就会发现事物是变化着的。如，向日葵会随着太阳转动，含羞草被触碰后会'害羞'地低下头……你留意过哪些事物的变化？和同学交流。"这些作业设置的目的是引导学生通过阅读名家经典，明白"留心周围的事物，我们就会有新的发现""细致的观察可以让我们对事物有更多更深的了解"。之后，化作行动，一是留心周围事物，二是细致观察周围事物。最后的目的是希望学生能把阅读中体会到的、学到的写作知识，结合自己的细致观察，运用到自己的习作实践中，完成本次单元习作"我们眼中的缤纷世界"。

（二）感悟方式不同

从普通阅读单元和表达范本单元中旁批、阅读提示、课后作业题的设置，可以看出其感悟方式的不同。如四年级上册第四单元是神话故事单元，单元里四篇课文《盘古开天地》《精卫填海》《普罗米修斯》《女娲补天》的阅读提示或课后习题，分别提出了"边读边想象画面""朗读课文"或"默读课文"的要求，《精卫填海》还要求"背诵课文"。而第五单元的表达范本单元——习作单元只有《麻雀》提出了"朗读课文""找出相关句子读一读"的要求，《爬天都峰》《我家的杏熟了》《小木船》三课都没有类似的要求。这说明，普通阅读单元把"读"作为学生感悟文本内容的主要方式，通过朗读、默读，想象画面，或内化文本语言，或复述故事，或说说感悟，或通过朗读表达自己的理解，等等。表达范本单元阅读感悟的方式更多由"朗读默读"转向"思考体会"。

由此可见，指向表达的习作单元的范本教学，主要功能是引导学生从阅读中感悟"怎么表达"，以"怎么表达"为靶心，让学生习得写作知识和表达方法，并尝试把它运用于自己的习作体验，朗读训练、生字词教学等，不再作为重点，可以做略处理。

二、改变教学行为方向性

基于表达范本的这种"助力学生表达，提高习作素养"的功能性，我们的教学需要实现从"教内容感悟"到"教言语表达"的转身，从关注作者"写什么"转向关注作者"怎么写"。比如三年级上册表达范本单元《搭船的鸟》，教学时就不能只停留在"内容感悟"上，只引导学生理解作家写了翠鸟外形的哪些方面，翠鸟是怎么捕鱼的，而应该把视角转向作家是怎样描写翠鸟外形的，是怎样描写翠鸟捕鱼的动作敏捷的。教学时，让学生沉浸到文字的深处，想象翠鸟"美丽"的样子，体会作者写了翠鸟的羽毛、翅膀、长嘴，是抓住颜色写的。接着，出示翠鸟图，让学生仔细观察，并说说观察到了什么。根据学生说的，教师用相机出示翠鸟每一部位的羽毛颜色，引导学生再读语段，比较我们的观察和作者的观察不一样的地方。学生发现我们观察到的是翠鸟每一部位的羽毛颜色，而作者只写了翠鸟身上羽毛最鲜艳的地方，没有写所有部位的羽毛，还和鹦鹉进行了对比。教师引导学生思考"作者为什么要这样写"，之后发现作者写翠鸟的外形只写三处的羽毛，还和鹦鹉做比较，是为了突出羽毛的"鲜艳"，鲜艳的就最突出，突出的就是"特点"，作者正是抓住翠鸟的特点来写它的外形。这是初识"特点"。

紧接着，为了强化对"特点"的认识，可以引出菁莽的《翠鸟》，让学生通过比较阅读，再次明确什么是"特点"，写事物一定要抓住事物的特点写，而不是什么都写。教师还可以出示自己写小动物的下水文，比如鹦鹉（注意内容：外形、学舌），再次让学生感悟什么叫"抓住特点"写，并让学生说说如果让他们写鹦鹉，准备写什么。这样，学生对"特点"一词的理解层层递进，渐渐深入，具体、到位、深刻，转化成写作知识。这种细化的写作知识才能助力学生表达实践和习作素养的提升。教学翠鸟捕鱼语段时，紧紧抓住课后练习第二题"读下面这段话，注意加点的词语，想象翠鸟捕鱼的情景"，先让学生自由读，展开想象，再看视频，引导学生体会作者是怎样用语言文字来表现翠鸟捕鱼动作敏捷的。学生通过潜入式阅读范本，感悟到作者除了运用表示动作的一连串连续性动作词，还运用了表示速度快的词语"一下子、没一会儿、一口"来表达翠鸟捕鱼动作的迅速敏捷。接着，再引导学生体会这几个动作词的顺序，感受词序的重要性。最后，让学生通过换词，比较阅读，体会作者用词的准确性。

　　教学《金色的草地》时，除了要"朗读课文，一边读一边想象课文描写的场景"，更重要的是"要体会作者观察的细致"以及"留意事物的变化"，体会作者是如何细致观察，又是如何把自己细致观察到的草地颜色的变化通过语言文字表达出来的。学生通过深入阅读范本，悟出作者不仅做了长时间的细致的连续性的观察，观察到草地颜色的变化，还通过打比方的表达方法，把草地颜色变化的原因写得可感可触，表达了自己对自然的喜爱。

　　表达范本教学，要立足单元整体，对单元中的每一个板块内容进行整体解读，厘清每个板块内容的定位与功能。然后分步实施，精准施教，把每个板块，尤其是每篇范本的作用发挥出来，盯住远方的目标——练习表达完成习作，然后开步走，争取每一个脚印都坚实。只有这样，表达范本教学的语文要素目标才能真正实现软着陆。

观察习作三部曲

　　语文课程标准在第二部分"课程目标与内容"第二学段关于"习作"中写道"观察周围世界，能不拘形式地写下自己的见闻、感受和想象，注意把自己觉得新奇有趣或印象最深、最受感动的内容写清楚。"这说明：孩子们第一学段以童话为主的幻想式类似人类童年的诗化思维已经悄悄地发生了改变，他们开始更加关注周围的现实世界，不再一味沉溺于想象的幻境中。所以，教师在引导时要特别关注孩子身边的生活。三年级上学期的第一次习作就是写日记，要求孩子们写自己看到的、听到的、想到的，这是二年级写日记的延续，体现教材的学段衔接，同时提醒老师们应该引导孩子们开始关注自己周围的世界。因此，观察习作就成为第二学段习作指导的主流。

　　观察，汉语词典是这样解释的：细察事物的现象、动向。这里有一个需要特别注意的词：细察。细察就是仔细地察看，其内涵就包括有目的地察看。因此，观察就是有目的地察看事物的现象和动向。在教学过程中，我们经常会看到有许多孩子对身边的事物熟视无睹，把漫无目的的看与观察等同起来，实际上，这是错误的。教师应引导孩子们随时"睁开自己的双眼"，养成有目的的细察周围事物的习惯，这样才能为自己的习作素材打下坚实的基础，需要时才能随时从记忆库中调出来。

一、观察的内容——抓住重点

　　那么，怎样进行观察呢？首先，对观察的事物要有个大概的了解。观察人物时，应对这个人的年龄、身材有个总体的把握；观察动植物时，对动植物的整体外形有个大概的了解；观察风景时，对风景有个大体的印象……总之，了解概貌是第一步要做的。其次，在总体把握、了解的基础上，要一部分一部分仔细地观察。观察时应抓住重点，不要眉毛胡子一把抓。第一眼看过去印象最深刻的、感受最深的地方就是重点。

　　比如观察一个人，这个人长相令你印象最深刻的是哪个部位，你就要重点观察那里，而不是面面俱到，每个部位都仔细观察。这个人眼睛特别有特色，那个人鼻子最有趣，你就要仔细观察这些部位，而非眉毛、眼睛、鼻子、嘴巴、耳朵一个都不落下。

再如观察植物时，它的哪一部分令你一眼难忘，是根，是干，是枝，是叶，还是花果，你就要仔细观察那一部分。桃花在阳光中绽开笑脸，自然是花最美；柳枝在风中随风舞蹈，自然是枝叶最动人……

总之，做到观察时有详有略，写作时才能具体描绘、勾画有致。

二、观察的顺序——有条不紊

观察的重点确定下来，接下来要做的就是一部分一部分仔细地观察。进行部分细致观察时，一定要注意按照一定的顺序，做到有条不紊。没有顺序，给人的印象就是一团糟，就像打结的麻绳，理也理不清。一般来说，观察时先整体后部分，观察部分时又要按照一定的顺序，这样写起来也就给人很有条理的感觉。

例如观察人物时，先总体观察这个人的年龄、身材、长相给人的总体印象，然后仔细观察长相。观察长相时又按照从上到下的顺序进行，脑袋、脸庞、发型、额头、眉毛、眼睛、鼻子、嘴巴、牙齿、耳朵，再结合重点观察的部分，为有顺序的写打下坚实的基础。

观察动物，先观察它的大小、全身的毛色等总体的部分，再按照脑袋、耳朵、眼睛、鼻子、嘴巴、四肢、尾巴的顺序，把自己观察到的写清楚。

观察静物，先观察它的大小、总体的形状和颜色，再分部分按一定顺序做细致地观察。观察静物时，有时还要观察它的内部构造。

总之，顺序是一定要遵从的。有了顺序，文章就有了条理，就有了经脉，读起来才让人感到舒服。

三、语言的表达——干净明了

抓住了重难点，又按照一定的顺序观察之后，就要用自己的语言把观察到的有条理地写下来。写的时候要求用纯正、规范、地道的语言表达。什么是纯正、规范、地道的语言呢？我给学生打了个比方——"纯净水"。纯净水之所以称之为"纯净水"，是因为它不含杂质，很纯又干净。那么，我们表达时也尽量要用纯净的语言来表达，争取做到不添一字，不漏一字，写出来的句子让所有说普通话的人都看得懂。古田县是方言区，讲普通话时会受到方言的干扰，经常出现一些不规范的语言。我经常在学生的习作中看到只有我们本地人才看得懂的语言，这种语言其实有很多语病，存在这样那样的"杂质"。比如学生经常会写某个人"他（她）长得不高也不矮"。我把句子读给学生听，一听，他们就听出了毛病。那么，这句话该怎样说才规范、地道、纯净呢？经过推敲，学生明白了该写成"他（她）个子中等"或"他（她）长着中等个子"。再如，"她喜欢穿着一件红色的外衣。"乍一看，这句话好像没有语病，但一读，孩子们就听出了毛病。实际上，应该删掉"着"字，改成"她喜欢穿一件红色的外衣。"所以平时的评改中，老师要经常把这些典型的有偏差的语言案例分析给学生听。因为经常听，学生就会形成一个意识：我要写出不让人笑话的句子！有了这样的意识，学生就会督促自己往语言纯净的路上走。经过一段时间的锤炼，语言水平就会有一个大改观。现在，班上学生经常会写出这样的句子："他（她）的性格非常开朗，成天嘻嘻哈哈的。""他（她）的学习成绩非常好，上次考试，光数学就拿下了全班第二。"看着这样的句子，教师会倍感欣慰。

俗话说：文章不厌百回改。好文章是改出来的。写完后，让孩子们大声地读给自己听，练习"听"作文的能力。而"听"句子毛病的能力，是改文章的重要方法，应让孩子们在习作的过程中习得这个方法，最终自能作文。

浅谈低年级写话教学

一、低年级写话教学以"趣""易"为基点

人教版小学语文二年级上册第四单元的写话练习是看图写话，画面上呈现的是猴山图，图中的猴子们各具神态：有的爬到高高的猴山上，翘首望着来动物园游玩的游客；有的抱着游客扔过来的食物津津有味地品尝着；有的大猴抱着小猴在享受亲情的温暖；有的在拼命地追逐打闹……猴山旁边是一群来动物园游玩的小朋友和老师，还有几位游客。

这样的一幅图，展现在学生眼前，孩子们要把图上的内容写好，还真不容易。且不说有些孩子根本就没有上动物园看猴子的经历，即便有这样的经历，孩子们要把内容写好也绝非易事。想想看，如果叫我们大人写这样一幅图的内容，也未必写得好。

人教版小学语文二年级下册第三单元语文园地中的说话练习是《夸家乡》，提示写道："我们的家乡是个好地方。大家一起来夸夸家乡吧！可以夸夸家乡的迷人风光，可以夸夸家乡的丰富物产，也可以说说家乡的变化，还可以畅想家乡的未来。再评一评谁说得好。"接下来才是写话练习，出现的两个"泡泡"是学习小伙伴说的话："我们这儿的山很美。我写山上的美丽景色。""我们家乡出产的板栗很有名，我要写一写。"这一单元编排的课文分别是《日月潭》《葡萄沟》《难忘的泼水节》《北京亮起来了》，这几篇课文描写了祖国的美丽风光或地方特色，体现祖国景色优美或物产丰富，地域特色浓厚。乍一看，这次写话练习与前面的课文联系得非常紧密，体现了读写结合的特点。但是，这样的编排内容并不好，因为它违背了孩子的心理特点和心理逻辑。

低年级写话内容编排得好不好，要看是否遵从了学生的心理逻辑。要与学生的心理特点适配，就要做到："趣"和"易"。"趣"是兴趣，是非智力方面的，"易"是容易，关乎智力。对低年级学生来说，写话首要的是"趣"。"有趣"便有了写话的动力。因为孩子们的观察力、思维能力都很弱，语言积累少，

运用语言的能力更无从谈起了。所以，低年级写话教学要做到让孩子易于表达，易于动笔！有效是教学的标准之一，教学内容、教学方法要与学生的心理逻辑相适配。

无论是教学内容的选择，还是教学策略的运用，都必须关注和满足学生的内在需要，以学生的知识背景、理解水平、接受能力为依据。

德国著名教育家第斯多惠说："课堂教学必须紧密结合人的天性和自然发展规律，这一教学原则是一切课堂教学的最高原则。""学生的发展水平是教学的出发点，教学必须符合受教学生的发展水平。"

语文课程标准指出："学生生理、心理以及语言能力的发展具有阶段性特征，不同内容的教学也有各自的规律，应该根据不同学段学生的特点和不同的教学内容，采取合适的教学策略。"

二、写童话体语言是低年级写话教学的根本出路

低年级写话教学的根本出路在于让孩子们写童话体语言。原因主要有三：

（一）在内容选择上

对孩子们来说，童话体语言既"有趣"又显得"容易"。

童话的方式中夸张拟人的写作方法使孩子们很容易接受，文字的亦真亦幻也让孩子们特别喜欢。

那么，做出这种结论的依据是什么？

因为，写童话体语言实现了学科逻辑和低年级学生心理逻辑的有效沟通。

那么，低年级学生的心理逻辑是怎样的？

心理学家研究得出结论：低年级的孩子们生活在幻想的世界里，孩子们的思维是诗性思维，充满幻灵的色彩，就是把万物都看成有生命的，是人类社会原始初民般的思维（例如当时的人们砍树时都要祭祀，因为他们认为树是有生命的），非常朴素！

2-3岁的孩子把一切都看成是有生命的；

5-6岁的孩子把一切会动的东西看成是有生命的；

8-9岁的孩子的思维还保留有这种诗性思维。

所以，童话体语言与孩子们的心理特征和逻辑相适配。

（二）在表达形式上

童话体语言在表达形式上也让学生易于动笔。因为让学生易于动笔的语言形式或写作手法，必须具备三个条件：

1. 为孩子们语料库中所具备；

2. 孩子们乐于运用；

3. 与孩子们心理特征相适应。

例如儿童绘画：9岁前，孩子们画的人物往往眼睛很大，腿很长。9岁才进入开始关注现实的心理阶段。一个孩子看到闪电，便对妈妈说："妈妈，天空爷爷在给我照相呢！"，这就是原始初民般的朴素思维。

现实的情况是：我们自己长大了，就忘记了孩子的心理，也忘了自己最初的模样！

那么，低年级学生的语料库里到底有什么呢？

先看词汇和句式的使用：上古时代的《弹歌》："断竹，续竹；飞土，逐宍。"先秦时期的《诗经》里的很多词汇都是名词、动词，句式很短，到了后来才有了形容词。例如："关关雎鸠，在河之洲。窈窕淑女，君子好逑。……"

孩子们的语料库积累也是一样，先学会说名词如"苹果"，接着说动词如"吃苹果"，再说形容词。

所以说，我们经常想当然地从孩子感觉最难的方面入手，编出许多不符合孩子心理逻辑的教材，或者有心无心地拿出许多为难孩子的题目，不自觉地做违背孩子心理的事情。许多教材中低年级写话的部分不自觉地从孩子最难的地方入手，让孩子们一开始就望而生畏。这种畏难情绪一旦建立，就很难改变，而且最严重的是它会让孩子们在之后的学习中一听到写话或习作就产生逃避的心理。

所以，我们时刻都不能忘记孩子的用词规律。永远要记得用孩子的视角看问题，所谓的真真切切地"蹲下来看孩子"！

低年级孩子的表达方式和表现手法应该是叙述，而不是描写。

叙述的特点是：简练、朴素、清楚。而描写的特点是：复杂、生动、优美。举个例子："我在看书。"这就是用叙述的表达方法。"我在津津有味地看一本好看的书。"这里的表现手法就是描写，它力求生动、优美、有趣。

低年级写话的教学策略是：安排循序渐进的训练次序，让孩子们用叙述的表达方式写童话体语言。这样做的目的是让孩子们"易于动笔"。

写话教学在一二年级即第一学段的这两年中，因孩子们的智力因素和非智力因素都在不断发展着，所以，写话教学要按照孩子们的心理发展特点和书面语言积累发展的特点安排合理的次序。可以从安排写一句话入手，到几句话再到一段话，因为"话"的最小单位是句子。低年级教材中的造句训练其实就是写话训练。用一个词造一句话或提供句式造一句话再到几句话、一段话，实现

"写话"的教学目标。

具体的做法是：

（一）选择单一、统一的写作教材

这样做的目的是便于老师指导，也便于孩子动笔。课程标准指出："为学生的自主写作提供有利条件和广阔空间，减少对学生写作的束缚，鼓励自由表达和有创意的表达。"在这种思想指导下，有很多老师为了鼓励学生"自由表达"，采取让学生爱写什么就写什么，爱怎样写就怎样写的教学策略。实际上，这样的做法很不可取，因为这样的结果是孩子们既不知道要写什么，也不知道要怎样写，最后的结果是导致孩子们的写话作业什么都不是。

正确的做法是老师选择单一的教材，围绕这个单一的教材由一个"点"发散开去，教师进行统一具体的指导，让孩子们展开想象写话。

例如，可以设置一个小蚂蚁要过河的场景：小蚂蚁为什么要过河？只要想象合理就予以肯定。让孩子们由"过河"这个"点"发散开去，想象开去：小蚂蚁要过河，碰到了什么困难？最后是怎么过河的？它是怎么想，又是怎么做的？

低年级孩子的思维不同于成人，他们的思维是物我统一的，常常分不清精神世界和现实世界。在成人看来没有生命的物，在这个年龄段的孩子看来往往是有生命的、有灵性的、有意识的。因为他们的思维有这样的特点，所以想象或幻想的事物，往往能够打动孩子，到达他们的精神世界，触及他们的情绪和需求，使他们乐于表达。让孩子们写童话体语言正是吻合了孩子们的这种内在需要，符合孩子的天性，使他们感觉"有趣"且"容易"。

（二）提供语言形式的帮助

1. 放缓难度

前面提过，孩子们的世界亦真亦幻，所以应让孩子们用拟人、夸张等手法写童话体语言，反映他们的内心世界。多年的低年级教学经验让我感到孩子们最喜欢的就是童话故事。就连中年级的学生，如果遇到写童话故事的习作，他们无一例外地写得好，写得妙，甚至出现许多让老师惊诧不已的佳作。这时作为教师，只有一个感受便是：孩子们是天生的童话作家！他们的想象力可以在童话世界中自由驰骋，他们的表达能力可以在童话世界中得到淋漓尽致的发挥。就连平时习作不好的孩子，都能写出令老师无比惊讶的作品。但即便是这样，我们也还是要为孩子们提供语言支架，放缓难度。教师们常用的方法可以是：先写出几个句子或开个头，让孩子们接着往下写。也可以是教师把开头结尾都写好，让孩子们写中间部分。还可以是教师提供句式，让孩子们填写部分内容。

2. 努力模仿

孩子是模仿能力超强的群体，可以让孩子们把这种特有天赋应用到写话训练中。

我们经常会看到孩子们做出各种各样奇怪的动作，要问这动作是从哪儿学来的，他们会告诉你，从电视上学来的，从卡通片中学来的。我们经常还会听到一些孩子模仿电视里的歌星唱歌，唱得有模有样的。这些都表明：孩子们非常善于模仿。

将模仿禀赋应用到低年级的写话教学中，可以收到很好的教学效果。我教过的学生中曾就有模仿美人鱼、白雪公主编故事的，故事编得非常好。

3. 提供词语

在写童话体语言的过程中，我们主要采用叙述的表现手法，围绕一个"点"去写。为了学生"易于动笔"，我们可以要求孩子们用学过的词语，还可以提供词语让孩子们根据自己的需要选用，帮助孩子们表达。这样做的目的是既保住了孩子们的写话"兴趣"，树立起了孩子们动笔的信心，又让孩子们"易于动笔"。

教学论述——引子范本教学

引子范本教学课程的实践与研究

摘要：本文拟从体现"三位一体"教材编写理念方向确定课程目标，从解读"1+X"阅读教学内核层面理解课程内涵，从构建"1+X"阅读教学模式角度呈现课程样态，具体阐述如何使用统编教材，构建课内外相融的阅读教学课程体系，打通课内外阅读对峙的壁垒，在扩大学生阅读面、拓展学生阅读视界的过程中，引导学生迁移言语实践的方法、策略，提升阅读品质，最终助益于阅读能力的不断提升。引子范本教学课程的实践与研究是让统编教材编写理念落地的一种有益尝试。

关键词：统编教材；引子范本教学课程；"三位一体"；"1+X"阅读

《语文课程标准》指出："要重视培养学生广泛的阅读兴趣，扩大阅读面，增加阅读量，提高阅读品位。"[1]如何兼顾课堂内的学习和课堂外的阅读，统编教材在编排体例上给出了答案，即"教读课文"+"自读课文"+"课外阅读"，共同组成了"三位一体"的课型结构。这种课程编排体例，意味着课外阅读必须进入课内阅读的视野，使课外阅读课程化，成为阅读课程的有机组成部分。课内课外不再是互不关联的"两张皮"，而是有着共同目标的紧密的整体，承载着提高学生阅读能力、提升学生语文素养的目的，合力推进学生在语文课程的实践中一步步向前，最终实现以母语安身立命、以母语发展自我、以母语滋养灵魂的目的。

在统编教材编写体系中，"教读课文""自读课文"都是既定的，"课外阅读"读什么？如何引导学生进行课外阅读？仅仅阅读教材推荐栏目中涉及的内容显然是不够的，这也绝非编者的初衷，它们只是编者的一个"引"，具有广阔探索价值的空间还有待老师们的开发。引子范本教学课程就是在这样的背景下产生的。它力求将课外阅读资源纳入课内教学，打造课内外共融的阅读场景，探索"以文引文""以一推类""以篇带本"的过程，即以"引子课文"作为范本，作为切入点，由此文本推及彼文本，构建"1+X"阅读教学内容体系。它让学生的课外阅读有了明确的方向和内容，尽可能扩大学生的阅读视界，能为学生创设能力范围内的阅读"最近发展区"，让学生在实现海量阅读的语文实践中，体验阅读带来的愉悦感受，不断激发学生的阅读期待，使学生在丰富的阅读实践中获取有关阅读的知识、经验，形成自己的阅读能力，并在新的阅读实践中迁移获取的阅读方法、策略，使阅读品质向更深层次发展。

一、课程目标：体现"三位一体"教材编写理念

什么是"引子"？王荣生教授在《阅读教学设计的要诀——王荣生给语文教师的建议》一书中提出："把课文当'引子'教，特指'由节选引向长篇作品'，'由选篇引向整本书阅读'……引导学生更好地阅读长篇作品或整本书。"[2]这种提法，强调的是课文的"引子"功能。

叶圣陶先生说："语文教材无非是例子，凭这个例子要使学生能够举一而反三，练成阅读和作文的熟练技能。"[3]这种提法，强调的是课文的"例子"功能。

"引子范本教学"的课文应定位在"例子"和"引子"的双重功能上。一方面让学生通过对"范本"的学习，领悟学习方法、策略，习得语文知识，接受思想情感熏陶，起到"例子"的作用；另一方面又以此作为"出发点"，以"范本"为"引子"，把学生引向更广阔的阅读空间，让学生迁移在"范本"中学到的方法、策略进一步阅读，思维向更深层次迈进，能力向更高处攀升，实现"引子"功能。其目的是打通课内外阅读对峙的壁垒，构建课内外相融的阅读教学课程体系，最终助益于学生在课堂以外更广泛的阅读。

2011年版课标大力推崇课外阅读，虽然颁布以来经历了长时间的实施阶段，但实际上，课外阅读和课内阅读教学基本上互不相扰，体现在重课内轻课外，重单篇轻整本，重课内讲深讲透轻课外读活读广，学生的课外阅读始终处于零散的、无序的状态，更别提方法的指导。基于此，统编教材在编写过程中，才体现了"教读"＋"自读"＋"课外阅读""三位一体"的编排体例，把"课外阅读"融入教材中。"教读"是在教师的指导下读懂课文，教师重在解读教材，充分发挥课文的"例子"功能，引导学生学习语文知识，掌握技法，养成良好的语文学习习惯等。"自读"重在自己读懂并迁移运用从"教读"课文中学到的知识、策略、方法，强调的是学生的自主语文实践。"课外阅读"是"教读"和"自读"的延伸，有两个方面的内容，一是教材推荐的既定阅读栏目、辅读文本，二是教师推荐的课外读物。不管是哪一种形式的延伸阅读，都应该与"教读"课文、"自读"课文紧密相关。这样，"课外阅读"就可以看成是基于

"教读"课文和"自读"课文的"1+X"阅读。

可见，引子范本教学课程是基于统编教材"三位一体"编写理念孕育出的一种课程，"三位一体"是引子范本教学课程的理念基石，它为引子范本教学课程的研究开辟出了一条广阔的路径。

二、课程内涵：解读"1+X"阅读教学内核

叶圣陶先生在《叶圣陶语文教育论集》中写道："倘若死守着这几百篇文章，不用旁的文章来比勘，印证，就难免化不开来，难免知其一不知其二。所以，精读文章，只能把它认作例子与出发点；既已熟习了例子，占定了出发点，就得推广开来，阅读略读书籍，参读相关文章。"[4]先生的语文教育主张与我们统编教材倡导的"1+X"阅读理念不谋而合。

那么，什么是"1+X"阅读？"1"是课内，指教材中具备引子功能的范本，即"引子范本"。"X"是课外，指与引子范本有关联的阅读材料，可能是单篇，也可能是整本书。这两者之间，勾连课内阅读教学和课外阅读的是"1"，它具有桥梁和纽带的作用，把课内和课外紧紧扣在一起。那么，什么样的课文才能称其为"引子范本"呢？它并非教材中的所有课文，而是能够激发学生阅读课外读物兴趣、引领学生走向课外阅读材料、提高思维品质和阅读能力的"种子"。确定了"1"，"X"就是和"1"在形式或内容上有关联的作品。[5]"1"和"X"彼此相融，共同组成新的文本群，学生在阅读新文本群的过程中，始终保持对文本群的阅读兴趣，并不断迁移运用在引子范本"1"中学到的方法、策略，巩固阅读的能效。

三、课程样态：构建"1+X"阅读教学模式

根据统编教材"三位一体"编写理念，引子范本教学课程以构建"1+X"阅读教学模式来呈现。基于"X"阅读材料的来源，我们可以生成两种不同样态的课程内容体系。

（一）原生态阅读教学内容体系

原生态阅读教学内容体系，就是根据统编教材既定计划建构阅读教学内容。统编教材有意识地编排了课外阅读内容，目的就是把课外阅读纳入课内教学，实现课内教学与课外阅读的互补共生，实现课程标准"扩大阅读面，增加阅读量"的要求。教材在第一学段安排了"和大人一起读""我爱阅读""快乐读书吧"等栏目，到了第二学段，还增加了"阅读链接""资料袋"等阅读栏目和

阅读内容、阅读提示。此外，教材还编写有配套的辅读文本，如义务教育课程标准试验教科书《同步阅读》读本、温儒敏主编的《语文素养读本》（小学卷）等。这些既定的教材计划推荐的栏目、读本本身就是阅读课程体系的一部分，作为原生样态的阅读材料进入引子范本阅读教学课程体系的视野。根据其原生态取向，我们可以建构"1+推荐栏目"和"1+辅读文本"两种课程模式。

1. "1+推荐栏目"模式

这种模式即把教材推荐栏目的内容与引子范本课文作为一个整体，按照单元语文要素要求，进行教学设计。其目的是激发学生阅读推荐栏目中阅读内容的兴趣，并以此为起点，保持阅读与之关联的读物的兴趣，扩大学生的阅读视界。

统编教材四年级上册第四单元以神话故事为主题，安排了《盘古开天地》《精卫填海》《普罗米修斯》和《女娲补天》四篇文章，在《盘古开天地》课后安排了读中国神话故事的选做题，在《普罗米修斯》课后安排了根据袁珂《神话选译百题》相关内容改写的"阅读链接"，语文园地中安排了推荐阅读神话故事内容的"快乐读书吧"。整个单元围绕着"神话，永久的魅力，人类童年时代飞腾的幻想"这个人文主题组元。教材引导学生阅读神话故事的目的十分明显，可选择《盘古开天地》为引子范本课文，展开教学。第一，阅读《盘古开天地》，紧扣单元阅读要素，"了解故事的起因、经过、结果，学习把握文章的主要内容"，引导学生"感受神话中神奇的想象和鲜明的人物形象"；第二，以同是神话传说故事为链接点，将阅读引向《普罗米修斯》课后"阅读链接"内容和"快乐读书吧"中关于神农氏尝百草写出《本草经》内容，继续领悟单元阅读要素要求；第三，以"很久很久以前"为"引"，引导学生阅读中外神话传说故事，验证这些故事是不是都按事情的"起因、经过、结果"来写，是不是都充满"神奇的想象"、塑造了"鲜明的人物形象"，尽可能地调动学生的阅读期待。这样，不仅激发了学生阅读中外神话传说故事的兴趣，扩大学生的阅读视野，体现了教材设置"快乐读书吧"的"快乐"意图，极大地保证了学生阅读作品的数量，也强化了学生对单元阅读要素的感悟和认识。

2. "1+辅读文本"模式

这种模式即以教材中的一篇引子范本课文为中心，从教材辅读文本中选取几篇文本组成文本群，以引子范本课文中的语文要素为链接点，展开文本群的阅读。其目的是迁移从引子范本课文中学到的言语学习经验，进一步深化言语知识学习，强化语言形式认识，巩固学习成果。

统编教材三年级上册第六单元以"爱祖国壮美山河"为人文主题，围绕

"关键语句"来组元。单元内编排了三首古诗、三篇散文，园地中的"交流平台"就"关键语句"这一话题，以孩子的视角做了讨论。教学时，可以选择《富饶的西沙群岛》作为引子范本课文，以"借助关键语句理解一段话的意思"这个阅读要素为阅读链接点，勾连阅读义务教育教科书三年级上册同步阅读辅读文本《雨燕风筝》中对应的第六单元相关文本。第一板块：阅读《富饶的西沙群岛》，紧紧抓住第五自然段的阅读，引导学生从中感悟这段话是围绕"西沙群岛是鸟的天下"这句话来写的，这句话就是帮助我们理解这段话意思的"关键语句"。第二板块：阅读这篇课文的第二、四自然段，思考这两段话各围绕哪个关键语句写的？画出来并体会。第三板块：阅读《雨燕风筝》中《阿里山的云雾》《五花山》《三潭印月》《台湾的蝴蝶谷》等几篇文章，找出相关段落的"关键语句"，强化"借助关键语句理解一段话的意思"这个阅读方法。第四板块：围绕单元习作要素"习作的时候，试着围绕一个意思写"进行练笔，强化对"关键语句"的认识、理解和运用，巩固单元言语学习效果。如此，每一个板块的教学都围绕"关键语句"进行，学生对这个知识点的掌握必定深刻且牢固，入脑，入心，进而成为自己的能力。

（二）衍生态阅读教学内容体系

衍生态阅读教学内容体系是指教师成为教学资源的开发者，在教材之外，参照课标要求、学段特点和学生的心理年龄认知特征等，根据引子范本课文或阅读主题的需要，挖掘与"1"有关联的文本或整本书内容，自行设计阅读教学内容体系。

1. 横向："1+群文"模式

这种模式是根据阅读情境的需要，探索与"1"在"人文主题"或"语文要素"有关联的阅读资源（包括单篇或整本书），组建阅读内容。由"1"引向"群文"阅读是横向拓展。与"1"关联的文本范畴很广，或是同主题的文章，或是描写对象相同或相似的作品，或是表现手法相似的文章，或是同一作家的其他作品、不同作家的类似作品等等。因此，在选文时就特别考验教师的阅读量和阅读面。文本要进入教材成为课文，要经过编者根据课标要求、结合学段特点和学生的认知水平等要素进行层层筛选。教师必须像编者选文一样综合各种因素，在自己的阅读范畴中选择适合学生阅读的材料，与引子范本课文共同组成文本群，引导学生阅读。下面介绍三种模式：

（1）"选篇—整本"式

这种模式是针对"选篇"课文设计的，是由"选篇"带出"整本书"的阅读。当"1"是"选篇"的引子范本课文时，"X"就是包含有"1"的整本的文学作品选集。[6]"选篇"与"节选"不同,"节选"是长篇作品中其中的一节选文,是"长篇"不可或缺的一部分。"选篇"是作品集中的其中一篇,它与作品集中的其他选文也许有关联,也许没有关联。这就要求教师要有广阔的阅读视野,丰富的阅读量,不仅如此,还要有一双"慧眼",能从教材的隐秘之处如作者介绍、课后作业、资料袋等信息中发现"选篇"的来处:或许是来自一个作家的一部作品集,或许是出自一部诗歌总集,或许是选自民间故事、神话故事、成语故事等等,从而找到选文的突破口,探寻新的阅读资源,整体设计由"选篇"走向"整本书"的阅读教学。

以三年级上册第七单元《带刺的朋友》为例,课文写"带刺的朋友"刺猬"偷枣的本事可真高明",表达了"我"对这位朋友的喜爱之情,文章写道:"它驮着满背的红枣,向着墙角的水沟眼儿,急火火地跑去了……""可是,它住在什么地方呢?离这儿远不远?窝里还有没有伙伴?好奇心驱使我蹑手蹑脚地追到水沟眼儿,弯腰望去,水沟眼儿里黑洞洞的,小刺猬已经没了踪影。"这正是学生充满阅读期待的地方,可以此为突破口"吊起"学生的"胃口",根据信息"本文作者宗介华"和课后选做题作业提示,展开"1+X"教学。第一,找出描写刺猬偷枣的内容,画出动作词,边读边想象画面,紧扣单元阅读要素"感受课文生动的语言,积累喜欢的语句",体会作者语言的生动。第二,围绕"小刺猬偷枣的本事真高明",用自己的话讲讲刺猬是怎样偷枣的,并从"我"对刺猬称呼的变化体会"我"的情感变化。第三,课内阅读宗介华《带刺的朋友》一书"寻找刺猬的家"部分,继续体会作者生动的语言,结合园地"交流平台"内容,用"做记号、摘抄、写感受、背诵"等方法积累喜欢的语句。第四,师:"原文除了写刺猬偷枣、'我'寻找刺猬的家,还写了小刺猬一家很多有趣的故事。找来读一读,看看还写了什么故事?画出你认为写得生动的语言并积累下来"。第五,师:"作者童年的乐趣远不止这些,请你课外阅读《带刺的朋友》这本散文集,感受作者五彩缤纷的童年生活,积累喜欢的语句。"这样,课外教学资源被引入课内,学生的阅读半径不断扩大,由选篇引向整本书的阅读自然、有效,实现"扩大阅读面,增加阅读量,提高阅读品位""多读书,好读书,读好书,读整本的书"[7]的课程追求,学生对单元阅读要素的理解和感悟更深更透。

(2)"单篇——类"式

即由"单篇"引向"类似主题"或"相同相似描写对象"等文章的阅读。当"1"是单篇短什,"X"可以是与"1"有关的"一类"文章或整本书。那么,以什么做依据组建这"一类"文章呢?当然是以引子范本课文"1"做起点,以"1"所在单元的"人文主题"或"语文要素"为依据,结合课后作业提示确定阅读主题。再根据课标中的学段要求和学生学情特点，收集适合学生阅读的课外"类文"或整本书，组成阅读文本群，展开阅读教学，延展阅读范围。

以二年级上册《风娃娃》为例，可以其所在单元人文主题"相处"和课后作业为链接点，设计阅读教学。第一步，以"风娃娃来到哪里，看到什么，怎么做，结果怎样"为线，检视课文阅读，引导学生根据"风娃娃来到田野""风娃娃来到河边""风娃娃来到广场"这三个关键语句，利用课文语言，结合自己的语言来复述。第二步，根据课后作业第三题提示，先课内阅读美国图画书作家玛丽·荷·艾斯的绘本《风喜欢和我玩》，练习用"风来到哪里，看到什么，怎么做，结果怎样"为言语转换形式讲故事。第三步，链接一组以"风"为描写对象的适合第一学段学生阅读的绘本《和风一起散步》《风是什么颜色》《风的旅行》《风小子的旅行》《风到哪里去了》《迷路的北风宝宝》《飓风》，继续探寻"生活中风还能做什么"这个问题。这样既激发了学生的阅读期待，进行课外拓展阅读，同时又加深了学生对"风还能做什么"的认识，增强了对课后描写"风"的词语的了解。

（3）"名篇—名家"式

这种模式是针对"名家"的"名篇"教学而设计的。当"1"是名家的单篇作品时，"X"就是与名家相关的阅读资源，比如有关该作家的传记、回忆录或纪念文章、作家所处时代背景介绍资料、作家的一系列其他作品等等。

以统编教材六年级上册《少年闰土》为例，为了引导学生走近鲁迅，选择所在单元语文要素为主线，整体构建课内外阅读资源。第一板块：走进"那段历史"。结合单元主题页上关于鲁迅的简介，查找有关鲁迅及其所处时代的资料，初步了解鲁迅以及当时的社会背景。第二板块：细读"这篇文章"。教师铺垫："鲁迅先生根据自己的生活经历创作了许多作品，《少年闰土》就是他创作的小说《故乡》中的一段。"阅读《少年闰土》，感受鲁迅先生笔下闰土的美好形象以及闰土给"我"的内心触动，体会"借助相关资料，理解课文主要内容"的阅读方法，感悟"通过事情写一个人，表达出自己的情感"的写作方法。第三板块：续读"这个作品"。拓展阅读《故乡》，体会闰土在作者心里形象的变化和作者对闰土的同情，对故乡人和事的变化深深的感伤。第四板块：阅读"这部经典"。教师过渡："鲁迅先生于一九二六年回忆了自己从幼年到青年时期的生活道路和经历，写了数十篇散文，生动描绘了当时的生活画面，结集在《朝花夕拾》中。《朝花夕拾》是中国现代散文的经典作品，如其中的《阿长和<山海经>》《从百草园到三味书屋》等。"拓展阅读《朝花夕拾》，纵横比较，感悟作家的文笔特点，试着体会作品中作者的情感，进一步强化对语文要素的认识。第五板块：亲近"这个人物"。教师情感渲染："鲁迅先生青年时期改'学医'为'从文'，用手中的笔战斗了一生，是一名伟大的斗士，是中国文化及革命的主将，被誉为'民族的脊梁''民族魂'。他曾写诗'横眉冷对千夫指，俯首甘为孺子牛'，对敌人，他'横眉冷对'；对劳苦大众，他甘愿做'孺子牛'。他又说：'我好像是一只牛，吃的是草，挤出的是奶、血。'"引导学生阅读单元内编排的《有的人》这首诗歌，感受鲁迅先生为"多数人更好地活""俯下身子给人民当牛马"的伟大品格和精神，从而体会单元篇章页诗句之意。拓展阅读纪念鲁迅的文章《一面》，借助资料体会鲁迅先生对青年人的关怀和鼓励，感受他和敌人斗争的人格魅力以及他对青年人精神方面的引领。借助资料读懂《我的伯父鲁迅先生》和《好的故事》，理解课文主要内容，进一步感悟"通过事情写一个人，表达出自己的情感"的写作方法。

为了更好地引领学生走近鲁迅，体悟鲁迅不屈的战斗精神，仅仅阅读这些作品是远远不够的，教师还可以推荐学生阅读鲁迅的其他作品，开展参观鲁迅故居或纪念馆、设计鲁迅纪念邮票、鲁迅经典语录诵读或摘抄、做手抄报等一系列以"走近鲁迅"为主题的、持续时间较长的语文综合实践活动，试着亲近鲁迅的灵魂，初步树立正确的人生信仰。

2. 纵向："1+长篇"模式

这种模式是针对节选文本设计。当"1"为节选文时，"X"就是长篇作品。由"节选"引向"长篇作品"阅读是纵向挖掘。叶圣陶先生说过："课本里所收的，选文中入选的，都是单篇短什，没有长篇巨著。这并不是说学生读了一些单篇短什就足够了。"[8]这说明，引导学生通过阅读单篇短什，走向阅读长篇巨著，对于增加学生的阅读数量、提高学生的阅读品质、提升学生的阅读素养是多么重要。

统编教材五年级下册第二单元是名著节选单元，单元内编排了教读课文《草船借箭》《景阳冈》和自读课文《猴王出世》《红楼春趣》，教材引导学生阅读名著的编排意图十分明显。教学这类课文，不应该只停留在文本的言语内容和言语形式上，更重要的是应该引导学生拓展阅读内容空间，激发学生阅读整本名著的兴趣。"评价这类课文教学是否成功，不是看教师教了多少知识、技法，而是要看是否撬动了学生读整本书的热情。"[9]以《草船借箭》教学为例，如何引导学生进行长篇巨著的阅读呢？一定要给学生创造一个阅读长篇巨著的兴趣点。学生在阅读《草船借箭》的基础上，教师可以抛出这样的观点："有人认为，诸葛亮身在茅舍，心系天下，看兴亡成败，胸中尽万点河山，以其卓越的政治军事才干，建蜀国，兴汉业，励精图治，深谋远虑，神机妙算，但在用人上存在很大的弊病，比如在《赤壁之战》中，他明知关云长是个重情义的性情中人，必定知恩必报，却让他来守华容要道放走了曹操，你觉得呢？"以此作为引发学生阅读期待的支点，引导学生阅读《三国演义》中其他写诸葛亮的文章，如《三顾茅庐》《火烧新野》《舌战群儒》《诸葛亮借东风》《诸葛亮三气周公瑾》《空城计》等，开展"诸葛孔明我评说"语文综合实践活动。一石激起千层浪，一个问题的抛出，一连串著名故事的阅读，一个主题语文综合实践活动的开展，让学生对《三国演义》这部书像着了迷似的。学生阅读的兴趣一旦被点燃，教师可以趁热打铁，进而组建"三国谋士我评说""三国主公我评说""三国降将我评说"等组块语文阅读实践活动，还可以开展"著名战役之情节""三国故事论手法"等语文综合实践活动，横向扩展阅读广度、纵向挖掘阅读深度，提高学生的思维品质，提升学生的自主探究能力。

综上所述，引子范本教学课程体系，不仅关注学生阅读"量"的积累，也注重学生阅读"质"的提升。学生在"1"的阅读实践中，获取阅读的思维方式、言语智慧、情感陶冶，在"X"中得到检验、推进、融合、创造；在"X"阅读实践中不仅验证在"1"中获得的阅读感受、积累，又会促成新一轮阅读的开始和生成。这样，学生的阅读能力不断向纵深方向发展，思维品质不断向高层级迈进，最终实现语文素养的全面提升。

参考文献

［1］［7］中华人民共和国教育部．义务教育语文课程标准（2011年版）［M］．北京：北京师范大学出版社，2012：23.

［2］王荣生．阅读教学设计的要诀：王荣生给语文教师的建议［M］．北京：中国轻工业出版社，2019：92.

［3］［4］［8］叶圣陶．叶圣陶语文教育论集［M］．北京：教育科学出版社，2019：113，011，014.

［5］游爱金．实践引子范本教学　实现超文本阅读［J］．小学教学，2018（11）：10-13.

［6］游爱金．由选篇引向整本书阅读［J］．福建教育，2019（4）：36-37.

［9］许发金．"引子课文"的课程设计与教学实施［J］．福建教育，2018（10）：28.

阅读：精神成长的必需品

一个人的精神成长，离不开阅读。阅读，为智慧开启洞眼，为想象插上翅膀，为人生开启希望之门的钥匙。中央电视台的读书公益广告里说：与书相伴的每一分钟都是对人生最好的奖赏。阅读是要让真正的阳光住在心里。在书中，不仅有眼前，更有诗和远方。在书中可以和优秀的人物为伴，与优秀的思想共舞。既要过日子也要放飞灵魂，读书与后者有关。阅读，让自己内心强大，勇敢面对抉择与挑战。可见，一个人要成长，其精神的丰富是多么重要，书在人的生命中扮演的角色是多么重要。

一、营造氛围，培养兴趣

为了让孩子们与书为伴，与思想共舞，我们学校在这方面做了不少努力。

1. 成立开放式书吧：在学校的每一个楼梯口，成立开放式书吧，里面放满学生捐给学校的图书，目的是让孩子们随时都能在课余时间拿到自己喜欢的书，坐下来好好读书，让读书成为自己最好的休闲方式。这些图书，一般都是经过学生家长精心挑选的适合每一个年级学生阅读的课外读物，比如一二年级的课外书吧主要放一些绘本读物、注音读物；三四年级的课外书吧主要放一些童话故事书、成语故事、民间故事、神话故事等；五六年级的课外书吧主要放一些整本的儿童小说、名著等，为孩子们升上初中做好准备。

2. 班级里建立图书角：每个班级都有自己的图书角，图书角里也放满了孩子们捐给班级的书。若每个孩子都能捐一本书，50 个孩子就能看 50 本好书。班级的图书角也经常更换图书。每个班都设有专门的图书管理员，负责管理图书的借阅、归还任务。

3. 家庭中为孩子购书：我们建议家长应经常帮孩子们挑选书、购买书。买来书后，我们还建议家长和孩子进行亲子阅读，共同分享读后感受等。另外，我们还要求家长经常带孩子去书店，让孩子能和书结伴，与书共舞。

4. 培养读书兴趣：犹太人在孩子出生后，经常会在书上涂上蜂蜜，让孩子舔一舔书上的蜂蜜，这实际上是让孩子从小就感性地知道书是香的、甜的。联合国教科文组织的一项调查显示，全世界每年阅读书籍排名第一的就是犹太人。我们让家长能够用自己的办法让孩子尽量多的接触图书，比如把家庭图书放在孩子能随手拿到的地方，为孩子准备自己的图书架。孩子能坚持读半小时的书就给予奖励，把读书与奖励小点心捆绑在一块儿等。这样做是让孩子从小就懂得读书是一种很放松、很享受的过程，从而爱上阅读。

二、指导方法，形成习惯

有了浓郁的书香氛围还不够，老师还要加强方法的指导，这样才不至于让学生产生坚持不下去的心理。

1. 坚持每周一节的阅读课。阅读课的课型可以是阅读指导课、美文赏读课、阅读交流课、好书推介课。阅读指导课主要是针对某一类型的读物进行阅读方法的研讨、传授，总结出较好的阅读方法，形成良好的阅读习惯。美文赏读课主要是针对开放阅读的主题，听读一些美文，感知其大意，通过对好词好段的品读，教会学生精读、略读、浏览等方法，同时处理好精读和略读之间的关系。阅读交流课主要是为学生的阅读搭建交流的平台，教会学生感受、分享、体验阅读乐趣，通过交流思想发生碰撞，再次得到收获。好书推介课主要介绍自己读过的好书，对作品进行评价、介绍，帮助学生选择阅读书目，开拓阅读视野，培养学生的鉴赏能力

2. 教给学生阅读的方法：比如浏览式阅读，适合了解整本书的概况；精读比较适合阅读自己非常喜欢的作品及需要细细揣摩的地方；略读相对于精读而言，适合了解故事的大致情节等，有时要让学生把几种方法融到自己的阅读实践中去，不能只单一的运用一种阅读方法。

3. 为了让学生积累优秀的经典文学作品，我们特意将一些优秀的古代著名的诗文和现代优美短小的诗文进行汇编，让学生利用课前三分钟、早会课等时间进行诵读。因为孩子们的记忆力是一生中的黄金时期，要紧紧抓住这一特点，积极"捡起"这些零星的时间，充分利用，让学生养成积累的好习惯，为今后的"薄发"做好"厚积"的准备。

变阅读为"悦读"

——中低年级儿童课外阅读实践

　　学生核心素养发展的提出及统编教材的使用，把课外阅读提到了前所未有的高度。如何改变重课内轻课外、重单篇轻整本的课内课外扯成"两张皮"的状况，在实践中我着重在"兴趣"上对低年段学生下功夫，培养孩子的点点滴滴阅读趣味，努力把课内阅读和课外阅读结合起来，共同助力孩子们的阅读能力成长。

一、提高家长对课外阅读的认识

　　针对一年级孩子的家长，我在第一周上课的时候，就先召集家长开家长会，会上重点强调了阅读对孩子语感培育、语文素养培养的重要性。与家长分析有潜力的孩子均源于阅读能力的高强，阅读能力的高强又与课外阅读有着紧密的联系，而孩子的课外阅读能力与家长的重视紧密相关。如果没有相应的课外阅读实践，家长只把眼睛盯在课内阅读上，对孩子不断地进行题海战术操练，孩子一是会产生厌学心理，二是打不开阅读的视野，孩子永远无法站在制高点上，永远无法应对做不完的题。

　　怎样的家庭走出怎样的孩子，家长从认识上重视了，就要求家长做到以下两点。

　　1. 不要在学习上给孩子"加码"。要求家长不要随意给孩子买辅导材料让孩子完成，保护孩子对学习的兴趣。

　　2. 每天都要求孩子进行课外阅读。课外阅读作业不再是口头的作业，而是要求家长每天都要落实的一项硬性作业，甚至比写的作业还要重要。对于一年级刚刚上学的孩子，要求其家长找绘本故事，读给孩子听；随着年龄的增长，结合教材设置的"与大人一起读"栏目内容，让家长与孩子一起进行亲子阅读，同时打开视野，找适合这个年龄段孩子阅读的儿童诗、散文等跟孩子一起读；一段时间后，孩子的识字量达到一定程度，要求孩子自己独立阅读，但家长必须拟定固定时间段，和孩子一起阅读，孩子读孩子的，家长读家长的，创造家庭阅读的氛围，家长给孩子做课外阅读榜样的同时，增进亲子之间的情感纽带，培育一段时间后，孩子自然就养成阅读的习惯，从此爱上阅读。

二、创设宽松的阅读氛围

1. 不布置书面作业。目的只有一个，让孩子能够从容地进入课外阅读的状态中。这样无形中会让孩子觉得学习并不难，学习很有趣。一味地布置很多写的作业，挤占了孩子课外阅读的时间，加重孩子的心理负担和学习负担，课外阅读也只能是一句空话了。

2. 不给一二年级孩子的课外阅读布置任务。不布置阅读任务，不等于孩子就不思考，也不等于孩子在阅读的过程中就没有进益。重点在保护一二年级孩子阅读的兴趣，在没有任何阅读任务的情况下产生"悦读"的心理。实际上，孩子在阅读的过程中，不断复习巩固汉语拼音、不断复习巩固学过的字词、不断认识新的字词，伴随着不断地思考、想象，孩子的识字能力、理解能力、思维能力、想象能力、创造潜能等都在飞速提升。孩子在前两年的课外阅读实践过程中，养成了良好的阅读习惯，习惯的力量会推动孩子进行阅读，这时候再给孩子提出适量的阅读任务，孩子不仅能愉悦地接受，在实际完成阅读任务的过程中，也会得心应手了。

3. 给孩子创造愉悦的读书环境。自然环境的创造很重要，如把班级打造成温馨的阅读室。可以在班级墙面挂上或贴上诱发孩子阅读的卡通画或动物、文字，在班级窗台上摆放鲜花、绿植，在班级角落置办可爱温馨的图书角或图书架，方便孩子取、放图书。家庭环境方面，建议家长在孩子刚刚入学一年级时，就给孩子准备单独的学习空间，可以布置得温馨、明亮、安静、充满童趣。平时让孩子在学习空间学习、阅读，但也要灵活处理，比如培养不爱阅读的孩子的阅读兴趣，刚刚开始阅读时，只要孩子能坚持10分钟-15分钟，就奖励他爱吃的零食，但要告诉孩子这零食是给他（她）能坚持阅读这么长时间的奖励，让孩子把阅读跟零食联系起来，产生愉快的阅读心理。另外，不要让孩子比阅读的速度，告诉孩子阅读速度并不能代表阅读质量，要比谁能从阅读中受益。

三、学生自主选择阅读内容

因为学生来自不同的家庭、不同的社会环境，学前教育差异很大，再者，学生的性格迥然，性别差异悬殊等，他们对读物内容的选择可能存在很大的差别。男孩可能对追求冒险、勇敢、刺激的阅读内容特别感兴趣，而女孩可能对情感表现强烈的公主系列书特别喜欢。爱好科学、爱好大自然的孩子很可能对科学类书特别上心，而爱好幻想的孩子也许对漫画、科幻作品充满期待。我们能做的就是利用家委会的力量，由家委会给孩子们提供各种阅读书籍，让孩子们根据自己的兴趣爱好，自主选择喜欢的书阅读。读得多了，养成了阅读习惯，孩子们的阅读范围会越来越广，涉猎的书也会越来越多。如果一味地强制孩子要读哪几本书，或者什么时间节点要读完，孩子可能就兴趣尽失。所以，尊重孩子的兴趣爱好，让他们有自己选择读物内容的自由，这不仅是尊重个性的表现，也是培养"悦读"的有效方法之一，还能提高阅读的质量，特别是在培养阅读兴趣的初期，起着至关重要的作用。老师可以给孩子列出选读书目，让孩子自由选择。

四、树立榜样和指导方法并举

学生是有向师性的，特别是低年级的学生，老师在他们心目中占有非常重要的位置，老师的一言一行都时刻在引领着他们。老师如果爱阅读，学生肯定也爱阅读，因为榜样的力量是最强大的，尤其是低年级学生的模仿能力特别强。他们看到老师捧着一本书，静静地在那儿认认真真地阅读，孩子们便会照做。所以，当我要求孩子们阅读的时候，我也在阅读，落实"与大人一起读"的栏目要求。所以，每当这时候，哪怕很忙，我也不会在这个阅读时间段批改作业、与其他老师交谈或做其他事情。老师阅读可以笑出声、流出泪，可以大声朗读，也可以默读。我会把阅读的方法教给孩子们，比如在他们一二年级的时候，碰到不会读的字，教他们采用猜读的方法，或者查字典，或者请教老师和长辈；碰到难读难理解的地方，停下来多读几遍，把每句话都读懂，绝不能囫囵吞枣，不求甚解；还可以在难理解的地方做上记号，请教别人；碰到自己感觉写得好的词语或句子可以划出来，琢磨琢磨好在哪里，有时还可以背诵下来。孩子们升上三年级和老师一起阅读的时候，我还会把自己认为写得好的句子抄下来随时翻看，写下自己读书的收获或感受，即批注，并把这些方法教给孩子们，他们就会学着老师的样子阅读，养成不动笔墨不读书的习惯。

五、把课外阅读挤进课内阅读教学

统编教材"教读+自读+课外阅读"的编写理念，告诉我们课外阅读是课程的一部分，必须把课外阅读课程化，引子范本教学正是在这种背景下产生的"1

+x"模式在语文课程中的体现。结合本县市开展的引子范本教学观摩研讨活动，我们名师工作室所有成员都参与到自己所在学校参赛老师的磨课研讨之中，有些老师本身就是参赛课指导教师。在研讨活动中，我们研读引子范本课程的有关文章，明确其立足点就是以引子范本为例子，引导学生学习范本，让范本发挥例子功能；同时把课外阅读挤进课内教学，让范本发挥引子功能，引领学生阅读更多的课外读物。例如，我们的陈小燕老师执教四年级的短篇古文《精卫填海》时，在完成理解古文大意、熟读成诵的基础上，引导学生领会本单元阅读重点"人物形象的塑造""感受神奇的想象"。同时，课内阅读同样选自《山海经》这本神话故事的另一篇《夸父逐日》，也让学生理解大意，领会以上两个单元教学重点。教师还因此引出《山海经》这本神话故事，让孩子们对这本故事书产生阅读渴望。这样，教一篇，读一本，学生的阅读量增加了，更重要的是阅读的兴趣被点燃了。

另外，我们还利用每周一节的阅读实践课，专门给孩子们上"读物推荐课""名著导读课""阅读方法指导课""阅读交流汇报课"等，引领孩子们向更宽更深的阅读之旅迈进。

六、提供阅读成果展示的平台

经常性的利用早会课、语文课前三分钟或阅读实践课等，让孩子们轮流上台展示他们的阅读成果，或汇报自己阅读的读物内容，或交流自己对读物读后的感受，或展示自己的摘抄，或展示自己阅读后做的读书小报和阅读卡，或朗读其中自己认为写得好的句群片段……这样做的目的，只为孩子们能坚持阅读。

实践证明，低年级的课外阅读，刚开始重在培养阅读兴趣，变阅读为"悦读"。有了愉悦的阅读感受，再教给孩子们阅读的方法。这样，孩子们对课外阅读才能不抵触，才能真正有所进益。

教学论述——识字写字教学

小学语文字理识字教学研究

摘要：汉字有种种特性，最主要的就是汉字本身的理据性和系统性。演变了数千年，依然有许多汉字的理据性清晰可辨，其系统性更不必言说。识字教学是小学语文教学的一大组成部分，要提高识字教学的效率，就必须研究学生学习汉字的规律和汉字本身的规律。字理识字教学依理而行，特别是在字的音、形、义之间建立起某种联系，打通儿童理解和记忆存储之间的通道，为记忆字形提供更多检索途径，以突破字形识记的难关，从而达到更有效地识字的目的。字理识字是一种很好的识字教学方法。

关键词：小学语文；字理；识字教学

一、课题概念的界说

字理，就是汉字构字的理论依据，即汉字造字的源头、道理、根据、组成规律。汉字是表意文字，有其独特的构字方法。汉字是记录汉语的可视符号，通常一个汉字字符记录汉语的一个语素或一个音节。语素是语言中最小的音义结合体，最初创造一个怎样的字符来记录哪一个语素，虽然带有人为的约定俗成性，但总体来说并不是随意的，而是遵循着一定的原则和方法。也就是说，汉字在构造时，其形体的拟构具有一定的理据。人们通常把这种理据叫作字理。

识字教学，就是通过各种不同的教学方法，让学生对所学的汉字能做到"四会"，即读准字音、认清字形、理解字义、在阅读和写作中运用，同时培养识字能力，培育热爱祖国文字的情感。

字理识字教学，就是依据汉字的组构规律，以汉字的音形义之间的关系为切入点，依据汉字的造字规律、理据性和系统性，运用直观的手段对汉字造字方法进行分析，从而达到识字目的的一种教学方法。它注重通过对汉字的象形、指事、会意、形声、转注、假借等构形理据的分析来突破字形这个难关，达到提高识字教学效率的目的。

二、课题研究的背景

（一）选题背景

1. 理论背景。

近几十年来，人们对汉字的认识不断深入，发现了汉字的种种特性。其中最重要的就是汉字本身的理据性和系统性。有识之士认识到，小学语文识字教学是基础教育的根基。要提高识字教学的效率，首先就必须提高学生识字的能力；要提高学生识字的能力，就必须"进一步研究小学识字教学的规律，包括学生的汉字学习的认知规律和汉字本身的规律"。大量的教学实践亦证明，识字教学机械记忆容易遗忘，意义识记则印象深刻。因此，评价一种识字方法的优劣，"首要的标准就是看它能不能尽量地减少死记硬背的内容，提供更多易于联想的线索，更快更牢地识记汉字"。万事万物都有其内在的规律，依理而行则兴，逆理而为则衰。从这个意义上讲，讲析字理的识字方法是最根本的方法。因此，近几年来，字理识字教学应运而生，并催生出研究的热潮，显示了强大的生命力。的确，字理识字教学研究有其独到的理论和实践价值。

2. 实践背景。

2011 年版语文课程标准指出，第一学段学生"认识常用汉字 1600 个左右，其中 800 个左右会写"这是在实验稿语文课程标准规定第一学段"认识常用汉字 1600~1800 个，其中 800~1000 个会写"的基础上所作的修改。为何要做这样的修改，就是因为制定课程标准的专家听到了来自实验了十年的一线老师们的呼声：这个学段识字量太大，完成任务力不从心，识字质量普遍下降，因为识字以外还有其他众多繁重的教育环节和教学任务，不可能将所有课时都用来识字。识字质量普遍下降，造成学生们走上社会错别字连篇，甚至到了无以复加的程度。

（二）支撑性理论

1. 汉字规律、系统论原理。

现代汉字由笔画或偏旁构成，有几笔几画，由什么偏旁构成，有其内在的道理或根据，这就是汉字内部结构的理据性。汉字因义赋形，形与义的联系是内在的、必然的。大部分汉字是形声字，形声字与声符之间，同声符的形声字之间，也有内在的语音联系。

同时，在常用字中，很多字都由声符和义符组成，这些音符和义符都具有很强的构字能力，这就是汉字内部结构的系统性。首先，是以共同的义符为中心构成的系统，系统内部的汉字具有内在的意义联系。其次，是以共同的声符为中心构成的系统，系统内部的汉字具有内在的语音联系。系统论原理告诉我们：系统的功能大于各个组成部分功能之和。遵循汉字的系统性，势必会极大提高识字的效率。

汉字的理据性和系统性对识字教学具有直接的、重大的指导意义。

2. 汉字识记规律、信息论原理。

在汉字的音、形、义三要素中，字形记忆难于其他。要突破难点，必须做到：第一，要把字形教学摆在重要的位置。第二，要从方法上降低字形识记的难度。在试图降低识字难度的众多途径中，依循汉字规律是最为有效的。这种做法是依据汉字因义赋形、形声相益的特性，把握其内部结构的内在理据，建立汉字音、形、义内在的必然联系，使音、形、义三个要素分别成为回忆起另一个要素的最为可靠有效的线索。另外，充分利用汉字内部结构的系统性，发挥冗余信息的作用。信息论原理告诉我们，在信息传送过程中，一种是新信息，一种是冗余信息；只有新信息才是信息量，已经掌握的东西就是冗余信息。在新课中，冗余信息愈多，要学习的新内容愈少，就愈容易学。遵循汉字的系统性，可以提高信息的冗余性，以义符、声符、本义为中心把汉字组成一个个字组，成串地识字，从而降低识记难度。

3. 认知心理理论。

认知心理认为，小学生思维发展的基本特点是：从以具体形象思维为主要形式逐步过渡到以抽象逻辑思维为主要形式，但这种抽象思维在很大程度上，仍然直接与感性经验相联系，仍然具有很大成分的具体形象性。小学生记忆发展的特点是从以机械识记为主逐渐发展到以意义识记为主，从以具体形象识记为主到抽象记忆能力逐渐增长，从不会使用记忆策略到主动运用策略帮助自己识记。总之，小学生认知特点是由具体到抽象、由低级向高级发展的过程。字理识字正是吻合了小学生的认知心理的这些特点，根据汉字的构字规律，采用生动活泼的形式，建立汉字音、形、义之间的联系，可以从根本上激发学生的学习兴趣，提高汉字的记忆效率。

4. 有效教学原理。

有效教学最重要的原理，就是教学内容、教学方法与学生的适配，关注和满足学生的内在需要，从学生身心发展的规律出发，根据学生的知识背景、理解水平、接受能力等实际，组织和实施教学。

德国著名教育家第斯多惠说："课堂教学必须紧密结合人的天性和自然发展规律，这一教学原则是一切课堂教学的最高原则。""学生的发展水平是教学的出发点，教学必须符合受教学生的发展水平。"另外，教学方法也要顺应学生的身心特点。教学不应只是学科逻辑的正确呈现，更应是学科逻辑与学生心理逻辑的沟通与协调，否则就没有有效的教学。字理识字教学正是吻合了小学生的身心特点，把汉字变成一幅幅图画，建立汉字音、形、义之间的联系，使难记、难读、难理解的汉字学科逻辑和小学生的心理逻辑沟通协调起来，化难为易，真正达到有效教学汉字的目的。

5.《语文课程标准》精神。

《语文课程标准》在课程的基本理念中指出："语文课程还应考虑汉语言文字的特点对识字写字、阅读、写作、口语交际和学生思维发展等方面的影响……"在课程总目标中指出："在语文学习过程中，培养爱国主义感情……提高文化品位和审美情趣。""认识中华文化的丰厚博大，吸收民族文化智慧。""培植热爱祖国语言文字的情感……"在第一学段教学目标中指出，要"喜欢学习汉字，有主动识字的愿望"，第二学段学生要"对学习汉字有浓厚的兴趣，养成主动识字的习惯"。第三学段学生要"有较强的识字能力"。汉字是世界上最古老的文字之一，每个汉字都有文化内涵。汉字与文化有着血肉相连的关系。因此，识字教学要让学生置身于汉字文化中，立足教材，进行文化渗透；让学生在理解汉字字形与字义之间联系的过程中，体悟蕴含在汉字中的我智慧，接受文化熏陶。字理识字教学，对上述课标精神的贯彻，显然有着不可比拟的作用。

三、课题选题的意义

（一）理论价值

虽然字理识字教学在全国范围内如火如荼地展开，但是，在网页中搜索"字理教学"或"字理识字"，文章很多，但多半是一线老师的经验总结，零星、感性，很难见到理论性强、含金量高的文章。所以，研究本课题，对丰富字理识字教学的理论层面，具有一定的价值。

（二）实践价值

1. 利用字理，有利于激发学生的识字兴趣。

小学生的思维特点总体上是形象思维占优势，年龄越小，形象思维所占的比重越大。识字教学是低年级教学的重点。在识字教学过程中，教师通过直观的教学手段，给学生讲清汉字的构字理据，可以从根本上激发学生学习汉字的兴趣，提高汉字的记忆效率。

2. 利用字理，有利于帮助学生减少错别字。

没有掌握汉字的构字原理是小学生写错别字的重要原因之一。只要向学生巧妙地、恰到好处地讲清字理，让学生明白汉字的字形构造原理，学生便会很快掌握字的音、形、义，并增强用字时的目的性和自觉性，减少盲目性和随意性。这样一来，学生的错别字定会大大减少。

3. 利用字理，有利于培养学生的识字能力。

字理识字教学，发挥了学生识字的主动性，当学生的识字量达到一定程度的时候，他们的识字能力也会不断被激发出来。如在形声字的教学中，注重形旁的教学，可收到"教一字得一串"的教学效果，下回再碰到这样偏旁的字，学生就明白为什么是这个偏旁，不仅知其然，而且知其所以然。

4. 利用字理，有利于发展学生的思维。

（1）有利于发展学生的形象思维。

根据汉字的构字规律进行识字教学，在识字时引导学生对汉字追本溯源。为此，教师先出示实物彩图，引出古体汉字，再出示现代汉字，这一系列过程与儿童思维从具体过渡到抽象的特点吻合。实物彩图以及由看实物彩图在脑中留下的画面，有助于学生建立字的音、形、义之间的稳固联系。同时，古体汉字的形、图片、投影片、教师动作演示以及运用生动形象的语言描述，也丰富了学生的思维材料，促进了思维的发展。

（2）有利于发展学生的逻辑思维。

字理识字教学，注重交给学生识字方法，从汉字的初步感知到能把它一笔不差地再现出来的识记过程，就是信息的储存和检索的过程。在这一过程中，加工和线索起了重要的作用。加工可为回忆提供更多的检索路线，使记忆者推论出实际上记不得的东西。这个过程中，学生的逻辑思维得到了很大的发展。

（3）有利于培养学生思维的流畅性。

5. 利用字理，有利于培养学生的观察、分析能力。

观察实物彩图、古体字、抽象概括图、现代字，并把重要的笔画和图的重点部分进行比照，发现它们的相似之处。或者观察形声字，分析它们的形旁和声旁。观察会意字，分析它们的字形为什么这样组成。这样的过程，学生的观察能力和分析能力无疑会提升。

6. 利用字理，有利于培养学生的想象能力。

每一个汉字，都是一幅幅画、一首首诗、一个个故事，"字里有乾坤"。字理识字的过程，就是学生展开想象的过程，把汉字变成一幅幅画、一首首诗、一个个故事的过程。

7. 利用字理，有利于培养学生的民族自豪感。

汉字的字义系统记载着汉民族文化系统，汉字的字形构造反映了汉民族的文化现象。汉字是中华民族的象征，在几千年的发展历程中，与中华文化血肉难分。字理识字教学，把老祖宗造字的根据、原理、规律呈现在学生眼前，让学生学会汉字的同时，对祖先怀抱崇敬的心理，对于中华文化的传承，起着重要的作用。

四、研究的目标、基本内容、创新之处及难点

（一）课题研究的目标

丰富字理识字教学的理论，建构小学语文字理识字教学研究的理论体系，阐明字理识字教学的基本特点和基本原理，总结字理识字教学的基本策略和方法，提高识字教学的效益。

（二）研究的主要内容

1. 字理识字教学的基本特点和原理。

2. 低年级学生的字理识字教学策略（主要是象形字或构字能力强的独体字的字理运用，也包括个别会意字和形声字的归类识字）。

3. 中年级学生的字理识字教学策略（主要是形声字偏旁对理解词语或句子意思时的字理运用）。

4. 高年级学生的字理析词教学策略（主要是针对高年级学生培养独立识字能力、针对错别字或易混字现象运用字理进行形近字的辨析）。

（三）创新之处及难点

1. 字理识字教学要在恰当的时候运用。

2. 字理识字教学如何沟通学科逻辑和学生的心理逻辑。

五、研究基本思路和研究方法

（一）课题研究的基本思路

1. 明确各学段学生的识字目标，了解各学段学生的身心特点。

通过参阅资料、专著和课标学习、组织讨论等方式，明确各个学段学生的具体识字目标。了解各学段学生的识字基础即学习起点，了解各个学段学生的身心特点。

2. 直观感受字理识字教学课堂教学模式。

通过观看字理识字教学课堂，上网看字理识字教学的课堂教学事例，直观感受字理识字教学的基本模式，特别要注意学科逻辑与学生心理逻辑的沟通与

协调，从感性上了解字理识字教学在识字教学过程中的优点和它所发挥的作用。

（二）课题研究的基本方法

文献研究法：通过查阅国内外关于字理识字教学研究的文献资料，分析和把握字理识字教学的基本特征或原理。

比较研究法：各实验教师在每个阶段对自己所教的班级学生的识字水平进行测评，并及时记录不同阶段的结果，通过测评比较，分析存在的问题，巩固取得的成果。

调查分析法：对于学生在实验中有什么样的感受及体会，教师应该随时对学生进行调查，明白学生对字理识字课有什么样的意见及建议，从而使教学更有针对性，更符合学生的实际，切实提高学生的识字效果。

案例研究法：通过对优秀的字理识字教学案例进行分析、研究，探求哪些字可以用字理识字，哪些字不宜用字理识字，以求字理识字教学的针对性，探索字理识字教学的具体方法在课堂中的运用，探讨如何在字理识字教学中沟通学科逻辑与学生的心理逻辑。

教育经验总结法：总结字理识字教学的教育教学规律，总结研究成果。

六、课题研究的步骤

（课题研究分三个阶段进行）

（一）第一阶段：学习宣传阶段

这个阶段主要的工作有：

1. 成立机构，健全组织。

2. 申报课题，由省教育科学规划领导小组审批立项。

3. 学习有关理论，学习国内外有关"字理识字教学研究"的资料，借鉴其成功经验。

4. 制定课题研究方案和学生培养目标体系。

5. 实验教师学理论，学方案。

（二）第二阶段：实施操作阶段

这个阶段所做的工作是：

1. 召开课题研究开题会。

2. 根据研究方案，启动课题研究。

3. 学生识字写字现状调查及分析：调查对象为一二年级学生，调查人数共计580人。

学生识字写字状况问卷调查统计表及分析

题目	A（人）	百分比	B（人）	百分比	C（人）	百分比	D（人）	百分比
1. 你喜欢汉字学习吗？	很喜欢		喜欢		较喜欢		不喜欢	
	328	57%	38	6%	127	22%	87	15%
2. 你喜欢老师用课件进行识字教学吗？	很喜欢		喜欢		较喜欢		不喜欢	
	359	62%	175	30%	46	8%	0	0%
3. 你认为自己认识的字多吗？	很多		还可以		不太多		不多	
	174	30%	261	45%	49	8%	96	17%
4. 你认为识字重要吗？	很重要		重要		不太重要		不重要	
	464	80%	24	4%	58	10%	34	6%
5. 你在课外阅读或生活中，遇到不认识的字怎么办？	查字典		问家长		猜猜		不管它	
	232	40%	301	52%	47	8%	0	0%
6. 你会写错别字吗？	很经常		有时会		偶尔会		不会	
	301	52%	163	28%	116	20%	0	0%
7. 你检查作业时注意纠正错别字吗？	很注意		注意		不太注意		不注意	
	163	28%	140	24%	277	48%	0	0%
8. 你有巩固所学汉字的好办法吗？	有很多		有一些		有少数		没有	
	150	26%	116	20%	70	12%	244	42%
9. 在巩固汉字的过程中，你喜欢用哪种方法把汉字记得又快又牢？	拆一拆、分一分		字理识字		死记硬背		形声字识字	
	267	46%	0	0%	104	18%	209	36%

调查分析：

现代社会，电脑技术越来越普及，人们对汉字的认识和书写发生偏差，学生对书写容易产生反感心理。为此，提高学生对识字及书写的兴趣，让孩子写一手规范的中国字，传承中国的文字美、文化美，成为教师的一项艰难使命。识字过程，不仅是掌握汉字的音、形、义帮助阅读和写作的过程，还应该是一个文化积淀的过程。我们要让孩子运用语言文字阅读和写作，亲近祖国语言文字，发现祖国语言文字的美，传承优秀传统文化，这是识字教学的终极意义。从上面的调查统计表中，我们不难发现，有少部分学生不喜欢学习汉字，8%和17%的孩子认为自己认识的字不太多和不多，80%的孩子认为识字很重要，每个孩子都有过写错别字的经历，42%的学生没有巩固所学汉字的好办法，识字方法不多，主要靠"拆一拆、分一分""形声字识字"和死记硬背。基于以上认识，我们希望通过字理识字教学这一课题研究，通过字理识字这一方法，激发学生识字的兴趣，提高识字教学质量，提升学生对汉字文化的认同，建立文化自信。

4. 请专家（集美大学教师教育学院施茂枝教授）对参与研究的教师举办讲座辅导。

5. 及时收集研究信息，注意调控，不断完善操作过程。

6. 定期召开研讨会或课题沙龙，总结交流经验。

（三）第三阶段：交流总结阶段

这个阶段要做的工作主要有：

1. 整理和分析研究结果，撰写课题研究报告，结集出版研究论著。

2. 展示研究成果。

3. 召开结题鉴定会，对课题研究进行评审验收。

七、课题研究的措施

（一）成立机构，健全组织

我们成立了课题研究组。参加研究的教师热情高，干劲足，既有较高的理论水平，又有丰富的教学经验。较高水平的课题研究机构的成立，有利于研究的顺利进行，有利于经验的总结，有利于教研成果的推广。

（二）深入学习，转变教育观念

要改革教学方法，首先需要教育者转变原有不适应改革要求的教学思想和观念。转变教育观念是进行课题研究的前提。我们组织课题组教师学习《中国教育改革和发展纲要》和《语文课程标准》等，组织围绕"素质教育的内涵是什么？""如何优化语文课堂识字教学？""如何提高学生识字能力、增强识字效果？"等问题展开讨论，让教师在学习讨论中懂得：一味遵循固定不变的教学方法只会阻碍学生素质的提高，扼杀学生的个性发展，只有树立正确的教育观，积极投身教学改革，才能探索出新的教学方法，优化课堂教学，提高学生素质。从而使参加课题研究的教师进一步明确"字理识字教学研究"的意义，并自觉创造性地参与课题研究。

（三）健全制度，加强教学研究

没有规矩不成方圆，为提高课题教研实效，我们建立健全教研制度，制订了学习制度、集体备课制度、听评课制度和教学总结制度，以严格的管理制度保障教研活动扎实有效地开展。我们在加强教研制度建设的同时，还遵循"功在课前，利在课堂"的原则，狠抓课前准备，力求以高质量的备课赢得高质量的教学。因此，要求课题组教师集体攻关，认真备课，做到"胸中有字、心中有生、手中有法"，钻研透课程标准中关于识字教学的目标、要求及方法等问题，吃透"会认"和"会写"的不同含义。

（四）注意交流，及时总结提高

实施课题实验，需要不断以全新的教育理论和先进的教学经验做指导，这就决定了课题实验不能孤立、封闭地进行，需要对外交流、相互学习、博采众长，用于充实自我，推动研究的进展。因此我们定期举办课题研讨课、汇报课，鼓励教师参与评课交流，虚心听取意见，及时总结"字理识字教学"的实践经验，同时根据普遍存在的问题进行分析探讨，不断改进教学方法，逐步归纳形成教学策略和模式。

八、课题研究的做法

（一）"两个到位"

1. 认识到位：我们先组织教师学习现代教育教学理论，学习《语文课程标准》，订阅《小学语文》《小学语文教师》《福建教育》等教育刊物。崭新的识字教育理论和理念极大提高了教师们的汉字科学知识和识字教学理论知识，增强了老师们参与课题研究的热情。

2. 经费到位：派出课题研究教师到外地学习观摩，并订阅大量的教育教学刊物，购买所需的教学影像资料等，保证了课题研究的顺利进行。

（二）"三个保证"

1. 机构保证：成立课题研究小组，加强对课题研究工作的指导，为课题研究提供组织保证。

2. 人员保证：学校选择富有探索精神、年轻有为的教师担任课题组教师，通过学习、培训，促使其成为本课题研究的中坚力量，做到人人都是课题的研究者，人人都是课题的管理者。

3. 制度保证：我们充分利用每周业务学习时间了解当前全国各地字理识字教学的最新研究动态，要求课题组教师在平时的教学过程中找准可以运用字理识字教学的"点"，认真学习，认真备课，认真上课，并及时研讨。规定每周的集体备课时间，重点研究字理识字教学存在的问题和解决问题的办法，不断推进课题研究进程。

九、课题研究的成果和启示

（一）学生的识字兴趣增强了

根据我们的观察和调查，以往没有实施这个课题时，老师们总是在教学一定数量象形字和构形部件强的独体字的基础上鼓励孩子们用加一加、减一减等办法教学生字，在教学象形字构形部件强的独体字时，也没有特别的办法，就是让孩子们死记字形，这样，孩子们在识字时，根本就没有把字的音、形、义联系在一起，靠死记硬背，学生对识字一点儿兴趣也没有。经过一年的课题研究，孩子们对识字表现出极大的兴趣，字理识字教学方法运用一段时间后，有时说要让他们看着古体字进行猜字游戏，孩子们个个两眼发光，脸颊通红，对识字表现出了极大的兴趣，甚至有学生对未学过的汉字的理据产生假想，迫切想知道字源。对一些难记、易写错的字进行字理加工后，孩子们记得特别牢，写得准。如教学"燕"时，我们告诉学生，古人把"燕"写作"𦩻"，就像一只燕子的形状，后来演变为"𦩻"，"廿"是燕子的头，"口"是燕子的身子，"口"左右两边拆写成两半的"北"是燕子的翅膀，"灬"是燕子的尾巴，后来变成"燕"。通过这样的加工，学生能很快记住字形，下次要用这个字的时候，能很快从脑中记起"燕"字的符号，并从记忆库中立刻调出这个的字形，也不容易写错。再如，教"寒、鼠、巢"等字时，学生学习的热情空前高涨，学得不亦乐乎。

（二）学生的识字能力和效果增强了

运用加一加、减一减等熟字加减笔画的办法教学生字，对于一部分汉字字形的记忆很好用，但如果每个字都用这样的办法教学，不仅扼杀了孩子们识字的兴趣，孩子们识字的能力也不容易提高。因为他们根本就没有把字的音、形、义联系在一起，靠死记硬背，印象不深刻，运用时费时费力，写错字、别字的现象屡见不鲜。通过一年多的课题研究，学生的识字能力和效果不断增强，对所识的字记得牢、记得准、写得对。如教学"爪"和"瓜""采"和"彩"以及"爬"时，教师先教"爪"：出示动物的爪子，让学生观察甲骨文的"𠂔"说说这个字像不像动物的爪子。接着，让学生观察这个字的演变过程：𠂔爪爪，学生认真比对图与每个字每个笔画之间的联系和区别，一下子就记住了这个字的写法。教"瓜"字时，先出示带瓜秧的瓜图，接着让学生观察"瓜"字的演变：，也让学生仔细观察比照图与每个字每个笔画之间的联系和区别，教师小结："瓜"字第一笔、第二笔和最后一笔构成的外围就像瓜藤，第三笔和第四笔就像一个圆圆的瓜，那个点不能丢。这样，学生写这两个字时就不容易写错。写"采"时，运用字理，出示字源，让学生观察字的演变过程：，让学生说说你的发现。最后教师小结："采"表示一只手放在草木的叶子上，表示"采摘"意思，"采"的上部是"手"演变而成的"爫"（师板书其变写过程）。这是个表示动作的字。然后出示"彩"的字源图：，告诉学生"彩"是个形声字，左边"采"表示读音，"彩"与"采"读同样的音；右边"彡"表示与图画、文饰有关。然后听写几个带有"采"和"彩"的词语，如"采茶、采蘑菇、采摘、采树种、彩虹、彩带、精彩"等，让学生辨别这两个字的用法。没进行课题研究前，有学生经常把"爬"的偏旁"爪"写成"瓜"，课题研究开始，教这个字时，老师出示"爪"和"瓜"的字形，伸出一只手，画出一个带瓜秧的"瓜"，让学生观察手与"爪"、瓜的图与"瓜"的笔画之间的相似之处。引导其辨清"爪"和"瓜"后，再告诉学生爪子能爬，瓜怎么能爬呢？学生一下子就理解、领悟了"爬"的正确写法。

（三）丰富了字理识字教学的理论内涵

通过一年时间的课题研究，我们总结了三条经验，丰富了字理识字教学的理论内涵：

1. 字理识字教学要遵循的三大规律。

（1）在汉字造字规律和演变规律之间，应遵循演变规律。汉字历经几千年的演变，有的造字字源即理据依然清晰可辨，有的理据已经完全消失。在汉字造字规律和演变规律之间，我们要以演变规律为主，因为孩子们学习的是现代汉字，而非古代汉字。

（2）当汉字规律与学生的认知规律相悖时，应遵从学生的认知规律。现代教育认为，教学是学科逻辑和学生心理逻辑之间的有效沟通。德国著名教育家第斯多惠说："课堂教学必须紧密结合人的天性和自然发展规律，这一教学原则是一切课堂教学的最高原则。""学生的发展水平是教学的出发点，教学必须符合受教学生的发展水平。"由此可见，学生是教育的最重要因素，一切教学内容的选择和教学策略的运用，都要服从于学生的内在需求和接受能力。

语文课程标准也指出，"学生生理和心理以及语言能力的发展具有阶段性特征，不同教学内容的教学也有各自的规律，应该根据不同学段学生的特点和不同教学内容，采取合适的教学策略"。"教为学服务""顺学而导""蹲下来看孩子""学生是主体"等教学名言与上述说法不谋而合，从不同的角度阐述了教育对象——学生的重要性。在识字教学中，学生是识字的主体，所谓对汉字的加工，必须是学生的自我加工。教师分析字理，是教师对汉字的加工，只有学生理解并接受了，才可内化为他自己的加工，才能有效促进识记。如果字理超越了学生的理解水平和接受能力，就不可能被内化，所作的分析也就不可能产生作用，甚至起反作用。所以，当汉字规律与学生的认知规律相悖时，应遵从学生的认知规律。

（3）当识字规律和学习语言的规律相悖时，应遵从学习语言的规律。

《语文课程标准》指出，第一学段学生"认识常用汉字 1600 个左右，其中 800 个左右会写"这是在实验稿语文课程标准规定第一学段"认识常用汉字 1600~1800 个，其中 800~1000 个会写"的基础上所作的修改。为何要做这样的修改，就是因为制定课程标准的专家听到了来自一线老师们的呼声：这个学段识字量太大，完成任务力不从心，造成识字质量普遍下降，因为识字以外还有其他众多繁重的教育环节和教学任务，不可能将所有课时都用来识字。

我们知道，语文课程学的是母语。何谓语文，曾有大家说过，口头为语，书面为文。母语其实分为口头语和书面语。识字主要学习的是书面语。识字的目的是为学习阅读和习作打好基础，识字本身不是语文课程的终极目标，这是对识字教学的正确定位，包括低年级的语文课，除了要识字，还有很多任务，包括学习感情朗读、理解课文的大意，获得粗浅的情感体验或审美感受等等。所以，我们不能把所有的精力都用来识字，即便识字教学是低年级的教学重点。

2. 字理识字教学要有目标意识。

识字教学的目标是读准字音、记住字形、了解字义，为阅读和写作打下基础。《语文课程标准》将识字内容分为两类：一类"会认"，要求能读准字音，记住字的大致轮廓，在语言环境中大概了解意思，简言之，在任何语言环境中都读得出；一类"会写"，要求达到"四会"，读准字音，认清字形，了解字义，逐步做到在口头和书面表达中运用。之所以这样安排，是为了遵循"识写分流，多认少写"的原则，在充分考虑学生承受力的前提下，让学生尽早、尽快、尽可能多地认识汉字，为大量阅读创造条件。了解字义并非主要靠分析字理，或者分析字形。那么，字理识字的目的更明确地说，就是要解决字形识记问题，是在字的音、形、义之间建立起某种联系，打通儿童理解和记忆存储之间的通道，为记忆字形提供更多检索途径，以突破字形识记的难点，从而达到更有效地识字的目的。换句话说，分析字理在识字教学中，仅仅是手段，并不是目标。字理识字是否科学，应看它的效果如何。评价字理识字效益的高低，就是看分析字理是否有助于学生达成"四会"的学习目标。简言之，就是对要求学会的字记得快、记得准、记得多、记得牢、会运用。

3. 运用字理识字教学方法时，"零敲碎打"是好办法。

由于汉字学是一门高深的学问，识字教学是个浩大的工程，识字教学过程还要遵从各种各样的规律，所以在平时的字理知识运用上，应充分考虑各种各样的因素，采用"零敲碎打"的方法。

（四）丰富了教师的汉字学知识，提高了教师的教育科研能力

课题研究前，教师们以书教书，教参里面怎么讲，就怎么教，对平时的识字教学方法也没有反思和怀疑。课题研究开始后，老师们开始重视汉字学的知识，积累了大量的汉字学知识，有老师对此深有感触：原来，汉字学是这么奇妙、高深的一门学问，真是"字里有乾坤"啊！不仅如此，教师也开始关注自己平时的识字教学方法，开始关注字理知识如何在识字教学中恰当运用。课题的研究，促使教师学习现代教育理论，不断更新教育观念，提高教学水平。平时，组织教师们进行各种形式的研讨、交流，使教师们的教育科研能力不断提高，逐渐由实践型向科研型转变，也取得了不少课题研究成果。本人成为省级学科带头人培养对象，我的字理识字教学论文《字理识字要有目标意识》发表在《福建教育》2011 年第 9 期上；陈振玲老师参加宁德市第三届小学语文学科教学技能大赛，荣获一等奖；余晓丹老师在 2011 年 5 月举办的县教坛新秀评选活动中，运用字理进行识字教学，被评为县教坛新秀；汤小兰老师在课题中期汇报活动课上，上了字理识字课《鲜花和星星》，获得好评；余桂春老师在课题结题汇报活动中，上了字理识字课《象形字归类复习》，获得好评；课题组各位老师的论文《小学语文字理识字教学研究成果汇编》《字理的魅力》和案例《字理让识字如此美丽》结集出版。

（五）取得了较好的社会效益

通过课题研究，家长对这个课题抱有很大的兴趣。他们密切关注孩子的识字兴趣、识字方法、识字效果，认为本课题的研究，不仅使孩子们的识字兴趣大大提高，尤为可喜的是，识字效果非常好，孩子们的错别字少了，难写的字也不难了，他们还经常手舞足蹈地在家长面前"教"起了刚学过的生字字理，使家长们也受益匪浅。

（六）培植学生热爱祖国语言文字的情感

课题研究前，孩子们对识字没有多大的感情，甚至有些学生还有厌恶情绪。课题研究开始后，孩子们对识字不仅表现出极大的兴趣，而且经常谈论起汉字，

会由衷地赞叹我们老祖宗的聪明才智。他们对祖国语言文字表现出极大的热情和热爱,这将对祖国语言文字的传承和优秀中华文化的传承起到很大的作用。

十、存在的问题及设想

课题研究两年多来,虽然积累了一定的研究经验,但我们还需作进一步深入的研究,有些问题还有待于大家讨论:"字理识字教学"给教师的文化底蕴提出了更高的要求,教师要考虑哪些地方、什么时候运用字理识字比较恰当,不至于造成滥用;在运用字理识字时,要平衡其他几种识字教学方法,以求更有效地实现识字教学的最终目标。同时,由于汉字字字"有乾坤",对教师的备课也提出了更高的要求,如何恰当运用各种识字教学策略也需在教学中仔细斟酌,因"字"施教。

"小学语文字理识字教学"课题的研究,更坚定了我们科研能兴校的信心。在对本课题结题过程中,我们将通过总结,在今后的教学实践中不断探究加以完善。在今后的教学实践中,我们将更加努力学习理论知识,提高自身的业务素质和水平,把更丰厚的汉字学修养作为教学的底蕴,不断投入到新的课题研究中,同时我们更期待各级有关专家对我们的研究给予关注和指导。

字理识字要有目标意识①

字理，也称造字理据，顾名思义，即造字的源头、道理、根据。演变了数千年，至今仍然有部分汉字没有失去理据。运用汉字的字理，分析汉字音、形、义之间的内在联系，达到帮助学生识字、培养识字能力的目的，是为字理识字。但字理识字也有局限性，正确运用字理识字，必须澄清三个问题。

一、讲解字理要为实现教学目标服务

识字教学的目标是读准字音、记住字形、了解字义，为阅读和写作打下基础。《语文课程标准》将识字目标分为两类：一类"会认"，其要求是会读准字音，记住字的大致轮廓，在语言环境中大概了解意思，简言之，在任何场合出现都读得出。一类"会写"，要求达到"四会"：读准字音，认清字形，了解字义，逐步做到在口头和书面表达中运用。之所以这样安排，是遵循了"识写分流，多认少写"的原则。在充分考虑学生承受能力的前提下，让学生尽早、尽快、尽可能多地认识汉字，为大量阅读创造条件。

字义的教学，实质是词义的教学，而词义主要是在语言环境中习得。在现代汉语中，词是构成语言的基本单位。词由语素构成，而多数语素书面上就是用一个字表示。在对使用概念不十分严格要求的情况下，也可以简单地说，词往往由字组成，有时一个字就是一个词，了解了字义也就了解或基本了解了词义。我们知道，儿童的口头语言发展早在 1 岁左右就已开始，对词义（字义）的了解早于学习汉字之时。入学后学习汉字，儿童对词义（字义）的了解往往是根据他们的生活经验，而不是根据字形分析造字原意。如儿童理解"妈妈"的"妈"字，是根据学前对"妈妈"的直观、亲身的感受得来的，而不是根据分析古人怎么造这个字得来的。这就说明理解词义（字义）的大背景是语言环境。《语文课程标准》指出，学生第一学段要能"结合上下文和生活实际了解课

---

① 本文发表于《福建教育》2011 年第 9 期.

文中词句的意思，在阅读中积累词语"。第二学段要"能联系上下文，理解词句的意思，体会课文中关键词句在表达情意方面的作用。能借助字典、词典和生活积累，理解生词的意义"。第三学段要"能借助词典阅读，**理解词语在语言环境中的恰当意义**，辨别词语的感情色彩"，要能"联系上下文和自己的积累，推想课文中有关词句的意思，体会其表达效果"。以上几段文字中"词句的意思"也包括了"词义"，它们也都表明，儿童对汉字词义（字义）的了解主要是靠语言环境，包括上下文语境和生活经验。

了解字义并非主要靠分析字理，或者分析字形。那么，字理的目的是什么？更明确地说，就是要解决字形识记问题，是在字的音、形、义之间建立起某种联系，打通儿童理解和记忆存储之间的通道，为记忆字形提供更多检索途径，以突破字形识记的难点，从而达到更有效地识字的目的。换句话说，分析字理在识字教学中，仅仅是识字手段，并不是识字目标。字理识字是否科学，应看它的效益。评价字理识字效益的高低，就是看分析字理是否有助于帮助学生尽可能多地对"会写"的字达成"四会"的学习目标。简言之，就是对要求学会的字记得快、记得准、记得多、记得牢、会运用。

二、有助于实现教学目标的字理运用

在学生可以理解和接受的前提下，以下情形可以讲解字理，以利于突破字形识记难点，达成教学目标。

1. 可作为形旁的独体字

有些独体字可以作为形旁，如"水"（氵）、木、人、刀、肉（月）、阜（阝）等，教师可把象形字、指事字所展示的汉字产生、演变的过程用实物图或动作等方法演示给学生，然后把楷体字的重点笔画与实物图或动作进行比照，让学生直观、形象地感知、理解汉字的形、义。教学"人"字，教师可张开双脚，让学生观察"人"字的笔画与人的身形之间的相似之处，形象地记住"人"的字形。苏教版一年级下册《识字3》出现了"舟、竹、石"等要求会写的字。以"舟"字为例，可让学生观察图上小舟的形状与抽象概括图和楷体字"舟"的演变过程，然后进行比对，观察楷体字"舟"的各个笔画与抽象概括图及实物各部分之间的联系，让学生形象地记忆"舟"的字形，并通过"小舟"一词理解"舟"的字义。由于形旁再生汉字能力强，学生可以触类旁通地学习一串字。

2. 易错、易混字

学习了"辨、辫、辩、瓣"后，学生经常混用。教师可以这样引导辨析：

这四个字左右两边相同，不同的是中间部分。"辨"中间是"刀"的变写，从"刂"，"刀"把两边分得清清楚楚，"分辨、辨析、辨别"取其意；"辫"中间是绞丝，从"糹"，表示与丝有关的名称、动作、形状及颜色，"辫子"即取其义；"辩"从"讠"，说明与语言文字有关，"争辩、辩白、辩论"即是；"瓣"从"瓜"，从"瓜"的字表示与瓜果有关，"花瓣""豆瓣"意即此。低年级学生经常把"爬"的"爪"写成"瓜"，教师可以出示"爪"与"瓜"的字形，伸出一只手，画出一个带瓜秧的"瓜"，让学生观察手与"爪"、瓜的图与"瓜"的笔画之间的相似之处。引导其辨清"爪"和"瓜"后，再告诉学生：爪子能爬，瓜怎么能爬呢？学生一下子就理解领悟了"爬"的正确写法。

三、无助于实现教学目标的不宜运用字理

作为一种手段，字理教学有长处，但也有短处。运用得当，有助于学生建立字的音、形、义之间的联系，变机械记忆为意义识记，降低识字难度，增强识字效果。但运用不当，反而会增加学生的负担，所谓"过犹不及""物极必反"。

人教版二年级上册《欢庆》一课，出现了"祖国"的"祖"字，这是个要求"会写"的生字。一位教师是这样教的：先出示多幅有关国庆阅兵方阵和燃放烟花的图片，帮助学生理解"祖国"的意思。接着，把"祖"字一拆两半，出示了"示"和"且"从甲骨文到金文、小篆、隶书、楷书的演变过程图，并以文字介绍其理据——"示"原来是祭神的石制供桌，成"T"形，后来才演变为"示"（音 qí，同"祇"），而且与"示"（音 shì）混同，"示"旁的字大都与祭祀、崇拜、祷祝有关；"且"是"祖"的本字，字形模拟一块死去的祖先的祭祀牌位，后来假借为虚词，于是加"示"字旁另造"祖"字，两字才有了分工。随后，教师让学生读一读这两个字的理据，并仔细观察两字的演变过程。最后，教师要求学生写"祖"字。结果，许多学生写了错别字。有的把"礻"写成"衤"，有的在右边的"且"里面多加了一横。为什么会出现这种现象呢？我认为，原因有三点：

其一，错把字理当成了识字教学目标。字理识字只是一种手段，是为了实现让学生读准字音、理解字义尤其是帮助学生记住字形这个目标服务的。但在"祖"字的教学中，教师关注的是字理本身，反而忽略了目标。其实，能将"祖"的平舌音读准，模糊地了解"祖国"的意思，掌握它的字形，能默写出来，才是教学目标，至于造字原意，小学生没有必要掌握。

其二，着力点发生偏差。我教低年级多年，发现学生读这个字的音、理解

它的意思并不难。这个字的教学重点在它的字形，掌握字形的关键有二：一是左边的"礻"要与"衤"区别开来；二是右边"且"里面只有两横，而非三横或一横。由于教师把着力点放到"示"和"且"这两个字的字源上，那么有许多学生写出错别字就不足为奇了。

其三，违背学生的身心特点。学科教学实质上是学科知识与学生认知心理的沟通。学生是识字的主体，教师所讲的知识只有在学生能够理解时才能被接受。上例中有关"祖"字的理据介绍，对二年级的学生来说，远远超出了他们的理解能力。教师讲得口干舌燥，花了很大的气力却收效甚微，完全是意料之中的事。

在识字教学过程中，教师应时时警醒自己：有助于实现识字教学目标、提高识字效益的就讲；反之则不讲。以下这几类字就不适合运用字理：失去理据的字，不分析字理也容易学会的汉字，拥有字理但不易被学生理解的字。识字教学方法有许许多多，字理识字只是其中一种。无论选择哪种方法，成功的前提是教师要有很强的目标意识。

适宜 = 适度 + 适量

——识字教学应如何运用汉字字理知识

语文课程标准指出，应"认识中华文化的丰厚博大，吸收民族文化智慧"；"语文课程还应考虑汉语言文字的特点对识字写字、阅读、写作、口语交际和学生思维发展等方面的影响，在教学中尤其要重视培养良好的语感和整体把握的能力"。汉字与拼音文字不同，它是音、形、义结合的文字，拥有最初造字的理据。演变了数千年，至今仍然有部分汉字没有失去理据。运用汉字的字理，分析汉字音、形、义之间的内在联系，达到帮助学生识字、培养识字能力的目的，是为字理识字。字理识字是众多识字教学中的其中一种，这是对它的正确定位。识字教学的目标有三点：有利于激发学生的识字兴趣；便于记忆字形；有利于理解字义。识字教学的有效性体现在学生记得多、记得牢、记得快、记得准、会运用。那么，如何在识字教学中正确运用字理识字知识呢？

一、适度

"适度"，即适合要求的程度或程度适当。从中我们可以窥探到"适度"背后的隐秘，即它所指向的对象。这个对象对教育而言，就是学生。

（一）遵循学生的认知规律适度应用字理

现代教育学认为，教学是学科逻辑和学生心理逻辑的有效沟通。德国著名教育家第斯多惠说："课堂教学必须紧密结合人的天性和自然发展规律，这一教学原则是一切课堂教学的最高原则。""学生的发展水平是教学的出发点，教学必须符合受教学生的发展水平。"由此可见，学生是教育的最重要因素，一切教学内容的选择和教学策略的运用，都要服从于学生的内在需求和接受能力。

《语文课程标准》指出，"学生生理和心理以及语言能力的发展具有阶段性特征，不同教学内容的教学也有各自的规律，应该根据不同学段学生的特点和不同教学内容，采取合适的教学策略""教为学服务""顺学而导""蹲下来看孩子""学生是主体"等教学名言与上述说法不谋而合，从不同的角度阐述了教育对象——学生的重要性。在识字教学中，学生是识字的主体，所谓对汉字的加工，必须是学生的自我加工。

教师分析字理，是教师对汉字理据的加工，只有学生理解并接受了，才可内化为学生自己的加工，才能有效促进识记。如果字理超越了学生的理解水平和接受能力，就不可能被其内化，所作的分析也不可能产生作用，甚至起反作用。"前"字一般都出现在各个版本低年级语文教材中。"前"原本是"剪"字，音jiǎn，即"剪"的初文。也是形声字："前"右下的"刂"表示"剪"义，其余部分是声符，古文字时写作"歬"，音qián。这个"歬"，就是现在"前"的意思。会意字，上部的"止"是"脚"，下部是"舟"，用"止"站在"舟"上表示乘舟前进，引申为"前面"。后来，"歬"被专用作了偏旁，楷书写作"前"省去"刂"形，不独立成字了。于是，"歬"义便假借本是"剪"义的"前"（jiǎn）来表示，而"剪"义则借"翦"（jiǎn，初生的羽毛）来表示，较早的典籍大都借"翦"表示"剪"义。但由于用"翦"形表示"剪"义不合适，于是，人们又专门给原先表示"剪"义的"前"再加"刀"造"剪"字，从此"剪"流行。从"歬"到"前"再到"翦""剪"，涉及的偏旁主要有"止""刀"，其相互关系构成了一个小系统。现在"歬"形已经不用了，"翦"也不常用，"前"和"剪"还用得很频繁，所以我们应该重视这两个字的关系。试想，如果对低年级学生如此这般地讲解这么多字理知识，学生能接受吗？不会起反作用吗？不用说小学生，就是成人也听得云里雾里，"你不说我还明白，你越说我是越糊涂"。在教学"前"字时，让学生用加一加的办法记住这个字，告诉学生上半部是点、撇、横，左下方是"月"的变写，右下方是个"刀"字，通俗易懂，简洁省时，比起上面那种讲解字理的教学方法，孰优孰劣，一看便知。所以，讲解字理，一定要考虑学生的接受能力和认知能力，否则，教师滔滔不绝地讲，学生茫然不知，甚至因此厌恶学习汉字，就在情理当中。

（二）结合汉字构字的特点适度了解字理

汉字是音、形、义的结合体，这是汉字的特点。每一个汉字是怎么造出来的，都是有理据的。但是，在几千年的汉字传承和演变过程中，有些汉字的理据已经消失，有些汉字的理据依然还在，并且清晰可辨。在识字教学过程中，可以适度地讲解字理，增强识字的效果。实际上，字理识字就是要解决字形识记问题，是在字的音、形、义之间建立起某种联系，打通儿童理解和记忆存储之间的通道，为记忆字形提供更多检索途径，以突破字形识记的难点，从而达到更有效地识字的目的。如"寒"字的教学，可先出示"寒"字的金文、小篆和楷体的写法，如下：

金文　　　　　　小篆　　　　　　楷体

这是个会意字。让学生仔细观察金文和小篆写法的相似之处，告诉学生金文外面是"宀"（mián），表示房屋；中间是"人"，人的左右两边是四个"草"，表示用很多草抵御寒冷；下面两横表示"冰"。寒冷是一种感觉，人们虽能感觉到，但是却看不见。于是古人就采用这几个形体来创造这个字，蜷曲在室内，以草避寒，表示天气很冷，本义是"冷、寒冷"。"寒"字一般都出现在各个版本的低年级教材中，苏教版出现在一年级下册《春到梅花山》一课。如果对一年级的孩子适度地讲解"寒"字的理据，也就是古人怎么造出这个字的，让学生把象形的"寒"与楷体的"寒"的每一个笔画进行比对，那么学生一定会一下子记住它的字形，并永生难忘。

有些汉字，尽管拥有字理，但却不适合用字理识字的方法进行教学。如"喜"字，这个字也出现在低年级各个版本的教材中，苏教版出现在二年级下册《猴子种果树》一课。"喜"是"壴"（音 zhù）和"口"的合体。"壴"是象形字，小篆写作"壴"，象架设的一面鼓：中间是鼓面，上面是装饰，下面是鼓架。"壴、口"合体，就是以鼓乐和笑口表示"喜"义。但"壴"是冷僻字，低年级学生甚至成人基本都未见过，更不会使用。"壴"模拟架设的一面鼓，这远离孩子的生活经验，对于小学生识记字形而言，难点依旧。教学时，不应该给低年级小学生讲"喜"字的字理。平时教学中，有许多老师鼓励学生运用拆分的方法记住这个字：把"喜"字一拆三份，变成"十、豆、口"，陌生的字形一下子转变为熟悉的，难点便迅速化解，尽管这种拆分不合字理。

二、适量

《语文课程标准》指出：第一学段学生"认识常用汉字 1600 个左右，其中800 个左右会写"，这是在《语文课程标准》（实验稿）规定第一学段"认识常用汉字 1600-1800 个，其中 800-1000 个会写"的基础上所作的修改。为何要作这样的修改？就是因为这个学段识字量太大，教师完成任务力不从心，学生识字质量普遍下降。语文是母语课程。何谓语文，曾有教育大家说过：口头为语，书面为文。母语分为口头语和书面语。识字是书面语课程。识字的目的是为阅读和习作打好基础，识字本身不是语文课程的终极目标，这是对识字教学的正确定位。因为低学段语文教学除了识字以外还有其他教学任务，包括学习感情朗读，理解课文大意，获得粗浅的情感体验或审美感受等等，教师不可能将所有课时都用来识字，即便识字教学是低段语文教学的重点。

有一位老师教学人教版一年级下册《识字5》一课，是这样进行的：课始，该老师出示课文前面的导语，领着学生读，之后，教师运用汉字学知识教学生字"众、跟、团"等，并以一字带多字。譬如教学"谁"字，教师出示了"隹"部的原形（鸟）及其演变过程，学生便清楚地记住"隹有四横"，而后，又带出众多相关部件的字：堆、推、雀、雁、集、雄……学生在倾听与比较中增长了知识，增加了识字量——据不完全统计，这堂课教学了15个生字，带出的字约20个，远远高出了本课教材要求的"会认12个，会写6个"这一目标。课堂上，学生不停地猜测着屏幕上、黑板上的甲骨文、金文与今天要学习的汉字之间的联系。试想，这样的一节识字课，识字量是够足的，但对于第一学段的学生来说，适量吗？显然，这样的量远远超出了低年级学生的承受能力和认知水平。即使学生看似已经认识了这些字，但因后继的阅读没有跟进，也就是说在后面的阅读材料中，这些字并没有高频出现，学生遗忘得也快。因为识字要跟阅读紧密地联系，才会促进识字和阅读的良性循环。

人教版一年级上册《静夜思》，全诗20个字，有生字"静、夜、床、光、举、头、望、低、故、乡"等，有位老师完全放弃对诗歌的阅读，包括朗读诗句，理解大意，获得粗浅的情感体验和一定的审美感受等，一味把生字简单地从诗句中剥离出来，详尽地讲解每个字的字理和从甲骨文、金文、小篆到楷书的演变过程。而根据教材的安排，除了"头"字要求会写，这些都属于"会认"的字，课堂上连"会认"字最重要的教学任务即读准字音都匆匆带过，另一项识字任务——书写"目、耳、头、米"便更没有时间进行了。在这里，教师的识字教学目标发生错位，课堂演变为类似大学的汉字学课。

由此可见，字理识字教学要适量，并非每一个字都适用字理识字。我认为，字理识字可用于以下情况：

（一）象形字教学

象形字，"象"即模拟，象形，就是模拟事物的外形或形状。大部分象形字构字能力都很强，所以，教学象形字时运用字理，有"教一字，得一串"的教学效果。如教学了"隹（音 zhuī）"，明白了它表示短尾巴鸟，再学习"雕、鹰、雁、集"等字就容易多了。象形字的教学，可出示实物图、抽象概括图和楷体字之间的联系，然后让学生进行比照，看看它们之间的联系和区别，从而形象地记住字形。苏教版一年级下册《识字3》中出现了"舟、竹、石、泉、川、燕"等要求"会写"的字。以"石"字为例，可让学生观察图上石头的形状与抽象概括图、楷体字"石"的演变过程，然后进行比对，观察楷体字"石"的各个笔画与抽象概括图及实物石头各部分之间的联系，让学生形象地记忆"石"的字形，并通过"石头"一词理解"石"的字义。由于"石"字作为形旁再生能力强，学生可以触类旁通地学习一串字。

（二）形近字教学

学生识字量达到一定程度时，或者学习的偏旁相近时，往往会把形近字混同起来，出现写错别字的现象，运用字理是解决这个问题的好办法。如学生经常把"礻、衤"两个偏旁混淆，这时可运用字理帮助学生辨清。可以出示"示"的古文字"示"和楷体字"示"以及变写的"礻"，告诉学生"示"最早写成"T"，像祭祀用的祭台的形状，所以带有"礻"偏旁的字多与祭祀、礼仪、祝福有关，叫"示字旁"，是"示"的变写（师可板书其变写的过程）。楷体的"衣"最早写作"衣"，是古代人穿的衣服的形状，后来楷体的"衣"变写成"衤"，叫"衣字旁"（师可板书其变写的过程），凡是与"衤"有关的字都与衣服有关。接着，教师可以让学生说说带有"示字旁"的字如祖、祝、福、礼、祷、视（"礻"，声旁，表音；"见"，形旁，表义，看见）"和带有"衣字旁"的字如裤、衬、衫、袖、初（原意指拿起剪刀裁剪衣服的开始，表示"开始、原初"之意），教师通过用字理帮助学生辨析这两个形近的偏旁，学生从字源上理解了它们表示的意义，写时就不容易写错。

总之，字理识字教学一定要注意适度和适量。教师要时刻警醒自己，我们的教育对象是小学生，一定要遵循学生的认知规律和汉字本身的构字特点，适量地运用字理进行教学，而不是多多益善，零敲碎打是可行的方法。在运用的过程中，牢牢记住识字的教学目的。只有这样，才会提高识字教学的效益。

小学书法课程与语文课程融合教育实践研究

中华文化博大精深，其中，书法源远流长。书法是中国哲学思想影响下的民族文化瑰宝，植根于中华优秀传统文化土壤，蕴含着中国艺术精神，反映着中华民族几千年的文明史。书法课程是实施书法教育的主阵地，也是提升学生核心素养的有效载体。提高学生的书写能力，促进学生核心素养的发展，是设置书法课程的出发点。书法是一门历史悠久的艺术，书法教育的历史同样悠久漫长。但是书法教育作为义务教育阶段的一门课程，却比较短暂，如一株刚刚破土萌芽的幼苗。

语文课程是一门学习语言文字运用的综合性、实践性课程。义务教育阶段的语文课程，应使学生初步学会运用祖国的语言文字进行交流沟通，吸收古今中外优秀文化，提高思想文化修养，促进自身精神成长。工具性与人文性的统一，是语文课程的基本特点。

《语文课程标准》中关于写字教学的具体建议指出："练字的过程也是学生性情、态度、审美趣味养成的过程。每个学段都要指导学生写好汉字。要求学生写字姿势正确，指导学生掌握基本的书写技能，养成良好的书写习惯，提高书写质量。第一、第二、第三学段，要在每天的语文课中安排 10 分钟，在教师指导下随堂练习，做到天天练。要在日常书写中增强练字意识，讲究练字效果。"

《教育部关于中小学开展书法教育的意见》中提出："在义务教育阶段语文课程中，要按照课程标准要求开展书法教育，其中三至六年级的语文课程中，每周安排一课时书法课。"《中小学书法教育指导纲要》基本理念中还提道：中小学书法教育以语文课程中识字和写字教学为基本内容，以提高汉字书写能力为基本目标，以书写实践为基本途径，适度融入书法审美和书法文化教育；要面向全体学生，让每个学生写好汉字；硬笔和毛笔兼修，实用与审美相辅；要加强技能训练，提高文化修养。

一、研究意义

目前我们使用的统编教材注重书法教育，精心编排了硬笔书法和软笔书法教学内容。但是，由于篇幅的限制，教材中对于书法教育的内容很有限。硬笔写字教学内容分散安排在语文园地中，随年级增高递减；软笔书法教学内容分散安排在第三学段教材中，每学期仅有一次楷书书写提示。近两年由教育部审定的小学三至六年级使用的软笔书写教材《书法练习指导》从汉字的基本笔画开始，对学生的软笔书法练习进行系统、循序渐进的指导，教材内容编写较为丰富，可以较好地补充语文教材中关于软笔书法板块设计的不足。书法学习需要大量的实践训练，仅靠每周 1 课时进行书法学习是远远不够的。要想解决这一矛盾，融合教育是必然的选择。因此，推进小学书法课程与语文课程融合教育，在课程融合教育中提高学生的书写能力，培养和提高学生的审美能力和审美情趣，促进学生核心素养发展，是本研究的意义。

写字教学一直是语文课的教学任务之一。书法课程独立开设后，语文课程中关于写字、书法的教学不但不应削弱，而且要加强两门课程的配合与互动。小学低年级语文课程的写字教学应继续加强并注意与中年级开设的书法课程相衔接。

书法课程的核心素养是提高书写能力，提升审美能力和审美情趣，传承中华民族优秀传统文化，增强文化自信、培育爱国情怀。语文课程的核心素养是语言建构与运用、思维发展与提升、审美鉴赏与创造、文化传承与理解。它们核心素养的共同点是对审美能力的培养与文化的传承。

书法课程是祖国经典传统文化的传承和发展教育，语文课程是母语教育课程。书法课程和语文课程的共同特征就是工具性和人文性。它们同为祖国语言文字和文化的瑰宝，与我校秉承"端端正正写字，堂堂正正做人""立字立人"的办学理念不谋而合，融合教育顺理成章，水到渠成，对学生核心素养的发展无疑会起到极大的促进作用。

目前，写字教学内容归属语文学科，受到语文教学内容的挤压和冲击以及语文课程学业评价方式的制约，写字教学没有引起足够的重视。书法课程虽已列入课表中，由于受师资水平不到位、不安排书法等级考试和评价等因素制约，书法课常常被挪作他用，也没有引起必要的重视，更别提书法课程和语文课程教育的融合了。由于书法教育是近几年才提出的，有越来越受重视的倾向，但其理论研究和实践研究都呈零散的状态。

书法教育是一种审美教育，随着书法学习实践的不断深入，学生对美的体验力、感受力、欣赏力、评价力、表现力和创造力就会越来越强。许许多多艺术形式证明，越是民族的，就越是世界的。在电脑键盘打字冲击祖国传统书法艺术传播的现代社会，国人的书写能力受到许多人的质疑。在社会主义核心价值观引领下的学生核心素养培养被提到空前高度的今天，融合小学书法课程和语文课程教育，在提高学生书写能力的同时，提升学生的内心定力和精神品格，传承祖国优秀传统文化，显得尤其重要。

二、研究目标、内容与重点

（一）研究目标

创设良好的书法育人环境，加强书法课程与语文课程融合教育，力争通过各种有效的教学方式，使学生具备三方面的素质：能掌握硬笔、毛笔的基本技法，提高书写能力；热爱汉字，热爱母语，热爱书法，珍视中华优秀传统文化，增强文化自信和爱国情感；感受汉字和汉语的魅力，陶冶情操，提高审美能力、审美情趣和文化品位。

（二）研究内容

1. 研究如何将书法教育特色与校园文化建设相结合。

在校园文化建设中加强书法文化因子，以学校"同赏阁"书法吧为依托，建设书法走廊；在创建书法教育特色学校即"墨香校园"的过程中，注重体现学校的校园文化环境。做到书法教育特色促进校园文化建设，校园文化建设彰显书法教育特色。

2. 研究如何将书法教学与语文教学相融合。

以语文课程中的识字和写字教学为基本内容，以提高学生汉字书写能力为目标。通过书法课堂、书法社团活动、书法社会实践活动、书法展示活动、书法比赛等活动，渗透书法审美与文化。在语文教学与书法教学的融合中，使学生对汉字和书法承载的丰富内涵和文化价值有所了解，提高自身文化修养，促进核心素养全面发展。

3. 研究如何将学生的书法素养与传统文化熏陶相结合。

书法技能之外领域极大，学书法，读书法，品书法，将书法与国学经典诵读活动相结合，从而加强优秀传统文化思想的熏陶，提高审美情趣和品位。

4. 研究如何将书法教育与社会实践活动相融合。

在打造书法教育特色学校即"墨香校园"的基础上，开设书法教育校本课程。组织学生走出校园，为学生创设参与社会书法艺术的实践活动，例如组织学生参加社区书法展示交流、兄弟学校举办的书法实践活动、寒假上街为市民义务写春联送祝福、县文化馆一年一度书画展活动等，以共同繁荣书法艺术。

（三）研究重点

第一学段侧重硬笔书法教育，即写好铅笔字，指导学生写好基本笔画、偏旁部首、基本字和基本结构。

第二学段侧重硬笔书法和软笔书法兼修，关注学生从写铅笔字向写钢笔字过渡，注重引导学生感悟钢笔字的起笔、运笔、收笔等技法。同时指导学生写好毛笔字的基本笔画、偏旁部首和基本结构。

第三学段侧重硬笔书法和软笔书法兼修，关注学生写好钢笔字，注意行款整齐，卷面整洁并提高写字速度。同时指导感悟毛笔字的结体、章法、布局等技法。

各个学段的写字评价都要关注学生的坐姿和执笔姿势，养成良好的书写习惯，提高书写质量。

三、研究思路、过程与方法

（一）研究思路

书法课程通过确立课程实施理念、完善课程管理机制、强化教师队伍建设，并注重在学生发展需求、教师专业特长、综合实践活动、校园文化建设、多维立体评价等方面与语文教育的融合，科学建构书法课程实践体系，让学生获得能够适应社会生活和自身可持续发展的核心素养。

（二）研究过程

研究分为三个阶段：

第一阶段：准备阶段

以点带面，充分发挥本校优秀书法教师的专长，鼓励书法专长教师带动学校全体教师探讨、练习书法，成立书法教研组。根据书法课程和语文课程的内容编排，制定具体的研究计划，形成课题研究实施细则。加强宣传，让书法成为学校校园文化建设的主阵地。

第二阶段：实施阶段

拟定《学生书法课程评价方案》；上好低年级的写字课、中高年级的书法课以及语文课中的写字指导；定期举办学生书法展。

开展书法教研活动。成立书法社团，培养优秀书法苗子，组织书法尖子开展书法实践活动。

推荐书法教师阅读书法理论书籍，在书法教学过程中向学生渗透书法知识和理论，增强学生对书法的理解和热爱；推荐学生阅读国学经典，将书法活动与国学经典诵读活动相结合，开展读书交流，探讨读书心得。

定期进行书法课程与语文课程融合教育研究。

第三阶段：总结阶段

总结课题运作情况，查漏补缺，收集、整理资料，并撰写研究报告，向家长、兄弟学校、社会各界全面展示学校开展书法课程和语文课程融合教育的成果。

（三）研究方法

文献研究法：通过查阅国内外关于书法课程和语文课程融合教育的文献资料，分析和把握课题的基本特征和原理。

观察法：通过细致观察，运用硬笔和软笔书法技法，指导并评价学生写好硬笔和软笔字。

调查分析法：对于学生在实践中有什么样的感受和体会，教师应该随时对学生进行调查，明白学生对硬笔、软笔教学有什么样的意见及建议，从而使教学更有针对性，更符合学生的实际，切实提高写字效果。

案例研究法：通过对书法教学案例或语文课中优秀的写字教学案例进行分析、研究，探求汉字书写指导的知识，以求学生更准确地掌握汉字书写的规律。

经验总结法：分阶段及时总结课题第一手经验，总结书法课程与语文课程融合教育的内容、方法，总结各阶段研究成果。

四、主要观点与创新之处

（一）主要观点

以语文课程中的识字写字内容和书法课程中的书法练习指导为依托，融合两种课程教育，使我校成为书法教育特色学校，培养一批书法学习尖子，带动全校学生学习书法的热情，让每个孩子达到规范书写汉字的基本要求，同时鼓励部分学生冒尖，为他们在书法方面的可持续性发展奠定基础。在融合中既要培养学生汉字书写的实用能力，还要发展学生的审美能力，提高文化修养，促进核心素养发展。

（二）创新之处

丰富书法教育理论；形成具有我校特色的书法课程与语文课程融合教育策略；编写适合我校实际的书法教育校本课程；形成县域（或更大）范围的书法课程和语文课程融合教育实践经验，并向兄弟学校推广。

培养良好的写字习惯

一、养成良好的写字习惯很重要

（一）课程标准要求和现实需求

《语文课程标准》非常重视写字教学，将写字教学设定为一项贯穿义务教育全过程的重要教学活动。课标在"实施建议"部分指出："每个学段都要指导学生写好汉字。要求学生写字姿势正确，指导学生掌握基本的书写技能，养成良好的书写习惯，提高书写质量……要在日常书写中增强练字意识，讲究练字效果。"在具体目标中，第一学段要"努力养成良好的写字习惯，写字姿势正确，书写规范、端正、整洁"。第二学段要"写字姿势正确，有良好的书写习惯"。第三、四学段都要"写字姿势正确，有良好的书写习惯"。从这些"具体建议"和"学段目标与内容"可以看出，"写字姿势"和"良好的写字（书写）习惯"应伴随孩子们的整个学习过程，乃至一生。

著名文学家郭沫若认为，培养中小学生写好字，不一定要人人都成为书法家，但总要把字写得合乎规范，比较端正、干净，容易认。养成这样的习惯有好处，能够使人细心，容易集中意志，善于体贴人。草草了事，粗枝大叶，独断专行，是容易误事的……但是现实的情况是，许多学生书写姿势和握笔姿势不正确，书写不端正，字迹潦草、难以辨认，常出现错别字，笔顺、笔画错误更是司空见惯，写字速度就更不用提了。培养良好的写字习惯成为中小学语文课程教学非常重要的亟待解决的问题之一。

这些论述，提醒我们：要想让学生写好字，老师首先得重视写字教学。理念指导思想，思想引领行为。没有正确的教学理念，就没有教学行为的改变。

（二）写字习惯对书写有很大影响

写字习惯中最重要的、最基础的当然数正确的坐姿和握笔姿势了。就硬笔书写而言，正确的坐姿是放松地坐在桌面高矮合适的桌前适当位置（椅子不能太靠近桌子，也不能离桌子太远，胸口离桌沿约一拳距离），做到头正（眼离纸面约一尺距离）、肩平（不倾斜，放松）、身直（上半身稍稍前倾）、臂开（自然放松，不一前一后）、足安（两脚平放地上，与肩同宽）。正确的执笔姿势是拇指、食指和中指自然弯曲，在三个指梢之间、距离笔尖约 3 厘米处（约一寸）轻轻捏住笔杆，笔杆倾斜，使笔杆和纸面成约 60 度夹角，靠在虎口旁食指凸起的骨关节边上，无名指和小指自然弯曲抵住中指，掌心虚圆。但现实中学生的坐姿和握笔姿势不容乐观。有的学生握笔时，拇指伸长压住食指；抑或食指伸长压住拇指；或者笔尖离纸面距离太近，导致手指挡住视线，不得不歪着脑袋，长此以往导致近视、斜视或脊柱严重弯曲，还影响写字的速度、质量；有的孩子手腕内扣，笔杆朝前；或者太用力，书写时手腕不能灵活运转，很容易疲劳，影响书写速度；有的笔杆竖直朝上，笔尖与纸面之间没有形成一定角度的夹角，很费力，影响书写速度；还有的握笔时，无名指和小指内扣或外伸，增大了手与纸面的摩擦力，使运笔不够顺畅，也影响了写字的速度和质量。其实，正确的坐姿和握笔姿势是写好字的前提，就像提琴手，琴好、弓好、环境好，是拉好琴的先决条件。学生如果从小学一年级入学开始就能有良好的坐姿和握笔姿势，就能树立写好字的信心，在落笔的那一刻就能写好字。这样既有利于孩子的身心健康，又利于培养专注、有耐心、有毅力的品格，还能培养孩子对汉字形体美的感受力和鉴赏力，久而久之，对中华文化就有很深的认同感，展现出文化自信。

另外，小学生（尤其是低年级学生）非常善于模仿，可塑性很强，我们要抓住学生的这种特点好好利用。老师要有过硬的看家本领，自己能写得一手漂亮的字，不管是粉笔字、铅笔字还是钢笔字，同时具有良好的坐姿和握笔姿势，强于要求学生的千言万语，这是教师的"范"的体现。

二、如何培养学生良好的写字习惯

就硬笔书写而言，不好的写字习惯导致学生字迹潦草，书写难以辨认，卷面不整洁。究其原因，一是学生从一年级开始，老师就没有好好强调和训练良好的写字习惯；二是老师本身对"良好的写字习惯"不甚了解。那么，良好的书写习惯是什么？我们又该怎样培养学生良好的写字习惯呢？

（一）明确写字习惯的内容

1. 书写之前收拾书桌，做到干净、整洁，摆放好纸和笔，不摆放与写字无关的物品。

2. 正确的书写姿势：如前所述，要有正确的坐姿和握笔姿势。

3. 正确使用书写工具：

铅笔：选择质量上乘的铅笔，不建议使用细杆铅笔，因为细杆铅笔不容易抓握；笔尖秃了，要及时更换，或者转动笔杆以调整笔尖与纸面的接触面；自然抓握，用力均匀；

钢笔或水笔：握笔姿势与铅笔相同，自然抓握，用力均匀；出水不顺畅时不乱甩，钢笔应及时清洗吸水，水笔应及时更换笔芯；写完及时套上笔套；防止摔到地上。

4. 认真临写田字格中的字：

仔细观察字的笔画位置和间架结构（读帖），按照笔顺规则认真临写。

5. 认真书写方格中的字：大小相同；位于格子中间；标点符号占格，位于格子左下角（若遇到一行最后一格后要用符号，应挤进格子右下角，不能写在下一行第一格；如遇到冒号和引号，冒号在格子左下角，前引号在同一格右上角，后引号在格子左上角）。

6. 认真书写横条格和竖条格中的字：横写时，字的中心在横格的中线上，保持水平；字距相等，标点符号和字之间也要保持一定的距离；掌握正确的运笔方式；一句话要连贯地写出来；书写速度要均匀，不要忽快忽慢；字距要比行距小，字的大小一致，两边留的空白大致相等；标题和作者要写在醒目的位置；段落要分明；竖写时，要自右向左书写；字距要均匀，上下字要对齐。用一句话来说，就是行款要整齐。

7. 有认真书写的态度：保持纸面干净整洁，铅笔字尽量不擦除，钢笔字或水笔字尽量不涂改；有一定的书写速度；喜欢写字，感受到汉字形体的优美；认真对待每次写字，养成提笔就练字的习惯。

只有把书写习惯变成可操控的"点"，老师才能有"点"可依，对学生进行细致的指导。

（二）讲解采用童趣的方法

良好的坐姿和握笔姿势，是学生写好字的基础，但是，对小学生（尤其是低年级学生）来说，抽象地讲解这些姿势，让学生按着要求去做，势必让学生感到沉闷，不愿意聆听。怎样让这些要求变得可感可触同时又充满童趣，学生乐于接受呢？一定要用玩游戏的方法，沟通学生心理逻辑。下面是一节一年级学生写字课节选：

师：（认识田字格之后）孩子们，现在我们要写"一"字。写字要有正确的姿势。那么，正确的坐姿应该是怎样的呢？

（出示坐姿图）

你们看，要像这位小朋友一样，头要正，肩膀要平，上半身要直，手臂放开，人放轻松，脚安静地平放在地上，与肩膀一样宽。也就是头正、肩平、身直、臂开、足安。大家像这位小朋友一样坐好，让老师看看。（生跟着老师边做边轻轻地念着：头正、肩平、身直、臂开、足安）同时，我们要做到三个"一"：眼离书本一尺远，胸离桌边有一拳，手离笔尖要一寸（学生跟着老师边说边做：一尺、一拳、一寸）。

师：那么，写字时怎样握笔呢？跟着老师来做。

（师出示一个甜筒冰激凌的模具）

师：握笔就像我们握甜筒冰激凌。看，大拇指和二指头碰头对齐捏在一起（出示：大指二指对齐捏，齐读），第三个手指托起"甜筒"（出示：三指在下来托起，齐读）第四、第五个手指自然地往里卷（出示：四指五指往里卷，齐读），笔杆是倒向右边，靠在食指根部的关节旁边，要离开虎口（师指出虎口在哪儿，出示：笔杆离开虎口处，齐读），掌心是空的，腕部（师指）要用力。

师：看老师写"一"字！（师示范写"一"，边写边强调要写在田字格的横中线上，刚刚开始写的起笔重一些，中间的运笔轻一些，最后的收笔也重一些）。

（学生认真练习在田字格中写"一"字，老师巡视，表扬学生坐姿端正，握笔姿势好，一定会写好字。）

出示"写字姿势歌"（学写字，要牢记，头正肩平脚着地。三个"一"字要牢记，眼离书本一尺远，胸离桌边有一拳，手离笔尖要一寸。大指二指对齐捏，三指在下来托起，四指五指往里卷，笔杆离开虎口处。拳心要空腕用力，提笔就是来练字。）老师领着学生读两遍。

师：小朋友们，你们学得真好，老师为你们点赞（竖起大拇指)!

坐姿和握笔姿势的掌握，一定要从学生入学时就开始训练，但一年级学生刚从幼儿园转入小学，本身就不适应，老师如果不顾学生的年龄特征和心理特点，用枯燥的语言讲解坐姿和握笔姿势，势必让学生一开始就没了兴趣，对写字还会存有畏惧心理。上文呈现的课从学生心理出发，把抽象的坐姿和握笔姿势用形象生动的语言描述出来，配以老师的示范，学生喜闻乐见，易于接受，也更易于今后的保持。

（三）良好写字习惯要保持

学生要养成良好的写字习惯，需要老师严格要求、持之以恒地训练，才能收到良好的效果。首先，老师应要求学生在平时的写字中养成"提笔就是来练字"的书写习惯,当学生写得不规范、不美观时,要求其重写,一刻也不松懈,"严"字当头,不给学生"钻空子"的机会。其次,还要做到"恒"心训练。学生刚开始学写字,速度一定要慢。速度慢,才有可能写好笔画,处理好间架结构。到了四年级,我们就可以让学生在写好的基础上再提高写字的速度。教育家叶圣陶先生认为:"最好开始教写字就多注意,先要求写得端正,成为习惯,在端正的基础上再要求写得快,成为习惯。这样就又端正又快,双方兼备。"实践证明,孩子们刚刚开始学写字就写得比较快,字迹潦草,不容易认,非常容易养成糊里糊涂对待学习、对待所有事情的习惯,甚至贻误终身。

课标特别强调"第一、二、三学段,要在每天的语文课中安排 10 分钟,在教师指导下随堂练习,做到天天练。要在日常书写中增强练字意识,讲究练字效果"。这就要求老师重视这项训练,并注意研究训练的"点",做到心中有数。

有严格的要求、认真的示范、恒心的训练、细致的督促、夸张的激励,以及开展的各项写字比赛或硬笔书法展等活动,让学生产生认真书写的内驱力和写好字的成就感,学生必能写成规范、端正、整洁,而且美观、大方的汉字,同时练就坚毅的品格,提升"端端正正写中国字,堂堂正正做中国人"的底气与风范。

低年级写字教学

《语文课程标准》指出："按照规范要求认真写好汉字是教学的基本要求，练字的过程也是学生性情、态度、审美趣味养成的过程。每个学段都要指导学生写好汉字。要求学生写字姿势正确，指导学生掌握基本的书写技能，养成良好的书写习惯，提高书写质量。"特别强调"第一、二、三学段，要在每天的语文课中安排 10 分钟，在教师指导下随堂练习，做到天天练。要在日常书写中增强练字意识，讲究练字效果。"《中小学书法教育指导纲要》提出"让每一个学生写好汉字"的理念和要求。从这些纲领性文件的内容可知，写字教学是多么重要的一项教学活动。它涉及所有学生，贯穿义务教育每一个学段的所有教学过程，教师首先要予以重视，从主观意识上树立起"写字教学很重要"的教学理念。理念指导思想，思想指导行为，只有在脑中树立起正确的写字教学理念，才能在教学中有足够注重写字教学的执行力。

低年级语文教学，识字写字是最重要的一项教学任务。孩子们一进入一年级，就要在学拼音之前开始写汉字的练习。低年级的语文课程还安排有专门的写字课程。那么，在低年级的语文教学中，我是如何把写字课程与语文课程融合在一起的呢？

一、随堂指导

1. 写好基本笔画

汉字的基本笔画有许多，但最基本的笔画只有"横、竖、撇、捺、点、提、钩"七个，因此，写好这七个最基本的笔画就显得非常重要。一年级孩子学写字，从"一"字开始，连同学习写笔画"横"。我让学生认识了田字格和这个笔画后，教学生在田字格中找准位置写"一"。很多学生写出来的硬邦邦的，就像一根木棍。我告诉学生，写"一"要稍稍倾斜，写的时候起笔稍重，中间运笔轻一些，收笔也重一些。然后，我在两个田字格中各写了一个"一"，一个是类似孩子们写的木棍"一"，另一个是标准的"一"，引导学生观察哪个"一"漂亮，喜欢哪个。这时我再教学生写好看的"一"，孩子们一下子就领悟了老师的要求，写出来的"一"特别漂亮。

最难写的是"撇"和"捺"。许多小朋友写出来的往往都不是"撇"和"捺"，而像两根朝向不同的斜木棍，这时，我结合我们学校的兰花文化进行教学。我端出一盆兰花，跟孩子们说，我们的"撇"和"捺"要写得像兰花的叶子，笔画的最后要尖尖的，怎么写呢？我顺手在黑板上写一个"撇"，强调笔画的最后要拉一下，让笔慢慢地离开纸面，这样的"撇"非常漂亮。接着，我再写一个像木棍的"撇"，让孩子们对比。最后，让孩子们在自己的本子上写一个"撇"，接着教写带"撇"的第一个生字"手"。因为教学过程有兰花叶作为参照，孩子们写得特别好。

"捺"的教学与"撇"相同。"竖"落笔要重，"悬针竖"强调最后笔画要拉一下，离开纸面。"点"的教学强调起笔轻，收笔重，从轻到重，好像石头从山坡上滚下来。"提"强调起笔重，收笔轻，从重到轻，笔画最后拉一下，离开纸面。"钩"的教学结合具体的"横钩""竖钩""弯钩""竖弯钩""竖折折钩"等具体的笔画教写，比如"手"字的最后一笔"弯钩"，教学时，我强调"钩"应该拉一下，让笔画离开纸面。有了前面"撇"的具体教写，孩子们理解"弯钩"最后笔画离开纸面的要求很到位，一下子就写得很漂亮了。再加上老师的及时鼓励和表扬，孩子们的积极性很高，从一开始就感受到了写字的快乐和成就感。

2. 写好间架结构

要写好字，首先要写好笔画，其次就是安排好间架结构。在实际教学中，我经常教孩子们自己观察。一年级刚开始教写的往往是独体字，学生主要针对笔画的长短、间架的宽窄进行观察。比如教写"耳"字，就教孩子们观察下面的"横"比上面的"横"要长，两个"竖"一短一长，但是这两个"竖"是平行的，这样写出来的"耳"就好看。再如"目"上下一样宽窄，才会使这个字写得漂亮。"口"要写得上宽下窄，才漂亮，写的时候就要把第一笔"竖"写得稍微斜一些，第二笔"横折"也稍微往里斜一些。这时我会写两个不一样的"口"，一个是上下宽窄一样的呆呆的"口"，一个是上宽下窄充满结构美、灵气美的"口"，孩子们一对比，就看出哪个漂亮了，再让孩子们写就能收到事半功倍的效果。

很多独体字都要强调上宽下窄的间架结构，比如"田、四、口"，每个字写的时候都要做到上宽下窄，"里、果"的上半部、"西、雨、白"的下半部、"中、可、后、石"中的"口"部等。

当然，也有一些字是上下一样宽窄的，比如"日、目、自、门"等；还有一些独体字是上窄下宽的，比如"山、大、衣"等，写的时候一定要注意。

上下结构的字一般有上宽下窄的，比如"雪"；有上窄下宽的，比如"点"。左右结构的字一般要注意相互穿插，结构才能紧密不松散，写的时候也要注意左右结构的大小。有的左窄右宽，比如"你"；有的左右同宽，比如"竹"；有的左宽右窄，比如"和"。

特别是对于一年级刚入学的孩子，如果老师每一个字都能教他们仔仔细细地观察，认认真真地写，那么，经过一段时间的训练，孩子们一定会打下比较坚实的写字基础。

二、写字课专项训练

1. 归类指导

低年级的语文课程，都安排有专门的写字课。课堂上，我经常会把要写的字进行归类，然后逐项指导。比如左右两边要穿插着写的字，如"妈"字，先让学生观察字的结构及组成，再教给学生"穿插"的概念知识，懂得汉字很讲究避让原则，写的时候要学会穿插。接着老师写两个不一样的"妈"字，一个不穿插，一个穿插，一对比，学生大笑不止，说老师把不穿插的"妈"写成了"女"和"马"。最后，再让学生写这个字，都写得很好。左右两边的字当然也有不穿插的，比如"胜"。上下结构的字，有的不穿插，如"早"；有的也讲究穿插，比如"名"。写的时候一定要观察到位，依字而定。

2. 难写字指导

有些字特别难于写得好看，这时候老师自己就得仔细读帖，做到心中有数，才能指导学生写好。比如"也"字，第一笔很重要，往上倾斜，斜度较大，"横折钩"的"折"要短，往里斜；第二笔"竖"起笔较高；第三笔"竖弯钩"起笔比第二笔"竖"低，"弯"拉平拉长，最后出钩，干净利落。"女"字，一年级孩子特别难写好，有许多孩子把横写到第一笔"撇点"的"点"的位置，特别是当"女"字变成部首时，整个字更是显得丑陋极了。其实，这个字最重要的是第一笔"撇点"，一定要告诉学生虽然这个笔画叫"撇点"，但是这个"撇"要写得直，像斜着的"竖"，"点"要写得长，有一定弯度，稳稳地站着，最后一笔"横"（当部首时改成"提"，同时不出头）一定从第一笔"撇点"的"撇"和"点"相交之处的上方落笔，拉长，这样子才好看。然后老师再分别写好看的和丑陋的"女"，让学生对比观察。最后让学生动笔写，让孩子们一开始学就能写好这个字。

"磨刀不误砍柴工"

——低年级学生写好字的前奏

人们总是认为写好字是从下笔的那一刻开始，殊不知，要写好字，应该是从写字之前开始的。

第一，要写好字，应该从心理上做好充分的准备。一年级刚入学的孩子开始学写字前，我总会把学生和家长集中到一起，先在黑板上写一首古诗或一小段话，当然是漂亮的粉笔字，让家长感受孩子跟着老师一定能写得一手好字，让孩子感受"哇，老师写的字真漂亮!"这其实是为孩子写好字奠定了心理上的基础。只有通过实践，家长和孩子看得真切，后面才愿意跟着你的要求去做。

第二，我会在家长和孩子们面前教执笔方法、坐姿和学习用具摆放。有学者对二年级至六年级282名学生的执笔姿势、坐姿和学习用具摆放情况进行了调查。结果显示，学生执笔姿势正确率仅43.61%，尚不足被调查学生人数的一半；68.44%的学生存在坐姿不正确的问题；能整齐摆放书写用具，桌面比较整洁、有序的学生只占被调查人数的8.65%。此外，不同区域的研究者开展的学生书写质量及兴趣的调查表明，在日常的汉字书写类作业中，书写不端正、潦草或难以辨认，书写中常有错别字和笔顺、笔画错误，写字速度偏慢等现象普遍存在，等等。之前的一次考试，我到四年级的一个班上监考，教室里坐了30个孩子，通过目测，执笔姿势正确的仅4人，仅占13.33%；坐姿端正、符合要求的学生仅14人，还不到一半。这说明，"培养良好的书写习惯"已经刻不容缓。

开学的第一天，我会把孩子和家长集中到一起。主要是充分利用孩子刚入学，孩子和家长都处于兴奋状态。借助家长的力量让孩子领悟正确的执笔方法、良好的坐姿和摆放学习用具的习惯，并在后续的握笔中不断矫正，直至孩子们能很好地握笔，有良好的坐姿和摆放学习用品的习惯。教写之前先让家长执笔，通过观察，发现有许多家长执笔姿势也是不对的，这就为教学正确的执笔姿势和坐姿设定下需求。有了需求，再教就顺利多了。我结合图，手把手地进行教学，家长和孩子们都学得非常认真。同时，我一边教一边总结顺口溜，最后成为一首写字姿势歌，"写字时，要牢记：头正肩平脚着地；眼离书本一尺远，胸离桌边有一拳，手离笔尖要一寸。大指二指对齐捏，三指在下来托起。四指五指往里卷，笔杆离开虎口处。拳心要空腕用力，提笔就是来练字"。借助家长的力量教写字，效果事半功倍。

第三，要求家长给孩子买好的铅笔、本子和纸垫。成人写字总有一种感受，好的纸笔会为写好字做好心理准备，树立写好字的信心。试想，纸笔的质量不好，一提笔，所有的信心都没了，还能写好字？所以，一开学，我就要求家长要给孩子选择质量上好的本子和铅笔，还手把手教家长选择。有些家长喜欢给孩子选择细杆铅笔（有些细杆铅笔还带有香味儿），这是要不得的，因为细杆的铅笔对刚刚学写字的孩子来说，不容易握好，危害尤其大。个别手骨发育较慢的孩子，家长要找笔套给套上，帮助孩子握好笔。

第四，我会从孩子入学的那一刻开始就要求家长为孩子写好字准备一个好的学习空间。孩子有单独的学习空间，自然对学习很上心，把学习当一回事，否则，孩子从小就会养成认为学习是可有可无或可以随便对待的坏习惯。以前有一位学生，写字的时候根本没有按照老师的笔顺要求写字，站在他身边看他写"口"字，他先写"竖"，接着后面的两笔"横折、横"一笔写成，最后一笔"横"从右划向左边，画成一个生硬的"口"。这不是在写字，是在画字。其实，我们稍有注意，会看到有不少学生都是这样画字的。后来了解了原因，原来是家长在这个孩子写字做作业的时候，经常请一帮朋友来家里搓麻将，孩子的写字桌就摆放在麻将桌旁边。这种行为其实就是在告诉孩子，你的学习没那么重要，我的麻将比你的学习重要多了。孩子把字画成这个样子，是有道理的，他其实在告诉家长，你们大人都可以这么轻松悠闲地搓麻将，我做作业、写字为什么不能随便画？所以，给孩子准备良好的学习空间是很必要的。同时，要求家长要给孩子做出榜样，因为言教不如身教，要求孩子做到的，家长自己首先要做到。另外，孩子刚刚入学，我还会要求家长注意写字桌的高矮，根据自己孩子的实际情况调整写字桌的高度，同时陪孩子写作业一段时间，让孩子的执笔姿势、坐姿、摆放文具的习惯养成以后再慢慢放手。

小学硬笔写字教学评价

崔峦老师在第六届全国阅读教学研讨会上的总结发言中指出:"识字写字'是一至二年级的教学重点。''重点不重,后患无穷。'……可见,对识字、写字忽视的问题该到高度重视、综合治理的时候了。"这些研究语文课程的专家很早就注意到写字教学出问题了。

《语文课程标准》在"实施建议"部分指出,"第一、第二、第三学段,要在每天的语文课中安排10分钟,在教师指导下随堂练习,做到天天练。要在日常书写中增强练字意识,讲究练字效果"。国家语委还专门出台了《中小学书法教育指导纲要》。可见,写字教学已经被提到书法教育的高度。

曾经听一位老师说,网络上有球迷问了一个问题:如何在十年之内提高中国足球的实力而走出亚洲,走向世界? 有一网友给出一个点赞数最高的答案:把足球纳入高考课程之中! 虽是网络上的戏谑之言,但也折射出一些问题。由此,我思考的是,如何让我们的孩子写好中国字? 答案是:把写字纳入考试课程之中! 这也许是从根本上解决问题的关键。因为只有这样,才会真正让教师、学生、家长都重视起我们的写字教学,才会从根本上提高我们孩子的写字水平。

写字评价,是写字教学的一个重要组成部分。在整个写字教学中,扮演着重要角色,起着举足轻重的作用。

教学评价最大的功能是诊断和激励。写字教学评价关系到学生写字的兴趣和质量。

评价学生的写字,建议建立学生的成长记录袋。记录袋记录学生各个阶段的写字状况和水平,学生可以通过一段时间写字状况和水平的对比,看到自己的进步和需要改进的地方,促进下一阶段的写字训练。

语文课程标准对写字教学是从知识和能力、过程和方法、情感态度价值观等三个维度提出要求的。如课标在学段目标中对第二学段提出这样的要求:

1. 对学习汉字有浓厚的兴趣,养成主动识字的习惯。

2. 累计认识常用汉字 2500 个左右,其中 1600 个左右会写。

3. 有初步的独立识字能力。会运用音序检字法和部首检字法查字典、词典。

4. 能使用硬笔熟练地书写正楷字，做到规范、端正、整洁。用毛笔临摹正楷字帖。

5. 写字姿势正确，有良好的书写习惯。

这些要求中，第2、3点重在写字的知识与能力层面，第4、5点重在写字的过程与方法层面，第1点重在写字的情感态度价值观层面。其他学段的要求也都如此。

所以，写字教学评价也应从这三个方面出发。

1. 知识与能力层面的评价

课程标准不光提出识字写字数量上的要求，而且根据规范的书面语言文字中汉字出现的频率，首次列出了基本字表和常用字表，这样，不仅给教科书编者提供了非常详尽、可靠的汉字教学编写标准，也给老师们进行识字写字教学提供了科学的根据。换句通俗的话来说，就是现在我们终于知道哪些字一定要让学生会写，哪些字学生只要会认就可以了。

我们知道，课标依据"多认少写"的原则，把学生要识的字分成两类，目的是让学生尽量多认识汉字，以便学生尽早地进入大量阅读的阶段。一类是要求学生"学会"的字，心理学上称"再现"，即读准字音、认清字形、了解字义、正确书写，也就是通常说的"四会"；一类是要求学生"会认"的字，心理学上称"再认"，即能读准字音，在这个语言环境中认识，在另一个语言环境中也认识。写字教学评价针对的主要就是要求"学会"的字。

对要求"学会"的字要严格按照"四会"的要求来评价学生。对于这部分字掌握情况的评价，最好的方法是通过平时的考试来考察。老师根据目的和要求，设计出适合学生的检测写字试卷，让学生在规定时间内独立完成，然后教师给出成绩，做出评价，同时，检测学生对哪些内容掌握得比较好，哪些需要进一步改进和重点强调，以便及时调整自己的教学，从而促进学生的发展。我们平时运用的各种考试或练习，都是比较好的做法。通过考试和练习，可以很好地诊断学生写的字是否正确，是否能较好地把所学的汉字运用到自己的语言实践中去。所以，在这个层面进行的评价，主要是发挥了写字教学评价的诊断功能。

2. 过程与方法层面的评价

写字教学的过程与方法方面的评价，主要是发挥评价激励性功能。可以从以下几方面入手：

（1）坐姿、握笔姿势的评价

课标在每一个学段都强调学生正确的写字姿势和良好的写字习惯。在第一学段中强调"努力养成良好的写字习惯，写字姿势正确，书写规范、端正、整洁"，第二、三学段强调"写字姿势正确，有良好的书写习惯"。

正确的坐姿和握笔姿势是写好字的首要条件。一线老师都有个共识，凡是字写得好的孩子，首先他的坐姿和握笔姿势是端正的。现实的课堂中，大部分孩子的坐姿和握笔姿势都是错误的。错误的坐姿主要表现在：歪头侧身；弓背弯腰；胸口紧贴桌沿；两腿不平。错误的执笔主要表现在：执笔过高或过低；手腕内弯；食指用力过大成弓形；拇指前节压食指；因用力不够食指、中指、无名指围拢夹紧。

针对种种错误的坐姿和握笔姿势，教师要不遗余力地天天讲，时时练，做到"严"字当头。严格要求是唯一的办法。要让所有学生都意识到好的坐姿和握笔姿势是写好字的首要条件。至于采用什么样的方法，老师们可以各显神通。可以与家长配合起来纠正孩子们的坐姿和握笔姿势。比如在自然的状态下拍摄下孩子错误的坐姿和握笔姿势，让孩子把自己的坐姿和握笔姿势与正确的坐姿和握笔姿势进行对比等方法帮孩子改正。应该指出的是，这项评价可以让孩子们互相监督，相互评价，同时还要争取家长的全力支持和配合，让家长也加入评价中来。教师可以设置表格让家长和孩子们进行过程性评价，做到持之以恒。这样，教师、学生、家长才能形成合力，关注孩子写字的坐姿和握笔姿势。

（2）写字的笔顺、速度的评价

课标在第一学段中指出："掌握汉字的基本笔画和常用的偏旁部首，能按笔顺规则用硬笔写字，注意间架结构"，在第二学段中指出"能使用硬笔熟练地书写正楷字，做到规范、端正、整洁"，在第三学段中指出"硬笔书写楷书，行款整齐，力求美观，有一定的速度"。细读这些可以很清楚地看到课标对学生在写字笔顺、速度等方面的要求。

有很多孩子，从他写出来的字来看，是正确的字，但是，观察他写字的过程，他的字是"画"出来的，因为他根本就不按笔画顺序写。这就要求老师，特别是低年级的老师，在教孩子们写基本字的时候，要求孩子们一定按照笔画顺序写。可以采用师评、互评、家长评等手段，把能否按照笔顺写字列入考试范围，让孩子们掌握好写字的笔顺规则。

对第二、第三学段的学生，课标还在写字速度上提出了要求。我们在平时的教学中，就要跟学生说清写字要有一定的速度，但不能为了追求速度就胡乱写。所以，第一学段的写字教学就显得尤为重要，一定要注意姿势正确，按照笔顺规则写。只有第一学段打好各方面的基础，第二、三学段的写字速度才能跟进。

关于写字速度的评价，教师可以让孩子们在同一时间里抄写同样一段话来检测学生的写字速度。

3. 情感态度价值观层面的评价

课标在每一学段的目标与内容中，都对写字教学在情感态度价值观维度提出了要求。第一学段提出"喜欢学习汉字，有主动识字、写字的愿望"能"初步感受汉字的形体美"；第二学段提出"对学习汉字有浓厚的兴趣，养成主动识字的习惯"；第三学段提出"硬笔书写楷书，行款整齐，力求美观，有一定的速度"，"能用毛笔书写楷书，在书写中体会汉字的优美"。这些是针对识字写字在情感态度价值观上的总体要求，当然也包括硬笔写字。

汉字是方块文字，具有形体上的美。书法是我国璀璨的文化瑰宝，现如今受到越来越多人的重视。写字教学更多地强调汉字的表情达意的工具性功能，而书法教学把写字教学提高到了凸显其审美功能的重要意义上来。

这个维度的写字评价，应该采取教师评价和家长评价互相结合的方式。教师在课堂上主要通过观察学生的写字兴趣、愿望以及对自我在字的美感上的要求评价学生。当然，在写字教学中首先要通过激励性的引导，让学生对写好字充满信心，同时，用各种激励性评价来肯定学生的写字成绩，哪怕这种成绩微不足道。

另外，学习是件艰苦的事，任何时候想走捷径都是徒劳的。学习汉字的书写也是一样。这个维度对学生写字的评价，还要求家长也参与其中，让家长把孩子们在家庭中写字的兴趣、愿望、态度等记录下来，放入孩子的成长记录袋中。老师在一段时间后应对学生的写字兴趣、愿望、态度等做一个总结，这样便于促进学生后一阶段的写字训练，提高写字的质量。

教学实践

《雪地里的小画家》教学设计

【教材分析】

《雪地里的小画家》是一首儿童诗，写了冬天雪地中来了几只小动物，他们在雪地中走着，脚印留在雪地上，就成了一幅幅画。童诗用儿童的视角，描写了孩子们喜爱的小鸡、小狗、小鸭、小马的可爱形象，充满了童真童趣。通过读诗歌，引领孩子们学习语言，发展思维，欣赏美的事物，学会观察自然，观察生活。

这是刚刚入学几个月的孩子读的童诗，这时他们拼音已经学完，刚学完几篇短小的课文，在复习巩固汉语拼音，利用汉语拼音读准字音、帮助识字、帮助阅读的基础上，要把课文的学习建立在变"教文本"为"用文本教"的教材编写理念上，做到以下三点：

一、指导学生把课文读正确、流利。

二、认字学词，积累语言。

三、培养借助拼音自主读书的能力和习惯，在具体的阅读实践中习得初步的读书方法：一是借助图画阅读；二是根据问题读懂课文，找出课文中明显的信息。

【教学目标】

一、认识本课 11 个生字和多音字"着"，会写"竹""牙"等 5 个生字，认读并积累由生字组成的词语。

二、正确、流利地朗读课文。背诵课文。

三、借助图画阅读，根据问题读懂课文，知道雪地里来了哪些小画家，他们都画了什么。培养学生观察自然、观察生活的兴趣。

【教学准备】多媒体课件、生字卡片、词卡

197

【教学过程】

一、视频激趣，引入课题

师：秋奶奶给冬爷爷写了一封信，告诉他赶紧来上班，就悄悄地走了。秋奶奶一走，冬爷爷就穿着雪白的衣袍来上班啦！（播放视频）在欢快的乐曲声中，小动物们来到皑皑的白雪中，雪花还在飞舞，多美的冬天呀！今天我们学习第12课。

师板书本课题目（边写边说"里、小"两个字书写时的要点），生跟着老师书空（用手指在空中虚划字形）。齐读课题。

【设计意图：配合视频，老师用一段充满诗意的拟人化的语言导入，吻合了低年级孩子具象思维、诗性思维的年龄心理特征，特别有感染力和亲和力，一下子抓住了孩子们的注意力，极大地激发了学生的兴趣，调动了学习的积极性。板书本课题目，学生练习书空，无形中使孩子们学会怎样写好这两个字。】

二、初读课文，读准读通

第一遍读课文：借助拼音，自主读课文，把每个字的字音都读准。正音，尤其注意读好"竹叶、枫叶、不用、就成、一幅画、青蛙、为什么、参加、在洞里、睡着"几个词中的平翘舌音、前后鼻韵母以及声母是 f、h 的音节。

第二遍读课文：读顺句子，做到不添字、不漏字、不重复、不读破句。

老师特别要关注全体学生的朗读，让每个学生都能读顺句子。

【设计意图：分两遍读课文，第一遍读准字音，第二遍读通句子，正是落实课程标准中低段学生"学习用普通话正确、流利、有感情地朗读课文"学段目标与内容中"正确、流利地朗读"的要求。尤其是教师要关注"全体学生读通读顺句子"的理念，体现了教师的全员意识，这点非常重要。】

三、细读课文，提取信息

（一）第一句：

1. 师：下雪啦，孩子们，你们高兴吗？小动物们高兴吗？怎样读才能让人听出你很高兴，小动物们也很高兴呢？

2. 师范读，生听老师读。

3. 生尝试读，两个"下雪啦"要读出不一样的语调，后一个语调更高一些，才能体现下雪了，小动物们很高兴。

（二）第二句

1. 师指名读，并评价，强调"来了一群"语速要读快一些，"小画家"稍稍读重一些。

2. 生尝试练读。

3. 师再指名读，评价，生齐读。

4. 认读词语"一群"，认识"群"字。师出示：一群（   ），学生拓展练说。

（三）第三句

1. 自由读一读，想想：雪地里来了哪些小画家？他们都画了什么？把句子画下来。

2. 反馈，说一说。

3. 看图画阅读，思考：为什么说"小鸡画竹叶，小狗画梅花，小鸭画枫叶，小马画月牙？"师边说边贴"小鸡、小狗、小鸭、小马、竹叶、梅花、枫叶、月牙"小图。

4. 指导学生用"因为……所以……"练习说完整句子：因为小鸡在雪地里留下的脚印像竹叶，所以说"小鸡画竹叶"（下同）。

5. 打乱顺序，让学生连线小动物和脚印图。

6. 指导朗读：前两个半句语速稍慢一些，第三分句结束后稍稍读快一些。

7. 认读"竹叶、月牙、小马"三个词语，识写"竹、牙、马"三个字。用象形字的演变过程帮助学生记忆字形"竹、马"：从 仈 艸 竹 竹

浮 屌 馬 马

（四）第四句：

1. 指名读，评价，强调"几步就成"说明小动物画这些画非常快，技艺高超，要读快一些。

2. 认读"不用、几步"等词语，识写"用、几"，与之前学的"月、儿"比较字形。认识"步"字。

（五）第五、六两句：

1. 学生听老师读疑问句，指出读时要把句尾的调子读得上扬。

2. 学生尝试读疑问句，师评价，生齐读。

3. 听老师读最后一句，语速越来越慢，声音越来越轻，体现青蛙睡着了，别去吵醒它的意思。读出"青蛙在做梦"的感觉。

4. 同桌讨论：你知道"他在洞里睡着啦"是什么意思吗？结合反馈，师简

介"冬眠"之意。

5. 认读"为什么、参加、洞里"等词语，认识"为、参、加、洞"等字；认读多音字"着"：课件出示读"着"的两个读音，再出示带"着"的词语及"睡着、看着书、着急、走着"等词语带出的句子，让学生根据语境定音。

【设计意图：朗读指导体现"学习用普通话有感情地朗读"。学生在读好每句话的基础上，学会根据问题读懂课文，提取重要信息，并练习说话，接轨单元语文要素。同时，学习生字和词语，体现字不离词、词不离句的教学原则。】

四、齐读全文，练习背诵

（一）自由练读全文，再读给同伴听。

（二）全班齐读。

（三）课件出示，练习背诵：

雪地里的小画家

_____，_____！

雪地里来了一群小画家。

_____画_____，_____画_____。

_____画_____，_____画_____。

不用_____不用_____，

几步就成_____。

青蛙_____？

他在洞里_____。

（四）齐背全文。

（五）师小结：小朋友，你看，作者因为非常喜爱生活，喜爱大自然，喜爱观察，就写出了这么优美的小诗。我们如果像作者一样留心观察，也会发现许多可爱的事物。小朋友愿意吗？

【设计意图：读给同伴听，体现合作学习的理念。背诵分步走，搭支架，减缓难度，提升练习背诵的信心。引导学生爱生活，爱自然，爱观察，体现单元人文主题。】

五、拓展阅读，感受美好

发放打印好的带拼音和美图的小诗，一首课内阅读，一首课下阅读。读完和同学、家长说说你觉得哪里很有意思。

晨 光

（中国）金波

晨光叫醒了风，
风叫醒了树，
树叫醒了鸟，
鸟叫醒了云。

云变成了雨滴，
滴落在大海上，
海水变蓝了，
洗亮了升起的太阳。

我和小鸟和铃铛
（日本）金子美玲

我伸展手臂，
也不能在天空飞翔，
会飞的小鸟却不能像我
在地上快快地跑。

我摇晃身体，
也摇不出好听的声响，
会响的铃铛却不能像我
会唱好多好多的歌。

铃铛、小鸟，还有我，
我们不一样，我们都很棒。

【设计意图：把课外阅读引进课堂，在课堂外拓展阅读，使课外阅读课程化，力求体现统编教材"教读"+"自读"+"课外阅读"三位一体的编写理念。同时，让孩子们"说说哪里很有意思"，感受阅读带来的乐趣。】

附板书： 12 雪地里的小画家
　　　　　 小鸡图　　竹叶图
　　　　　 小狗图　　梅花图
　　　　　 小鸭图　　枫叶图
　　　　　 小马图　　月牙图

《小壁虎借尾巴》教学设计

【教材分析】

《小壁虎借尾巴》是统编教材一年级下册第八单元的第三篇课文,是一篇科学童话。课文讲述了小壁虎被蛇咬住了尾巴,为了逃命,挣断尾巴逃走了,随后向小鱼、黄牛、燕子借尾巴。没有借到尾巴的小壁虎回到家,发现自己长出了新尾巴,非常高兴。全文以生动、平白的语言,把"借尾巴"的过程置放在童话的情境中,介绍了鱼、牛、燕子、壁虎尾巴的不同作用,以及壁虎尾巴具备再生功能的特点。

本文是继一年级上册《小蜗牛》和本单元前一课《咕咚》之后的第三篇没有全文注音的课文,要求学生除了运用之前两篇课文学到的看图画猜读字音、运用形声字特点和联系上下文猜字认字的基础上,进行识字和阅读,还要能借助汉字偏旁表义的特点了解字义,并通过交流"是怎么猜出来的",提炼猜读的几种方法。学生根据图文对应的特点,带着问题读懂课文内容,提取相关信息交流,读好角色对话,并能说说小壁虎都找谁借过尾巴,结果怎么样。教师鼓励有能力的学生分角色演一演这个故事。这样,训练有层级,能力有提升,使学生在具体的语言实践中掌握"借助图画阅读"的方法。

【教学目标】

1. 认识"壁、墙"等 12 个生字和户字头、车字旁 2 个偏旁;会写"捉、条"等 7 个生字。学会由这些生字组成的词语。

2. 通过借助图画、形声字声旁表音形旁表意的特点、联系上下文等方法猜生字读音、字义,再说说你是怎么猜出来的。

3. 正确、流利地朗读课文,读好角色对话。

4. 借助配有连环画的课文图文对应的特点,读懂故事内容,并说一说故事的主要内容。

5. 通过读课文,了解鱼、牛、燕子、壁虎尾巴的不同作用和壁虎尾巴能再生的特点。

【**教学准备**】课文插图、字卡、词卡、偏旁卡片
【**教学过程**】

一、激趣导入，引入课题

1. 师：小朋友，相信大家都喜欢小动物。今天，老师读一首儿歌，请小朋友猜谜语，看看谜语中写的是什么动物？

小东西，墙上爬，

四条腿，长尾巴，

苍蝇蚊子都怕它，

见到马上逃走啦！

小朋友猜谜语，教师出示"小壁虎"图片和词语，拼读 bì，让学生认读"小壁虎"并板书。提问：说说你是怎么记住这个"壁"字的。师简单介绍：因为这种小动物会在墙壁上爬行，所以叫"小壁虎"。我们的祖先最早造"墙壁"两个字时都用"土"，所以这个"壁"字底下是个"土"。

2. 师：今天，我们要学习第 21 课，《小壁虎借尾巴》的故事（师边说边补充板书课题）。拼读 jiè，认读"借"字。小壁虎为什么要借尾巴？他向谁借尾巴？结果怎样？让我们走进有趣的故事。

3. 齐读课文题目。

【设计意图：用孩子们喜爱的儿歌猜谜语方式引入新课，激发学生的学习兴趣，同时认识"小壁虎"，认识"壁"字，认读"借"字。课始就向孩子们提出三个问题，既是重要的信息，又是故事的主要内容，激发学生的阅读期待。】

二、初读课文，随文识字，交流猜字方法

1. 自由读课文，读准字音，读通句子。圈出不认识的字，猜猜它们的读音和意思。

2. 交流：你认识了哪些字？是怎么认识的？把猜读错误的字音纠正过来。

反馈：出示带音节的词卡，读准字音，认读词语，认识新偏旁"户字头、车字旁"。

3. 师生共同小结猜字方法：

（1）借助图画猜读字音：墙、赶、房、转

（2）利用形声字声旁表音的特点猜读字音：蚊、咬、赶、房、转

（3）利用形声字形旁表意的特点了解字义：墙、壁、咬、拨、赶、房、转

（4）利用联系上下文的方法猜读字音、了解字义：墙、壁、蚊、断、您、赶、房、傻、转。

4. 给自然段标出顺序号，多读几遍课文，把课文读正确、流利。

教师要关注全体学生，全员参与朗读课文。

【设计意图：教师腾出充足的时间，让学生运用多种猜读方法，先自主猜读字音和字义，再进行交流，分享独立识字的快乐。猜读正音之后，面向全体，关注全员朗读，真正做到"把课文读正确、流利"。】

三、细读课文，图文对照，读好角色对话

1. 看图，找到每幅图相对应的段落。

2. 图文对照，读懂第一、二自然段：

（1）自由读，想想：小壁虎为什么要去借尾巴？表演帮助理解"小壁虎一挣"中"一挣"的意思。

（2）指导读好第二自然段，读出小壁虎的难过、着急、疑问。

过渡：小壁虎去了哪里向谁借尾巴了呢？

3. 图文对照，提取相关信息：

（1）师：看看图，小壁虎爬到了哪里？向谁借尾巴了呢？

根据学生回答，板书：小河边　大树下　房檐下　小鱼　老牛　燕子

（2）出示句子：小壁虎爬呀爬，爬到小河边。

小壁虎爬呀爬，爬到大树下。

小壁虎爬呀爬，爬到房檐下。

指导读好这三句话，"爬呀爬"语速读得慢，体现小壁虎爬了好久，爬了好多路。

4. 图文对照，读懂第三自然段

（1）出示第二幅图和第三自然段，读一读，说说小壁虎看见了什么，他是怎么说的，对方是怎么回答的。

根据学生回答，板书：摇　游来游去　拨水

指导读好第二句，强调"摇、游来游去"，表演理解"摇"。

（2）出示句子：①小鱼姐姐，您把尾巴借给我行吗？

②小鱼，把尾巴借给我。

③不行啊，我要用尾巴拨水呢。

④不行，我要用尾巴拨水。

对比句子，说说哪里不同。指导朗读，"借给我、拨水"稍稍重读，读出小

壁虎的难过、着急和小鱼不能借尾巴的亲切语气，体会小壁虎和小鱼的有礼貌。

（3）师生引读：

师：小壁虎爬呀爬，爬到哪里呢？——生：小壁虎爬呀爬，爬到小河边。

师：他看见小鱼在干什么？——生：他看见小鱼摇着尾巴，在河里游来游去。

师：小壁虎怎么说的？——生：（小壁虎说）"小鱼姐姐，您把尾巴借给我行吗？"

师：小鱼是怎么回答的？——生：（小鱼说）"不行啊，我要用尾巴拨水呢。"

（4）动作演一演"拨水"，帮助理解意思。说说小鱼为什么不能把尾巴借给小壁虎。

（5）齐读第三自然段。

5. 图文对照，扶读第四自然段：

（1）师生引读：

师：小壁虎爬呀爬，爬到哪里呢？——生：小壁虎爬呀爬，爬到大树下。

师：他看见老牛在干什么？——生：他看见老牛甩着尾巴，在树下吃草。

师：小壁虎是怎么说的？——生：（小壁虎说）"牛伯伯，您把尾巴借给我行吗？"

师：老牛是怎么回答的？——生：（老牛说）"不行啊，我要用尾巴赶蝇子呢。"

（2）表演动作，理解"甩、赶蝇子"的意思。

（3）师小结板书：甩　吃草　赶蝇子

6. 图文对照，放读第五自然段：

（1）齐读；

（2）学生自由动作表演，理解"摆、掌握方向"；

（3）让生小结，师板书：摆　飞来飞去　掌握方向

7. 看老师板书，用自己的话练习说说为什么小鱼、老牛、燕子不能把尾巴借给小壁虎。

过渡：小壁虎借不到尾巴，结果怎么样了呢？

8. 图文对照，读好第六、七自然段：

（1）师：看图五、图六，读读第六、七自然段，想想该怎么读？

（2）听老师读，生自由练习，读出小壁虎起先难过、后来高兴的心情，读出壁虎妈妈亲切、温和、疼爱的语气。

（3）齐读第六、七自然段。

【设计意图：图文对照，读懂课文，读好角色对话，提取重要信息，练习说话，实现单元语文要素目标。】

四、齐读全文，总结提升

1. 齐读全文，注意读好人物不同的语气。

2. 出示句式，练习说话：小壁虎被蛇咬住尾巴，挣断了尾巴。小壁虎来到＿＿＿＿＿，向＿＿＿＿＿借尾巴，＿＿＿＿＿要用尾巴＿＿＿＿＿。来到＿＿＿＿＿向＿＿＿＿＿借尾巴，＿＿＿＿＿要用尾巴＿＿＿＿＿。来到＿＿＿＿＿向＿＿＿＿＿借尾巴，＿＿＿＿＿要用尾巴＿＿＿＿＿。最后只好＿＿＿＿＿，他发现自己＿＿＿＿＿，很高兴。

3. 师：读了课文，我们知道了动物的尾巴各有各的作用，鱼的尾巴用来拨水，牛的尾巴用来赶蝇子，燕子的尾巴用来掌握方向，壁虎的尾巴用来＿＿＿＿＿（学生回答）。而且我们还知道了壁虎的尾巴有一个特点，那就是＿＿＿＿＿（生回答，答案不统一，师简要介绍"再生功能"。）

【设计意图：回归全文，练习用句式说话，再次练习提取重要信息，同时以"词语"为支点讲故事，学生运用学到的语言，促进语言能力的不断生长。通过朗读课文，明白动物的尾巴各有各的用处，知道鱼、牛、燕子、壁虎尾巴的作用以及壁虎尾巴能再生的特点。】

五、课外拓展，延伸阅读

1. 师：动物的尾巴有奇妙的用处，你还了解哪些动物尾巴的作用，说一说。

2. 推荐阅读：丁玲的童话故事《割掉了尾巴的动物们》

3. 选做：和同学或家长分角色演一演这个故事。

【设计意图：拓展阅读，是提高语文阅读能力、了解动物尾巴作用的有效手段。分角色演故事，再次促进学生运用语言的能力，培育语文学科素养。】

六、巩固字词，指导书写

1. 识记"捉、条、爬、姐、您、草、房"字形。

捉：形声字，手（提手旁）脚（足）并用，逮捕、抓住。

条：形声字，原来指树木的小枝，后来用来形容长条形的东西，所以下面是"木"字的变写，上面是"夂"。

爬：形声字，"爪"与"巴"合起来表示"人或者昆虫、爬虫类动物身子趴在地面或墙壁上，用手脚或爪子贴着地面或墙壁移动身体"。

姐：形声字，姐姐是女生，所以是"女"字旁，右边一个"且"。

您：会意字，"你"的下面加上"心"，从心底里表示尊重，尊称对方。

草：形声字，"艹"是两棵小草并在一起的形态，底下一个"早"。

房：形声字，"户"字头，表示住人或放东西的建筑物，底下一个"方"。

2. 指导书写。

引导学生观察田字格中生字的位置，交流书写注意点。特别注意以下两字：

爬："爪"的一捺要写得舒展，"巴"紧挨着捺。

房：注意半包围结构字的书写规则，"方"要写得饱满，一横伸出"户字头"。

3. 师范写、学生练写，交流反馈后再练写，展示好的作品。

附板书设计：

21 小壁虎借尾巴

小河边　小鱼　摇　游来游去　拨水

大树下　老牛　甩　吃草　　　赶蝇子

房檐下　燕子　摆　飞来飞去　掌握方向

《小蝌蚪找妈妈》教学设计

【教材分析】

《小蝌蚪找妈妈》是一篇充满童真童趣的科学童话，其巧妙之处在于将大自然中的知识很自然地蕴含在一个生动的小故事里。通过写小蝌蚪在鲤鱼妈妈和乌龟阿姨的提示和鼓励下，找到自己的妈妈——青蛙的奇妙经过，自然渗透小蝌蚪会发育成青蛙的知识，把理性的科学知识融于感性的童话故事中，科学知识变得有趣了，童话故事更有内涵了，两者相得益彰，妙趣横生。

本课教学要在继续复习巩固汉语拼音，利用汉语拼音读准字音、帮助识字、帮助阅读的基础上，利用文本训练本单元的两个学习重点：理解、积累并运用表示动作的词语，发展思维和语言能力；借助图片，理解重点词句，了解课文内容，能提取有用的信息讲述故事。

【教学目标】

1. 认识本课 15 个生字和多音字"教"，会写"两、就"等 10 个生字，认读并积累由生字组成的词语和课后第四题的词语，理解、积累并运用表示动作的词语。

2. 分角色朗读课文，读出不同角色的不同语气。

3. 借助图片阅读，了解课文内容，知道小蝌蚪发育成青蛙的变化过程，能按图片顺序讲小蝌蚪找妈妈的故事。

4. 激发热爱大自然的情感，培植探索大自然中科学奥秘的兴趣。

【教学重点】 1. 分角色朗读课文；2. 借助图片讲故事。

【教学准备】 多媒体课件、生字卡片、词卡

【教学过程】

一、图片激趣，引入课题

1. 出示几幅小动物（如小猫、小鸡、小牛）幼年和成年后的图，让学生认识小动物的名字和它们的妈妈。

2. 出示蝌蚪图1，让学生说说这是什么动物？猜猜它们的妈妈会长什么样子呢？

3. 师板书课文题目，生齐读。

【设计意图：让小朋友看小动物的图片，观察它们幼年和成年后的样子，发现它们只存在大小不同的区别，形体上没有太大不同。再让学生观察小蝌蚪，用问题引起学生的阅读期待。】

二、初读课文，读准读通

1. 借助拼音大声自由读课文，把每个字的字音读准，把每句话读通顺。

2. 出示带有生字的词语，读一读。

先出示带拼音的词语：自由读，指名读，正音；强调"脑袋"单个字按照原声读，连起来时"袋"要读轻声；"教"是多音字，在本课中读第一声，出示"教"所在句子让学生练读；齐读。

掉拼音读，打乱顺序自由读，各种方式练读。

3. 出示长句子练习朗读，注意读好停顿："他们看见/一只乌龟/摆动着/四条腿/在水里游，连忙追上去。"

【设计意图：正确、流利地读是低年级教学非常重要的内容，将字音、词语、难句的朗读各个击破，为后面的"分角色朗读课文"奠定基础。】

三、分角色读，提取信息

（一）再读课文，

思考：小蝌蚪长什么样子？小蝌蚪的妈妈是谁？长什么样子？

贴青蛙图，生练说。

过渡：（指着蝌蚪图1和青蛙图）小蝌蚪的妈妈居然是青蛙，太奇怪了。它们是怎么长成跟妈妈一样的青蛙的？让我们细细读课文。

（二）教学第一自然段

1. 自由读一读，画出写小蝌蚪样子的词句。师板书：大大的脑袋，黑灰色的身子，甩着长长的尾巴

2. 对照蝌蚪图1读，说说课文是按照什么顺序介绍小蝌蚪的。

3. 对比句子：

池塘里有一群小蝌蚪，大大的脑袋，黑灰色的身子，甩着长长的尾巴，快活地游来游去。

池塘里有一群小蝌蚪，大脑袋，黑灰色的身子，甩着长尾巴游来游去。

（1）引导学生感受小蝌蚪脑袋的"大"，尾巴的"长"，以及它们的自由自在，活泼可爱。

（2）动作演示理解"甩"。

4. 指导朗读：突出小蝌蚪脑袋的"大"，尾巴的"长"，快活地"游来游去"的动作。

【设计意图：通过比较阅读，感受叠音词、动作词的表达效果，积累词语。通过朗读表达喜爱小蝌蚪的感情。】

（三）教学第二自然段

1. 自由读，画出小蝌蚪和鲤鱼妈妈的话，说说小蝌蚪的外形发生了怎样的变化。

2. 教学第一句：

对比句子：

小蝌蚪游哇游，过了几天，长出了两条后腿。

小蝌蚪游来游去，过了几天，长出了两条后腿。

说说两句话有什么不一样的地方。"游哇游"说明了什么？

借助蝌蚪图2读（出示图片），指导读好"游哇游"，适当拖长语调，把小蝌蚪游了好长时间体现出来。

3. 教学对话部分：

（1）自由练读小蝌蚪和鲤鱼妈妈的对话。

（2）指导读出疑问句和感叹句的语气。小蝌蚪的话要读得有礼貌，鲤鱼妈妈的话要读得温和、亲切，读出充满鼓励的语气。

（3）师生分角色读对话，同桌互读对话。

（4）引导学生借助图片，说说为什么小蝌蚪看见鲤鱼妈妈，是"迎上去"？弄清他们的位置关系，动作演示帮助理解。指导朗读，强调"迎上去"一词。板书：迎上去

4. 齐读第二自然段。说说从鲤鱼妈妈的话中，小蝌蚪知道了什么？板书：四条腿，宽嘴巴。要求学生画一画这两个词。

过渡：小蝌蚪按照鲤鱼妈妈的指点，游哇游，找到妈妈了吗？读读第三自然段。

【设计意图：引导学生借助图片阅读，弄清小蝌蚪和鲤鱼妈妈的位置关系，正确理解"迎上去"。分角色朗读，强调角色的不同身份，读出相应的语气。】

（四）教学第三自然段

1. 自由练读第三自然段，借助蝌蚪图 3（出示图片），说说小蝌蚪的外形发生了什么样的变化？

2. 借助图片阅读，弄清小蝌蚪和乌龟阿姨的位置关系，引导学生用动作演示"追上去"，与"迎上去"的意思相区别。并指导学生读出小蝌蚪叫妈妈的急切语气。板书：追上去

3. 自由练读乌龟阿姨的话，引导学生读出乌龟阿姨和蔼可亲、鼓励的语气。

4. 齐读第三自然段。说说从乌龟阿姨的话中，小蝌蚪知道了什么？板书：头顶大眼睛，披着绿衣裳。要求学生画一画。

【设计意图：动作表演强调"追上去"与"迎上去"的不同，强调分角色朗读。】

过渡：还是没找着妈妈，小蝌蚪又会怎么做呢？

（五）教学第四自然段

1. 自由读，思考：小蝌蚪的外形又发生了什么变化？出示蝌蚪图 4 练说。

2. 练习读，说说青蛙妈妈长什么样。板书：露着雪白的肚皮。师把"头顶"改成"鼓着"。要求学生画一画这些词句。

3. 对比句子，注意加点的词语：

大青蛙披着碧绿的衣裳，露着雪白的肚皮，鼓着一对大眼睛。

大青蛙穿着碧绿的衣裳，露着雪白的肚皮，长着一对大眼睛。

说说加点的字有什么不同，你更喜欢哪一句？指导朗读，强调动作词"披、露、鼓"，读出大青蛙的外形之美。

过渡：哇，小蝌蚪终于找到妈妈啦，他们是怎么做的呢？

【设计意图：对比句子，体会动作词"披、露、鼓"的准确性。】

（六）教学第五、六自然段

1. 自由读，读出小蝌蚪的急切、青蛙妈妈的慈爱。

2. 出示第五自然段最后一句，画出动作词"蹬、跳、蹦"，动作表演理解这三个动作词。板书：蹬跳蹦

3. 引读第六自然段。出示蝌蚪图 5 练说小青蛙的身体变化。

四、齐读全文，练讲故事

1. 分角色朗读课文，读好人物语气：

（1）小组内分角色朗读。

（2）小组展示，教师巡视指导。

（3）小组分角色在全班朗读表演，教师评价。

2. 齐读描写小蝌蚪和青蛙的词句。

小蝌蚪：大大的脑袋，黑灰色的身子，甩着长长的尾巴

青蛙：四条腿，宽嘴巴，披着碧绿的衣裳，露着雪白的肚皮，鼓着一对大眼睛

3. 师：小蝌蚪在找妈妈的过程中，身体发生着变化。画出描写小蝌蚪身体变化的句子，连起来读一读。

4. 借助图片和板书中的关键词，练习讲小蝌蚪长成青蛙的故事。

自由练讲、同桌互讲、指名讲故事。

5. 师：小蝌蚪会长成青蛙，这是大自然的奥秘。其实，大自然的奥秘有好多好多，就等着小朋友们去发现哦！

五、识字写字，关注重点

1. 画出带有生字的词语，让学生说说怎样记住这个字。

鼓励学生独立识字，用自己的办法记住字形。

教学多音字"教"，让学生在语境中辨读，如：

老师在教（jiào）室里教（jiāo）小朋友做作业。

2. 教写生字：特别强调"就、宽、顶、孩、跳"的写法，教师先示范，边说注意点边写，学生描红、临帖，教师评价，学生再写、展示。

就：注意右边"尤"不要加撇成"龙"；

宽：底下是"见"，最后一笔是竖弯钩。

顶：右边是"页"，最后一笔是点。

皮：强调第一笔是横勾，第二笔是撇。

孩：右边只有一个撇折。

跳：右边是"兆"，先写撇，接着写点、提，再写竖弯钩，最后写短撇、点。

3. 积累词语和动作词，用动作词练习说话。

（1）读一读，记一记课后第四题的词语，适当扩展记忆。

（2）读一读第三题词组，指导用带点的动作词练习说话。

a. 先让学生画出"披衣裳""鼓眼睛""露肚皮""甩尾巴"。

b. 练习说这样的词语，如：披外衣、披睡袍、披雨衣、披长袍、鼓肚子、露眼睛、露手臂、露耳朵、露出脚、甩胳膊、甩头发、甩绳子。

c. 用这些词语练习说句子。

【设计意图：写字训练，抓住学生最容易写错的地方，有针对性地指导，更有指导意义。动作词说句练习，先练说词语，再说句子，放缓坡度，增强信心。】

附板书：

小蝌蚪找妈妈

蝌蚪图1	蝌蚪图2	蝌蚪图3	蝌蚪图4	小青蛙图	青蛙妈妈图
大大的脑袋	鲤鱼图	乌龟图		蹬 跳 蹦	
黑灰色的身子	迎上去	追上去			
长长的尾巴	四条腿	披着绿衣裳			
	宽嘴巴	露着白肚皮			
		鼓着大眼睛			

《小蚂蚁过河》教学设计①
——低年级童话体语言写话

教材分析

自由创设童话情境，引导学生大胆想象，乐于运用学过的词语自由表达。

学情分析

语文课程标准在第一学段目标中指出："对写话有兴趣，留心周围事物，写自己想说的话，写想象中的事物。""在写话中乐于运用阅读和生活中学到的词语。"第一学段学生的思维呈直观、具体、形象的特点，他们的思维与人类原始初民般充满幻灵色彩的诗性思维相似。集美大学教师教育学院施茂枝教授认为，学科教学是学科逻辑和学生心理逻辑的有效沟通。"写想象中的事物"正是第一学段写话教学实现这种沟通的最有效途径。让学生写想象中的事物，就是让低年级学生用语料库中的童话体语言进行表达。

问题对策

本课例探究的是低年级写话教学的路子，其基本策略是教师创设一个童话教学情境，设置一个让学生有话可说的"点"，让学生练习说话，练习写话，并用上学过的词语，以求达到运用语言文字的目的。其基本操作程序是：

一、激趣导入，说开篇

二、创设情境，说故事

三、延续说话，写故事

四、激发兴趣，促修改

五、课堂总结，明写法

教学目标

教师设计一个童话教学情境——小蚂蚁过河，引导学生看懂图意，让学生根据情境想象，练习有条理地说图意，用童话体语言写话，达到运用语言文字

---

① 本设计由集美大学教师教育学院施茂枝教授指导。

的目的。

教学重难点

重点：引导学生展开想象说清、写清小蚂蚁过河的经过，并用上已学过的词语。

难点：引导学生大胆想象，想想小蚂蚁会用什么办法过河。

教学过程

本课用一课时完成

一、激趣导入，说开篇

教师让学生听一段轻音乐：展现森林早晨美景的《苗岭的早晨》。

1. 师：小朋友，新的一天来到了〔点击课件：（出示优美的童话情境幻灯片）森林的早晨：蓝天白云，茂密的森林，绿油油的草地，草地上盛开着带着露珠的鲜花，一座草盖的小房子，炊烟袅袅，阳光透过树林照射着大地，小蚂蚁欢呼雀跃地蹦跳在草地上。〕瞧，太阳公公暖暖地照着大地，整个大地被太阳公公叫醒了。小蚂蚁也从睡梦中醒来了。他睁开圆圆的大眼睛，摇动触须，笑眯眯地冲出门外，他喊道："啊！今天天气真好！"望着美丽的森林，他——

2. 师：他打算去干什么呢？

引导学生想象，说一说。

（去朋友家玩；妈妈叫小蚂蚁把点心送给外婆；去参加朋友的生日聚会；去参加好友聚会；去旅游，看美丽的风景；去跟朋友约会；去找吃的；去呼吸新鲜的空气……）

这里只要学生说得合理，教师都要给予肯定。

【评：课件生动的画面，动听的音乐，一下子吸引了学生的注意力，把学生的思绪瞬间带进大森林中，进入童话故事。童话情境的创设，非常吻合第一学段学生的认知特点和心理特点，激起学生"说"的强烈欲望。】

二、创设情境，说故事

课件出示转换的情境：小蚂蚁被森林中的一条小河挡住了去路。课件中的景物图非常丰富：一条清澈见底的小河，河里倒映着蓝天白云，河里盛开着美丽的荷花，长着青青的丰美的水草，两边岸上长满了各种各样的花草树木。

1. 引导学生概括地说

师：他走啊走啊，（点击课件）一条小河挡住了去路，小蚂蚁过不去，怎么办呢?

　　引导学生换位思考:现在你就是小蚂蚁,快想想办法。

　　引导学生展开大胆的想象,说说小蚂蚁过河的办法,看谁说得有意思。

　　(小蚂蚁借助树叶过河;借助草叶过河;借助花瓣过河;借助蒲公英过河;借助风姐姐过河;跳到荷叶上过河;好朋友蝴蝶来帮他;乌龟伯伯来驮它过河;小鸟飞来帮它过河;蜻蜓让小蚂蚁坐在背上……)

　　这里的练习说话,是训练学生概括地说。主要目的是引导学生展开大胆的想象,只要想象合理,教师都要给予肯定。

　　【评:这里的练说,学生用的都只是概括性的一句话。这就是教师创设的练说的“点”。因为设置的“点”吻合学生的年龄特征和思维特点,所以学生说得很投入。】

　　2. 引导学生具体地说

　　师:小蚂蚁是怎么想的? 又是怎么做的? (点击课件:小蚂蚁走到岸边准备过河的情景)

　　指名学生把小蚂蚁过河的经过说清楚,说详细。要求学生一步一步说:如小蚂蚁是怎么想的,它有哪些动作,会说什么话,人物都会有哪些表情等,也就是详细说小蚂蚁过河的具体过程,鼓励学生用上学过的词语。教师在学生说的过程中对学生运用得好的词语给予最大限度的肯定。

　　【评:这里的练说,要求学生把小蚂蚁过河的经过一步一步说具体,说详细,并用上学过的词语,为“写话”打下基础,这是一次方法的指导,同时也是一次示范。】

　　3. 引导学生人人练说

　　同桌互说:像刚才这位同学一样,同桌互相说说刚才想到的过河办法,要求要说清经过,用上学过的词语。

　　【评:同桌合作,把练“说”落实到每一位学生身上,给每一位学生练“说”提供空间,让“说”不至于走过场,为“写”故事打下坚实的基础。给学生的“说”提出要求,即“说清经过”“用上词语”,与以下“写”的环节的要求一脉相承。】

　　4. 再次引导学生具体地说

　　再次指名学生上台练说,要求说清经过,用上学过的词语。

　　【评:再次指导学生练说小蚂蚁过河的办法,符合第一学段学生的心理特点和认知特点,对孩子们又是一次方法的引领。】

三、延续说话，写故事

1. 师：大家都说得很好，能不能把说的有条理地写下来呢？老师给小朋友写了个开头（见文末），小朋友接着往下写，题目就叫"小蚂蚁过河"。

师写了个开头，让学生写重点部分：小蚂蚁是怎么过河的？学生写话内容比较集中，不至于在开头非重点部分分散笔力。开头部分教师用漂亮的手写楷书书写，这是给学生最好的写字示范。

【评：语文课程标准非常注重写字教学，这是在很多学生写字质量滑坡的现状下提出的要求。老师手写漂亮的楷书，对学生既是无声的写字教学的引领和示范，又是一次写字作品的欣赏，起到一箭双雕的作用。】

2. 写时可以给学生提供词语，让学生练习写故事时有支撑。提供的词语如下：

草叶　树叶　树枝　花瓣　荷花

荷叶　蝴蝶　蜻蜓　乌龟　大象

小鸟　当作　船桨　船　咬

　搬　放　推　吹　划

终于　高兴　开心　风姐姐

兴高采烈　蹦蹦跳跳　蒲公英

【评：给学生提供词语支撑，是减缓"写"的难度，也是增强学生"写"的信心。】

四、推荐故事，促修改

1. 当堂评改

师选择两篇写话作品，与孩子们当堂一起评改。评改的标准有两点：写清经过、用上词语。评改时以肯定、鼓励为主，树立孩子们写作的信心。

2. 推荐作品

师：今天，学校广播站向我们班征集几篇小朋友编写的优秀的童话故事，在全校播送。谁的写话改得好，我们就送谁的去。大家认真改一改好不好？

3. 学生修改，推荐故事

五、课堂总结，明写法

师总结看图说话写话的步骤：大胆想象→写清经过→用上词语

六、播送作品，激兴趣

广播室播送学生的优秀写话作品，让学生的写话兴趣更浓厚。

总评：现代教育认为，教学是学科逻辑和学生心理逻辑的有效沟通。德国著名教育家第斯多惠说："课堂教学必须紧密结合人的天性和自然发展规律，这一教学原则是一切课堂教学的最高原则。""学生的发展水平是教学的出发点，教学必须符合受教学生的发展水平。"由此可见，学生是教育的最重要因素，一切教学内容的选择和教学策略的运用，都要服从于学生的内在需求和接受能力。

语文课程标准也指出，"学生生理和心理以及语言能力的发展具有阶段性特征，不同教学内容的教学也有各自的规律，应该根据不同学段学生的特点和不同教学内容，采取合适的教学策略"。本课例很好地体现了"教学是学科逻辑和学生心理逻辑的有效沟通"的教学理念。让学生写想象中的事物，就是顺应低年级学生喜欢用童话体语言进行表达的特点，由一个"点"生发开去，让学生展开大胆的想象，想想小蚂蚁过河的办法，既拓展了学生的想象空间，训练了思维，又利于指导学生进行说写训练，在训练中提高了学生的语言运用能力。

附板书：　　　　　　　小蚂蚁过河

　　　　　　　　　　　　大胆想象

　　　　　　　　　　（说）写清经过

　　　　　　　　　　　　用上词语

附习作开头：（教师用楷书书写）

				小	蚂	蚁	过	河				
						姓	名	：				
		清	晨	，	太	阳	公	公	爬	上	了	东	山，
整	个	大	地	都	被	太	阳	公	公	叫	醒	了	。
小	蚂	蚁	从	睡	梦	中	醒	来	，	高	兴	地	跑
出	门	外	。	望	着	美	丽	的	森	林	，	他	想：

这	么	好	的	天	气	，	我				
		小	蚂	蚁	走	啊	走	啊	，	突	然	，	一
条	小	河	挡	住	了	去	路	。			

提高效率　"一箭四雕"

——区分"爪"和"瓜""采"和"彩"

教学过程：

师：小朋友，今天，老师给大家看两句话，是小猴子写的：

（展台展示）我双手捧起一块西瓜（此处把"瓜"写成"爪"），大口大口地吃起来。这时，我看见一只壁虎借着爪（此处把"爪"写成"瓜"）子爬（把"爬"的偏旁"爪"写成"瓜"）呀爬（写法同上），爬（写法同上）到墙角去了。（笑声）

师：小朋友，你们为什么笑啊？

生：小猴子把好几个字写错了。

生：老师，小猴子把"西瓜"写成"西爪"。把"爪子"写成"瓜子"，把"爬呀爬"的"爬"偏旁写成"瓜字旁"。

师：对呀。那么，该怎样分辨"爪"和"瓜"（出示字卡，贴于黑板）这两个双胞胎兄弟呢？老师让大家看一幅图，猜一个字（课件出示）：瓜，这是什么字呢？（学生猜）

（课件出示"瓜"的字形演变图）

瓜　瓜　瓜

师：小朋友看，第一幅图是"瓜"字，古代的"瓜"字，多么像一个长在藤上的瓜啊！我们的老祖宗真聪明，他们画了这样的一个瓜，代表"瓜"字，这种像某种事物形状的字就叫象形字。"瓜"字的第三笔和第四笔连起来多像个圆圆的瓜啊！一起写写"瓜"字吧！

（师范写，生书空。）

师：小朋友再看一幅图，猜猜看，这是什么字？

（课件出示，学生猜）

（课件出示"爪"的字形演变图）

爪　爪　爪

师：对，这是"爪"字。小朋友看"爪"字，多像动物的一只爪子，后来就演变成我们现在看到的"爪"字了。

师：小朋友能记住吗？

生齐：能！

师：那我们一起写一写吧！

（师范写，生书空。）

师：小朋友看，"瓜"和"爪"（指字卡）区别在哪里呢？（学生纷纷举手，急切地）

生："瓜"第三笔是竖提，第四笔是点；"爪"第三笔是竖，没有点。

师：写这两个字时，只要想想这两个字最早的样子，就不会写错了。

师：小朋友看，小猴子写的话里边，哪些字要改？

（师生一起评改。）

师：说到"爬"，有许多小朋友都会写错，但你只要想想：有"爪子"才会"爬"（师用手指当"爪子"在黑板上做爪子"爬"的动作），"瓜"怎么能"爬"呢？这样就不会写错啦！

师：老师说一个字，小朋友把它写出来，看谁写得对。"抓住"的"抓"（生听写）。评改，并说说为什么写成"抓"。

生：因为"抓住"是用手来"抓"，所以是提手旁加一个"爪"。（鼓掌）

师：小朋友，看老师还要你们猜一个字。

（课件出示）　　　

师：这三个字是这个字古体字的变化过程，这会是什么字呢？

生：这是"采"字。

师：你是怎么猜出来的？

生：因为上面是一只手，表示"爪"，下面是一棵树，表示"木"，"爪子头"和"木"组合在一起是"采"字。（掌声）

师：说得好极了，你太聪明了。是的，这就是"采"。（贴字卡：采）

师：小朋友看，"爪"在这里就是一只"手"（师伸出一只手），"手"在"草木"上摘下"草木"的叶子，就是"采"的意思。比如"采茶""采花"。"爪"在这里变写成"爫"（师板书变写过程。）

师：小朋友想想，这里的"采"是表示什么的词？

生：表示动作的词语。

师：那么，"采"加上"彡"变成"彩"是什么意思呢？（课件出示：彩）原来，"彩"是个形声字，左边"采"表示读音，"彩"与"采"读一样的音；右边"彡"表示与图画、纹饰有关。

师：现在，老师说几个字，你们看应该是用一号的"采"还是二号的"彩"？（生纷纷举手。）

师："彩带"的"彩"。

生：用二号的"彩"（师出示"彩带"，齐读）。

师：农民伯伯在田里"采摘"葡萄的"采"。

生：（激动地，齐）一号的"采"（师出示"采摘"，齐读）。

师：大雨过后，天上出现了一道彩虹。"彩虹"的"彩"。

生：（情绪高涨地，齐）二号的"彩"（师出示"彩虹"，齐读）。

师：小白兔"采蘑菇"的"采"。

生：（脸上洋溢着喜悦）一号的"采"（师出示"采蘑菇"，齐读）。

【评析：本片段的教学非常精彩。精彩在老师用字源让孩子们一下子明白了"瓜"和"爪"的字形区别，这样，孩子们不光记住了这两个字的字形区别，同时还进行"爬、抓"两个字的教学。不光如此，教师由"爪"引导"采"字的教学，还引导孩子们理解了"采"与"彩"的区别，收到了"一箭四雕"的效果。】

让字理识字的"酵母"在学生心中扎根

——《我的"长生果"》中"酵"字的教学

课例：北师大版五年级下册《我的"长生果"》

教材简析：这是北师大版五年级下册"书"主题单元中的拓展阅读，是著名作家叶文玲的一篇散文，主要内容是回忆少年时代的读书生活，阐明读书的特有感受以及读书对自己生活的影响。

一位老师在教学这一课时，设计了四个板块的学习训练。其中第二个板块的训练内容是读课文内容明主旨，浅尝"长生果"。教师要求学生静心读书，画出课文中描写读书有什么好处的句子，写下批注。过一会儿后，教师与学生在全班交流，分享批注。有一个学生站起来读：

小时候受过的一次委屈，平常看的那些描写苦恼烦闷心境的词全像酵母似的发挥了作用。

教师让该生说说自己读了这句话后的感受。

生：酵母是使面包发酵的东西。

师：（非常高兴地）哎呀，太好了，老师忍不住要与她握手了（师生握手）。歌德曾说过，一个有智慧的人用两只眼睛读书，一只眼睛看到字面的意思，另一只眼睛看到字面背后的意思。她就有这样一双慧眼。

接着，教师出示了词典里关于"酵母"的解释。

师：汉语很奇妙，字义常常藏在字形中。

接着，教师出示了课件，上面是"酵"字，以及"酉——𦥑（金文）"和一个酒坛的图。

师：一看这个字的图和金文，就知道"酵"字的意思。要想知道一个字的意思，除了可以查字典，看字形也是一个好办法。

师：这句话把什么比作酵母？

生：这句话把平常看的那些描写苦恼烦闷心境的词比作了酵母。

最后，老师让学生说说描写苦恼烦闷的心境的词都有哪些，与它们相反的心境的词又有哪些。

教学反思：这是一个典型的字理识字教学的例子。教师为了让学生能够理解这句话深层的意思，从"酵母"这个词出发，先让学生说说"酵母"是什么，然后让学生读读字典里关于"酵母"的解释，最后用实物图和金文让学生明白"汉字很奇妙，有时字义就藏在字形中"，让学生观察"酉"字的演变过程，从而知道"酵"实际上是有机物在酒坛一类的器具中分解的过程，"酵母"是使有机物分解过程的真菌。这实际上是教孩子通过看自形理解字义的过程。在这个过程中，学生既形象地学习了汉字的字形，又理解了汉字的字义，真是一举两得。

另外，这个片段教学的课堂教学评价，体现了以下三个特点：

1. 真诚：当学生的回答出乎老师的预料，说得很有自己的见解时，教师用发自肺腑地告诉学生："哎呀，太好了，老师忍不住要与她握手了。歌德曾说过，一个有智慧的人用两只眼睛读书，一只眼睛看到字面的意思，另一只眼睛看到字面背后的意思。她就有这样一双慧眼。"这样的评价，对孩子的激励作用是巨大的，对促进孩子进行下一阶段的学习无疑是很有效的。

2. 辐射：这种评价，不光是对回答问题的孩子的评价，同时对其他孩子的进一步学习也起到了巨大的作用。所谓"一箭双雕"，说的就是这个意思。

3. 体态语言：教师在评价孩子的回答时，不光用了有声语言，还运用了肢体语言。心理学表明，体态语言的运用能更好地把意思表达出去，起到更好的效果。

《关注主笔　写好撇捺》教学设计

教学目标：

1. 掌握"撇捺对称，主笔突出"的书写要领。

2. 把"李、体、爸、分、远、身、成"写得正确、端正、比例恰当，突出主笔。

3. 引导学生细致观察，专注书写，培养学生良好的书写习惯，热爱中国传统文化。

教学重难点：

掌握"李、体、爸、分、远、身、成"的书写要领，以及主笔在构字中的位置。

教学准备：

课件、田字格硬笔书写纸等。

教学过程：

一、课前热身，导入新课

1. 展示本校学长们优秀的硬笔书法作品。引出"写端端正正中国字，做堂堂正正中国人。"

2. 复习正确的坐姿，诵儿歌。

二、新课指导

1. 复习笔画：撇捺。强调收笔处的出尖，犹如校园兰花圃中的兰花叶，尖尖的，很美，收笔用笔轻快。

2. 出示例字"李"，师在田字格中范写，引导学生观察。

3. 书写指导：

（1）撇捺对称：是指撇和捺大体排布在竖中线的两侧，且与竖中线的距离基本相同。

收笔处有时撇比捺高，有时撇比捺低，有时撇捺收笔在同一条水平线上，要根据不同的字形而定。

（2）主笔突出：每个字都有主笔，主笔就是指一个字中难度最大、作用最重要的笔画。一般情况下，主笔都是一个字中最长的笔画，但也有例外。我们在书写时，要注意突出主笔。如"李"字的主笔是弯钩。

三、例字指导

"体"字主笔为长竖，要左窄右宽，右边长竖要最长。

"爸"字的主笔为竖弯钩，要基本占满田字格的下半格。

"分"字的撇捺要尽量伸展，盖住下面的"刀"。

"远"字写好"走之旁"，尤其平捺要舒展，包住"元"。

"身"字主笔横折钩要写直，横画不穿，撇要穿过横折钩。

"成"字主笔为斜钩，其他笔画要避让，如横、撇要写得短。

四、学生练习书写

出示正确的执笔姿势和坐姿图，温馨提醒。

五、展示点评

根据主笔是否突出进行点评，之后学生再次练写，再评。

六、作业布置

练写"李、体、爸、分、远、身、成"各三个。

《汉字宝宝的家》教学设计
——一年级语文综合实践活动

教学目标：

1. 指导学生识字，认识一些常用的汉字。

2. 通过引导学生收集写着汉字的纸质资料以及学生观察到的写着汉字的地方，让学生明白汉字是我们祖国的语言文字，到处都是它的"家"，汉语是我们的母语，我们随时都可以学习它，并引导学生热爱我们祖国的文字。

教学准备：收集写有汉字的资料，比如广告纸、牛奶盒、食品包装袋等，带到班级里。

教学过程：

一、引入认字

出示一些简单的字，让学生认一认，如：马、牛、羊、鸡、鸭、鹅、雷、电、雨等。

二、交流资料

1. 读一读上面的字，小伙伴小组自由交流说说你是怎样认识这些字的。

2. 小组之间互相交流。互相帮助，认识更多"汉字宝宝"。

3. 小组派代表上台展示收集到的"汉字宝宝"，说说是怎样认识它们的。让全班学生认一认上面的字。

三、找"汉字宝宝的家"

1. 师：你觉得哪儿是"汉字宝宝的家"？引导学生明白，到处都是"汉字宝宝"的"家"。我们要从生活中认识汉字，做一个识字的有心人。

2. 组成小组，到校园里找一找汉字，并记录下来。

（校园的走廊、教室里的板报、学习园地、校园里的宣传语、小朋友的书和本子等）

3. 小组交流：刚才你在哪里找到了什么字？

4. 选代表上台说一说。

5. 说说"汉字宝宝"的"家"还可以在哪里。

四、总结

引导学生平时随时识字，让学生感受汉字的优美，激发学生热爱祖国文字的感情。

后　记

我的人生因你而精彩[①]

厦门市海沧区新闻中心　倪旎

都说只有失去了，才懂得珍惜；只有离别后，才知道回忆。离开苦读十年的校园后，回忆得最多的就是我的小学启蒙老师——易冬平。是她在我年少时教我宽容待人；是她在我迷茫时，重新燃起我的希望；是她的无形影响，使我的人生变得更加精彩……

十多年前，我背着新买的书包，成为古田县第一小学一名一年级的学生，易冬平老师就是我的班主任，我记得她的脸上整天都挂着微笑。新生开学第一天，班主任要按学生的身高排座位，我那时个子高被安排坐到了最后一排，排完座位，易老师开始点名。她温柔地说，"点到的同学都要说声'到'，好让老师认一认"。当点到我的名字时，由于害羞，我小声应答着。易老师没有听见，一连叫了好几次我的名字。我急了，带着几分埋怨地站起来，很大声地应了一句："我在这儿，我已经应了好几声了，没听见啊！"突然这么大声的应答，着实让易老师和同学们吓了一跳，全班同学都一齐循声转过头来惊讶地看着我。我顿时手足无措，站在座位上不知如何是好，心想这下完了，易老师肯定要批评我，以后一定会讨厌我，我还怎么在她的班上待下去呢。一时间，我的心里既害怕又懊恼。没想到，就那么一瞬间的安静之后，易老师却转了一个话题，脸带微笑地夸我嗓门大，声音好，以后朗诵课文一定会很动听，说她今天无意间发现了一个朗诵的好苗子。我的心里顿时如释重负，开心极了。

中午回到家里，我把上午在学校的表现告诉了父母，没想到他们却说我上

---

① 本文系学生倪旎所作，发表于《闽东侨乡报》2008 年 9 月 19 日第 3 版.

午在学校的表现是对易老师的不尊重，要我下午主动去找易老师赔礼道歉，他们还说，遇上易老师这么好的老师是我的幸运。一时间，本来开心的我，又愁云满脸。

那天下午，我特意早早地来到学校等着易老师。一见面，我红着脸低着头说："真对不起，老师，早上我做错事……以后你会讨厌我吗？"易老师面带微笑，轻轻地拍拍我的头说："傻孩子，老师怎么会讨厌自己的学生呢？你以后把书读好了，把每一件事都认真做好，一定会成为惹人喜欢的好孩子。老师会更高兴哦！"我又好奇地问："老师，你怎么天天脸上都带着微笑？""只要你对人多一份宽容，就会收获多一份微笑与开心！"易老师答道。从那时起我就记住了要想使自己受人欢迎，就要有一颗宽容善良的心，就应该天天脸带微笑，做事认真负责。

从此，我打心底里越发地喜欢易老师，喜欢听她讲课，喜欢她的说话方式，喜欢她的微笑，喜欢她说的一口标准动听的普通话，心想我长大后要是也能像易老师那样该有多好啊！于是，我暗地里处处模仿易老师，易老师上课时教拼音，我不但会全神贯注地听讲，还特别留心她的发音方式。放学后，我一做完功课，就在家里挂起小黑板，模仿易老师上课。没想到仅仅用了两年时间，我无意中练就了一口标准的普通话。由于种种原因，易老师没有继续当我三年级的老师了，为此，我还伤心了好长一段时间。

一晃，时光过了十年，上高中后，我对学习迷茫了，成绩一落千丈。没想到在我最需要帮助的时候，我惊喜地接到了易老师的电话。一个周末，她约我去她家，她给我买来我爱吃的点心、糖果，和我谈心，她还是像当年哄一年级的学生那样哄我。还如数家珍，说起十年前我在她班上当学生时的往事，说起我当年的学习是如何优秀。她还说小学所有教过我的老师都经常提起我，问起我的学习情况。那一刻，我仿佛又回到了十年前的那天下午，我们两人的脸上始终挂着阳光般灿烂的微笑。我问她，教过那么多学生，怎么还能把当年的那些记得如此清晰。她说，她教过的每个学生都是她疼爱的孩子，怎能忘记？那一刻，泪水几乎要从我的眼睛里夺眶而出，我暗暗发誓一定要努力学习为易老师争气！

也许是上天有意安排吧，高三上学期，一次偶然的机会，语文老师让我朗诵课文，当我字正腔圆、声情并茂地朗诵一小段之后，班上顿时寂静无声，我的朗诵结束一会儿了，老师和同学才缓过神来。老师和同学都不约而同地称赞我有当播音员的天赋，于是我大学决定报考播音主持专业。在经历了激烈竞争之后，我终于如愿以偿。当竞争对手和个别评委老师惊讶地问我是哪里人，是谁教的普通话时，我回答说，我来自福建山区古田，是我的小学启蒙老师教的。他们几乎难以相信。一时间，我的内心另生出一丝骄傲与得意。那是因为在我上小学时就幸运地遇见了教会我宽容待人，影响我一生的易老师。我平凡的人生正因为有她而变得精彩！